本书获二〇一九年度国家出版基金资助
本书获贵州省孔学堂发展基金会资助

国家出版基金项目
NATIONAL PUBLICATION FOUNDATION

梵天淨土

神奇的梵净山

上卷

何雄周 著

孔學堂書局

本书获二〇一九年度国家出版基金资助
本书获贵州省孔学堂发展基金会资助

图书在版编目（CIP）数据

梵天净土 ： 神奇的梵净山 / 何雄周著. -- 贵阳 ： 孔学堂书局， 2020.6

ISBN 978-7-80770-216-0

Ⅰ. ①梵… Ⅱ. ①何… Ⅲ. ①梵净山一介绍 Ⅳ. ①K928.3

中国版本图书馆 CIP 数据核字（2020）第 107092 号

梵天净土——神奇的梵净山（全二册） 何雄周 著

FANTIAN JINGTU:SHENQI DE FANJINGSHAN

出 品 人 邓国超 李 筑
责任编辑 蒋红涛 丁 羽
责任校对 黄 艳 胡 馨
责任印制 张 莹 齐浪浪
版式设计 何雄周摄影设计工作室

出 品 贵州日报当代融媒体集团
出版发行 孔学堂书局
地 址 贵阳市云岩区宝山北路 372 号
贵阳市花溪区孔学堂中华文化国际研修园 1 号楼
印 制 中华商务联合印刷（广东）有限公司
开 本 1180mm×1060mm 1/12
字 数 820 千字
印 张 69.5
版 次 2020 年 6 月第 1 版
印 次 2020 年 6 月第 1 次
书 号 ISBN 978-7-80770-216-0
定 价 598.00 元

作者简介 Author

何雄周（1969—　），广东佛山顺德人，号佛山行者，长期行摄在中国佛教五大名山之一的梵净山，任中国摄影家协会会员，贵州茅台酒厂特约摄影师，贵州名酒收藏博物馆副馆长，贵阳市人民政府特聘群众艺术家，第九届全国少数民族运动会最美民族村寨评选委员会专家组专家，《今日贵州》特约摄影师，贵州省文化和旅游厅签约摄影师。

序 Preface

对摄影艺术而言，相机的质量、摄影的技术等固然重要，但我更看重相机前的景色质量和相机后那个人的眼界质量。

本书相机前的景色非常难得：梵净山位于武陵山脉，曾隐身于大海之中；十亿年前新元古代时期，沧海桑田，著名的武陵构造旋回，才将梵净山举起来，傲然挺立成为贵州最古的大陆。自此，以梵净为代表的武陵苍山，也变成了山的大海……其时恐龙尚未出生，人类更远远没有问世……据我所知，至1980年的梵净山一带，人们还曾看到过一只野生华南虎妈妈带着虎崽走过，至此，该物种就再也没有在山野中现形，或许，这是华南虎最后的身影？所可宝贵者，在地球物种迅速灭绝之际，黔金丝猴、珙桐等珍稀动植物犹存。在人文方面，佛教文化，给这道山脉平添了圣洁与神秘：早在东晋，佛教就凭借着当地禳灾祈福的“喜傩神”仪式进入黔东；至唐宋以后，梵香渐盛。梵净山周边的沿河土家族自治县有福常寺，万山镇有弥勒寺，思南县有沿丰寺，印江土家族苗族自治县有西崖寺，铜仁市有正觉寺……古山古木古刹，令无数寻求灵魂安宁者心驰神往、络绎不绝。

本书相机后人的眼界，也异常可贵：何雄周先生，广东佛山人，自小受母亲影响浸润于佛教，自号“佛山行者”。2006年，与梵净山偶然结缘，大山之古远、雄奇、瑰丽有力地扣开了他的心扉，于是，10余年的坚持，20多万千米的行程，3600多个日夜的心血，加上何先生长期拍摄而渐至化境的摄影技术，终于凝成了这本《梵天净土——神奇的梵净山》。

本书分上、下两卷，共800多页。上卷讲述梵净山的地理地貌、风景、动植物和梵净山麓近现代杰出人物故事、民俗风情；下卷讲述梵净山佛教变迁、主要寺庙及梵净山下物华天宝、资源丰富。

阅读本书，能将梵净山的自然、历史、人文的前世今生尽收眼底。若梵净山有知，当视何雄周先生及所有热爱它的读者为知己。

是为序。

顾　久

贵州省人大常委会原副主任

贵州省文学艺术界联合会原主席

贵州省文史馆原馆长

2019年12月

春如翠
Lush Spring

夏如滴
Dripping Summer

秋如醉
Enchanted Autumn

冬如玉
Winter Crystal

目 录 Contents

001-022

前言

地理地貌

梵净山保护区地处我国的中亚热带湿润季节气候带，是贵州省的高湿中心之一。因山而形成独特的地方风物，万物因山而成……

023-038

第一章

梵净之春

初春的梵净山，如梦如幻，飘浮的雾气让这梵天净土充满了仙气与灵性，山顶的奇石仿佛也变得超凡脱俗……

039-066

第二章

梵净之夏

进入六月，梵净山已漫山碧透，草木竞长，形成一个与世隔绝的清凉世界。蘑菇石、新老金顶等空旷处山风呼啸……

067-096

第三章

梵净之秋

秋天的梵净山，那晴空万里，绵绵起伏的山峦，不同的海拔、不同的峰岭植被、不同的花草树木之间，呈现大自然神秘的原始色调……

097-186

第四章

梵净之冬

银装素裹的世界，则是梵净山的本来面貌，在云雾萦绕的霞光中，发散着奇异的光彩，使人不知身在何处，却已心向佛国……

187-256

第五章

梵净精灵

梵净山完好的生态系统，给各种珍稀的动植物提供了广阔的生存空间……

257-430

第六章

地灵人杰

千百年来，梵净山孕育了无比厚重的人文景观以及民族文化，从古到今，代代相传……

431-730

第七章

弥勒道场

弥勒佛以大慈应世，带给众生的永远是欢喜与快乐，弥勒是一种信仰，作为一生补处菩萨，已经成就了自己的兜率净土……

731-807

第八章

梵净风物

梵净山独特的地理地貌，造就了独特的天材地宝，形成了具有特色的地方物产、风俗……

808

参考文献

808

印章注解

809-810

后记

前言

地理地貌

梵净山山体庞大，奇峻险秀，层峦叠嶂，沟壑纵横，河谷深切，瀑布飞流、溪水潺潺，七彩佛光变幻莫测，云海汹涌无常，白絮飞卷，素有集“峨眉之秀、黄山之奇、华山之险、泰山之雄”于一山的美誉，明万历年间被皇帝敕封为“天下众名岳之宗”。

梵净山自然保护区位于贵州省东北部的印江、江口、松桃三县之间。梵净山是武陵山脉主峰，以它为核心的整个保护区总面积有4.19万公顷。其中核心区面积为2.46万公顷、缓冲区面积为0.28万公顷，旅游娱乐区面积为0.12万公顷。保护区东接江口县快场乡顺永坝，西至印江土家族苗族自治县张家坝乡团龙村，南至江口县太平乡月亮坝，北抵印江土家族苗族自治县金厂乡打磨沟，东西宽21千米，南北长27千米。梵净山体庞大，地势呈穹隆状，突立于贵州高原东部斜坡向湘西丘陵过渡之间，地理位置：东经108°45′55″—108°48′30″，北纬27°49′50″—28°1′30″。

梵净山处于我国第二台阶和第三台阶接合部，是云贵高原向湘西丘陵过渡的大斜坡地带，它又是武陵山脉的主峰。该山在黔东北部低山丘陵（海拔500米左右）地带突然拔地而起，形成顶天立地的高峰峻岭，层峦叠嶂、气势磅礴。在该山东南半壁直到沿海地带（除台湾地区外）没有比它更高的山峰。

梵净山自然保护区是位于华夏系北北东向的背斜构造即钟灵—梵净山—老岭—龙田大背斜的中点。

梵净山在中国南方地层岩石和地质构造中十分古老。全区露出的最古老地层在10亿—14亿年间形成，早于鄂西神农架区域最古老地层。以金顶为中心的梵净山主体属武陵古陆，露出地层的是杨子地台基底构造——前震旦系轻变质岩系。

梵净山保护区整个地貌呈穹隆状，境内2000米左右的高峰20余座，最高峰凤凰山海拔2570.5米，和山麓比较，相对高差达2000米。保护区地形崎岖，沟谷深切，整个水系呈放射状向四周分流，为印江、江口、松桃三县的水源发源地。沿狮子岩—棉絮岭—叫化洞—老金顶—烂茶顶—白云寺—牛风包的一条山脊（高2000米以上），构成乌江与沅江水系的分水岭。

梵净山地区属于亚热带季风气候区，是贵州省的高湿中心之一，冬季冷空气分两路影响梵净山区。在4月上旬后，该山地进入雨季，气温回升较快。4月中旬西南季风开始影响山区，夏季6月时，西南季风盛行，孟加拉湾水汽经云贵高原和南海水汽经广西至贵州汇合，向偏东和偏东北方向经梵净山区移向长江中下游。此时梵净山区水汽充足，降水量增大，为全年降水量最多的月份。

梵净山的森林植被，既是自然地理环境的组成部分之一，又是自然地理诸要素如地质、地貌、水文、气候、土壤等的综合反映。

2018年7月2日在巴林王国首都麦纳麦举行的第42届世界遗产大会上，联合国教科文组织世界遗产委员会审议通过将贵州省梵净山列入世界遗产名录。梵净山完全满足世界自然遗产生物多样性标准和完整性要求，展现和保存了中亚热带孤岛山岳生态系统和显著的生物多样性。至此，梵净山成为中国第53处世界遗产和第13处世界自然遗产，也是贵州省唯一单独申遗成功之地！

梵净山
Fanjing Mountain

梵净山
Fanjing Mountain

梵净山
Fanjing Mountain

一、月镜山

俗称老金顶，与新金顶遥遥相望。月镜山属典型的巨厚绿岩系地貌。月镜山山体庞大，气势非凡，地形险峻，飞鸟难渡，是观日出、日落、云海的最佳之处。相传在星空朗月之时，人的影子会倒映在山间的峭壁上，因此被称为“月镜山”。山顶上有座燃灯殿，里面供奉燃灯佛，到梵净山礼拜的信徒必上月镜山朝拜。冬天雪后的月镜山更是冰清玉洁，像天宫一样，如梦如幻，恍如仙境。

月镜山
Moon Mirror Mountain

二、灵山“五绝”风光

10 亿—14 亿万年间，那场魔术般的地壳运动中，在这里从海底浮起一座孤山，群峰峥嵘，山间林木密盖，乱石穿空，清幽绝尘。梵净山又名“三山谷”；北魏郦道元《水经注》称其为“三峿山”，明朝以后统称为梵净山。有 22 个主峰和陪峰环状排列，南北走向呈放射状，构成了绚丽多彩的天然图画。

1987 年，梵净山被列为自然保护区后，分为现代意义上的梵净山与传统意义上的梵净山。现代意义上的梵净山自然保护区地域，在东经 108°45′55″—108°48′30″，北纬 27°49′50″—28°1′30″之间，包括江口、印江、松桃、石阡、岑巩、玉屏、万山、思南、德江、沿河九县一区，面积 567 平方千米。传统意义上的梵净山主要指海拔 2570.5 米的凤凰山、金顶核心保护区一带。

梵净山云海
The Sea of Clouds in Fanjing Mountain

岩绝——梵净山形成于中元古宙和晚元古宙最早期的地层，分为两套岩群—梵净山群和下江群（板溪群），它们是巨厚的绿岩系。巨大的绿岩系因受挤压而隆起，再经过几千万年的风雨侵蚀，形成独有的灵岩怪石，其千姿百态令人目不暇接，其中以蘑菇石与万卷天书为代表。蘑菇石已成为梵净山的标志。该石形似蘑菇，上大下小，屹立万年而不倒，故名“蘑菇石”。月镜山整座山体都是层层叠叠、堆砌有序的页岩，势如卷帙浩繁的古代典册齐天堆放，气势宏伟，人称“万卷书”。“万卷书”是梵净五大奇观之一，早已闻名于世，有诗赞曰：

牙谶玉轴是谁储，万卷堆来混代初。
遍地纵遭秦火劫，名山还有未烧书。

该诗赋予此景人文的光辉。清同治年间诗人田慎修描述梵净山之岩：

迭迭重重万卷书，风云拥护卷还舒。
劫经秦火终无恙，藏在名山合付余。
蚪字不关仓颉早，牙签总是邺侯储。
黔南幸有图书府，好古何须问石渠！

而与这些灵岩怪石相伴千年的传说，赋予梵净山生命，使这座山更加生动、鲜活、美妙、神秘。

梵净山页岩
Shale of Fanjing Mountain

蘑菇石
Mushroom Stone

佛光——梵净山与五岳名山的最大不同及绝妙之处是梵净山的佛光。地处北回归线的梵净山，属亚热带季风气候，雨量充沛，由于林密沟深，峰峦奇特，特殊的地形地貌和独特的气候条件，使得梵净山只要有太阳升起就能出现佛光。佛家认为只有与佛有缘的人才能看到佛光，因为佛光是从金顶上弥勒佛的眉宇间放射出的救世之光、吉祥之光、智慧之光，谁看到佛光，领受到佛光，皆与梵净山大佛有缘，都会在未来亲享到弥勒佛的无边慈悲。梵净山佛光普照因此名扬天下。铜仁诗人徐訚诗曰：

紫雾光中现法玉，五云缥缈焕天章。
牟尼幻影人争讶，谁识本来声息忘。

晨辉初起，浮于云雾间。梵净山幻影是佛光的一种，和佛光一样也是梵净山独有的佛境奇象。无论哪个季节的早上只要日出、云海，在金顶弥勒道场的范围，天空常常会浮现出一些似是而非的巨大幻影，在云层中飘忽而来又飘忽而去。人竟不明白这些幻影来自何处，又去向何方。传说这些幻影都是那些来梵净山赶赴法会的无量诸佛，在朝山的路上不期而遇。面对此情此景，自然是震撼万分，也是惊喜万分，因为这是百年难遇的佛缘。出现幻影的时刻，一般来说，是佛光产生之前或之后的几分钟甚至十几秒，或者是在特别的日子，如农历六月十九观音菩萨成道日前后，天上的幻影就会倏忽而至，充满惊喜。

佛光
Buddha's halo

金顶
Golden Summit

峰绝——梵净山方圆567平方千米，大小高低999座山峰，峰峦之多天下闻名、山中少有，尤其是梵净山金顶最具代表性，它拔地而起，高数百丈，劈分双峰，登攀者循石级而上，如蹈空而行。绝险处皆附铁索，始有依凭。连攀三台，方达金刀峡处。峡壁上有定心一池、水容一勺，仅供登山者依次而饮，旋饮旋生，莫测所出。清朝诗人陈昌槐诗曰：

梵净巍峨武陵峰，辰山磅礴百里竑。
九龙拱顶高千仞，三梧思邛腾万空。
月镜定心香炉霭，金刀分髻佛光虹。
瀑云给我涤尘垢，宇宙壮观唯此雄。

这些峰峦，观其形，似人似物；摹其态，亦真亦幻。当年皇太子想念母亲，从皇宫不远千里，历尽千辛万苦，来到梵净山脚下，呼唤母后九皇娘娘，他仰望着金顶，不断呼唤，撕心裂肺，后来幻化成太子石。太子石顶上有两株菩提树，极像太子头上的皇冠，现在已成为梵净山“镇山之宝”。从不同角度观看太子石更是不同的景致，攀登其间，真可谓移步换景、变化万千。值得一提的是梵净群峰的命名，包括了峰、峦、岭、崖、岩、洞等，生动形象，为梵净山增添了无穷魅力。

黄昏时刻，寺庙香烟袅袅，一阵悠扬的诵经声随着缕缕青烟远远飘来，好像整个世界都安静了。

云绝——独特的温润气候和南北交汇的气流，打造了梵净山云雾飘渺中时隐时现且神奇美妙的瑰丽景观。漂浮在峰峦上，缠绕在山腰间，徜徉在森林中，幻化在溪谷里的五彩云雾给梵净山带来了佛国、神山的美名，置身梵净山虚无缥缈的云雾中，恍如仙境。

风与云是梵净山的绝配。俗话说风起云涌，在梵净山表现出来的就不仅仅是“大风起兮云飞扬”那种境况。也许刚才还是万里晴空，风起处便立时翻涌成了梵净山云海。只见那云波汹涌，浩渺无际，就像梵净山回到了14亿年前的海洋时代。随着风向，云流突然又从高山跌下深谷，洪波澎湃，山岛竦峙，势卷八荒，气吞万里，刹那间所有的生灵都在无边的波涛中销声匿迹……如此壮观奇景，游客称其为“苦海再现”，是佛祖有意向人们幻化出没有生灵的混沌时期，开启生命之门以觉悟芸芸众生。

礼佛
Pay Respect for Buddha

水绝——点缀梵净山多座山峰之间的是近千处挂瀑流泉，其中有百丈飞瀑、碧溪绿潭、古有幽泉，还有条条激水长流。黑湾河的观音瀑布由于形似观音而得名。清澈的山泉水从山上倾泻而下，形成了观音瀑布。漫步山间，或泉水叮咚，或流溪淙淙，或飞瀑激荡，或碧潭幽幽……所到之处，无不令人心旷神怡。

流泉
The flowing springs

梵净山
Fanjing Mountain

第一章

梵净之春

金顶春韵

金顶是梵净山最具标志性的景观，海拔 2375 米，突兀挺拔，高近百米，犹如蛟龙出海、玉龙啸天，因其峰周围经常红雾环绕，故被称为“红云金顶”。

由于梵净山垂直海拔高，气候多变，因此山顶上的春天来得比山下晚，每年三四月份，山脚下已是鲜花遍地、牛羊满山，而山顶上依然是寒风刺骨，枝头上才露出一点小芽；进入五六月份，山顶的春天才慢慢来临，先是满山的杜鹃花竞相怒放，接着才是小黄花开满山坡，阳光下的黄花显得格外妖娆，这时，金顶的春天才真正来临。

杜鹃花
Rhododendron

金顶春韵

Spring scenery in golden summit

梵净山高山杜鹃

高山杜鹃，为杜鹃花科高山常绿灌木或小乔木，自然生长状态下树高约 3 米。梵净山的高山杜鹃生长在海拔 1000—2500 米山地阴坡的冷杉林中或林缘草坡上。叶簇生枝顶，幼枝密生锈棕色鳞片并杂有细柔毛，后渐脱落至叶面无毛，叶背被赤黄色密绵毛。花顶生，总状伞形花序，花冠钟状，一个花苞中有十几朵小花，呈球形开放，色泽鲜艳。植株丰满，叶大，花美丽、独特。

梵净山的高山杜鹃与其他地方的不同之处，在于它的花瓣比较厚润，颜色艳而不俗，这都得益于梵净山完美、独特的地理环境和生态系统。

梵净山杜鹃花品种有：大钟杜鹃、鹿角杜鹃、长蕊杜鹃、宝兴杜鹃、猴头杜鹃、百合杜鹃等 18 种；花色有大红、粉红、淡红、红白相间、纯白等。花期一般持续 15 天左右。分布在九龙池、滴水崖、烂茶坪、棉絮岭一带。最佳观赏地点在承恩寺对面的杜鹃长廊。

每年五六月份，梵净山上的高山杜鹃已竞相怒放。游客纷至沓来，来往穿梭于高大的杜鹃树下赏花、拍照、嬉戏，陶醉其间。

梵净山高山杜鹃
Alpine rhododendrons

梵净山高山杜鹃
Alpine rhododendrons

金顶佛光
Buddha's halo over the golden summit

灵山幻影

一花一世界，一叶一如来；
春来花自清，秋至叶飘零；
无穷般若自在心，语默动静体自然。

每年六七月份，山顶上的小黄花陆续绽放，因为花盛开之时，恰逢观音菩萨成道日，故被称为“般若花”。尤其是承恩寺后面山坡的小黄花，密密麻麻、漫山遍野、生机勃勃。阳光下的小黄花，略显嫩黄色，迎风招展，风姿绰约。更为神奇的是整个梵净山的山顶上只有这一带长满了小黄花，有缘之人还可以看见在这片黄花地上空出现的巨大佛光，七彩佛光横跨大半个天空，如梦如幻，直如弥勒佛亲临，让人感到这真是天上人间……

咏庭梅寄人

［唐］刘禹锡

早花常犯寒，繁实常苦酸。
何事上春日，坐令芳意阑。
夭桃定相笑，游妓肯回看。
君问调金鼎，方知正味难。

金顶
Golden Summit

开悟诗

觉海法因庵主

岩上桃花开，花从何处来？
灵支才一见，回首舞三台。

礼佛
Pay Respect for Buddha

金顶
Golden Summit

梵净之春
Spring of Fanjing Mountain

第二章

梵净之

夏

碧水

Emerald water

观音瀑布

相传弥勒佛在梵净山开坛授法，观音菩萨应邀而至，路过山脚时，口渴难耐，看到森林中有一瀑布，水清甘洌，忍不住走向前去喝了一口，顿觉心旷神怡，疲劳立消，方知此乃梵净山仙泉也。遂取出随身净瓶灌满，以作解除天下百姓苦难之用。从此，观音菩萨的身影就永远留在了梵净山。

观音瀑布
Guanyin Waterfall

山涧
Mountains Streams

上善若水，厚德载物！水乃生命之泉，万物生灵都因水得以生存；水因其奔流不息，至美至柔，才能源远流长；万物之兴衰，皆能从变化中领略其奥妙。

夏天的梵净山雨水充沛，大雨过后整个梵净山上会形成无数的小瀑布与溪流，有的像少女梳妆，喷珠泻玉；有的像北斗七星，曲折可爱；有的像蛇形曲线，或隐或现。溪岸的石头犬牙交错，使人无法一眼望到水源。

山溪
Mountains Streams

终南别业

［唐］王维

中岁颇好道，晚家南山陲。
兴来每独往，胜事空自知。
行到水穷处，坐看云起时。
偶然值林叟，谈笑无还期。

瀑布坐禅
Meditation beside the waterfall

梵净山植被
Forest in Fanjing Mountain

佛影光

［清］徐阊

何年鬼斧劈崇巅，
三度金桥近日边。
放眼佛光摩顶上，
纵身天际挟飞仙。

佛光
Buddha's halo

云漫金顶

每年的6—8月份是梵净山的雨季，充沛的雨水滋润着梵净山方圆几百里的森林大地，树木悠闲地品着雨水，绿油油的叶子散发出夏天的气息。每当雨过天晴，如梦如幻的云海在金顶周围慢慢升起，初升的太阳照在云海上形成了神秘的佛光，置身其中，恍如仙境，让人忍不住双手合十，默念“阿弥陀佛”，沐浴佛恩，神清气爽。

金顶云海佛光
The Sea of Clouds and the Buddha's halo in Golden Summit

鲤鱼吐珠

在梵净山蘑菇石旁有块形如鲤鱼的巨石。传说在弥勒佛开辟梵净山道场后，住在东海的鲤鱼王慕名来到梵净山修炼，经过5000年的佛法熏陶洗礼，几经磨难，终于跳过龙门，化为神龙，飞天而去，留下块像鲤鱼一样的巨石在梵净山上。每当月亮下山，经过鲤鱼嘴前方时，仿佛重现了当年鲤鱼王修炼吐珠的奇景，人们把这一奇观称为“鲤鱼吐珠”，据说有缘人才能看到如此奇境。

鲤鱼石
The carp stone

梵净晨曦
Fanjing Mountain at dawn

亚木沟

亚木沟风景区位于贵州省铜仁市江口县境内，毗邻梵净山，是梵净山生态文化旅游的重点卫星景点。景区地处江口梵净山公路中段，距江口县城19千米，距渝怀铁路江口站约30千米，铜仁站约60千米，距湘黔铁路玉屏站约140千米，距铜仁机场约80千米，交通非常便利。景区大门外设有大型免费停车场，可同时容纳300余辆车。景区总面积26平方千米，分为生态停车场、四星级酒店、乡村风情长廊、购物街、亚木沟原始生态峡谷、土家风情园几大版块，满足游客吃、住、行、游、购、娱等方面的需求。游客既可欣赏原始的自然风光，又可领略诸如原生态歌舞表演、民间绝技、土家风俗等土家文化。

传说，亚木沟在唐朝以前名为“鬼谷”，又叫“隐龙沟”。后因谷中长出一株神树，似石似木，通体碧透，花有异香，能驱邪治病，食其果实可使多年未育的夫妇得子，引得远近无数土民对其顶礼膜拜，取名为“亚木”（古土家语里为“树神”），因而得名“亚木沟”，一直沿用至今。亚木沟自古就被誉为“贵州第一沟”。“贵州第一”源于唐朝《蛮志》“行遍蛮境，未闻有如一也”的说法，而《思州府志》更有“亚木其神，莫可言传；其沟之妙，实甲黔境”的记载。

神奇的亚木沟，峰峦叠嶂，碧水如玉，山灵水净，藤蔓牵曳；这里的夏天绿阴蔽日，深秋霜叶障天，那是对流逝岁月的记录；这里的山水钟灵毓秀，这里的山寨幽静古老，这里的山林葱翠浓郁，这里的池塘波光粼粼，这里的岚霭悠悠，萦绕在山间，这里勤劳、勇敢的土家人早晚的炊烟袅袅升腾于寨子的上空；这里的山连着天，水连着山，山水草木，古老的吊脚楼与小溪融为一体，那背着背篓的土家姑娘，哼着山歌款款走来，一双水灵灵的大眼睛仿佛会说话一样，让人遐想联翩……一切都在这淳朴自然的生态环境中灵动着，宛如一幅山水画卷，世外桃源般呈现在我们的眼前……

两岸青山对峙，绿树滴翠。头上奇峰遮天，脚下清流潺潺，怪石卧波。雨中的山色，其美妙完全在若有若无之间，若有，它如浮动着的轻纱一般幻成云影，冉冉化作蒸腾的雾气，飘然而去；若无，在云雾开合之间露出容颜，倍觉亲切。

亚木沟的水虽无言，然非无声：那飞流直下的瀑布，是它欢呼般的呐喊；那潺潺而流的小溪，就像是那如泣如歌的琴声在倾诉；那汩汩而涌的清泉，是它与山和水的交融，是静与动的绝配，单调与精彩的完美结合，组成了最美的风景。在青山间上下求索，在绿水间闲庭信步……几多美妙！

亚木沟的风景，可借用唐朝诗人王维的《山居秋暝》来描述，正是亚木沟的最好写照：

空山新雨后，天气晚来秋。
明月松间照，清泉石上流。
竹喧归浣女，莲动下渔舟。
随意春芳歇，王孙自可留。

亚木沟
Yamugou Scenic Area

亚木沟
Yamugou Scenic Area

夕照蘑菇石

梵净山火烧云一般在夏天雨后放晴的傍晚出现，当火烧云出现时，大地立即变得红彤彤的。

从蘑菇石往印江方向远眺，太阳渐渐落山，它努力地把最后一丝余晖投向大地、投向天空。天空中的云朵被太阳灿烂的光辉染成了耀眼的火红色，天上的云从西边一直烧到东边，把整个天空染红了，好像着了火似的。

梵净山上的火烧云极富变化，一会儿红通通的，一会儿黄澄澄的，姹紫嫣红，气象万千。霞光中的蘑菇石显得更加挺拔、伟岸。

蘑菇石
Mushroom Stone

梵净奇观
A spectacle of Fanjing Mountain

梵净之夏
Summer of Fanjing Mountain

第三章

梵净之秋

10月的梵净山是一年中秋色最美的时候，满山的枫叶、银杏、山楂，红的、黄的争相爬上枝头……

梵净山
Fanjing Mountain

梵净山秋色
Autumn Landscape of Fanjing Mountain

梵净山秋色
Autumn Landscape of Fanjing Mountain

秋天的脚步悄悄来到了梵净山，那山上的小径已经红得像喝醉的脸，红彤彤的让人醉在其中，流连忘返……

梵净山秋色
Autumn Landscape of Fanjing Mountain

梵净山秋色
Autumn Landscape of Fanjing Mountain

万宝岩

万宝岩位于梵净山索道上站前方 100 米处，有块巨石酷似美猴王孙悟空，因在阳光照耀下发出闪闪金光而得名，亦是梵净山观看日出、云海的最佳点之一。

传说唐僧师徒从西天取经回来，途经梵净山上空，因孙悟空与弥勒佛渊源颇深，猴王便下来拜见弥勒佛，恰逢弥勒佛正在传诵无上佛法，猴王听得入神，直到唐僧呼喊才恋恋不舍离去，但猴王的身影却永远留在了梵净山。这就是现在看到的万宝岩，又称“猴王石”。

万宝岩日出
Sunrise over the Wanbao Rock

宝光初现
Glorious and holy light emerging

印江太平寺
Taiping Temple in Yinjiang County

溥光题草堂诗

草堂名刹岁年深，
三藏谈经事莫寻。
唯有千章云木在，
风来犹作海潮音。

梵净山千年古银杏树
Thousand-year-old ginkgo in Fanjing Mountain

梵净山人文研究所
Fanjing Mountain Humanities Research Institute

梵净山人文研究所

梵净山人文研究所由行者毛继新先生创立于20世纪90年代初。毛继新先生毕业于北京广播学院新闻系（今中国传媒大学新闻学院），先后在地方和中央新闻机构从事记者工作近30年。20世纪80年代末，独自前往贵州梵净山潜心研习儒、释、道文化，至今已40余年，颇有心得。

毛继新先生先后创办了梵净山人文研究所、梵净平山书院、梵净龙门书院、梵净五指书院、河北省中西院文化研究会、河北省华夏文化研究院等多所中国传统文化研习机构和培训基地。

毛继新先生提出“道是生命的源泉”，以文化为载体，对人的生命过程即人生来死去路，从理论上作出了合理诠释。他提出“四个打通”的思想——历史与现实打通、理与事打通、知与行打通以及科学与道打通，从一种新的角度阐述了人与社会的关系。

当年毛继新先生创立研究所的地点是在老金顶的“果然佛国”匾下，历经多年，研究所最后定址于万宝岩的左前方。整栋建筑依山而建，一共两层半，一层为厨房和杂物间，二层设立一个会客厅和香堂，走廊两边为学生客房，二层半为坐禅室和毛继新先生的卧室。站在研究所楼顶上仰望，前面可远眺凤凰山、缆车、云海、佛光。

从万宝岩左前方往下沿小径走，两边是森林，推开小柴门，两棵参天古树一右一左站立在小径旁，像迎宾童子，古树下立了块汉白玉石碑，由佛教著名法师本焕大和尚所书“梵净山”三字，碑的背面上写着“弥勒道场”四字。顺着台阶往下走几步，路边立了块汉白玉石碑，上刻由宗教文化研究所创始人“慈氏法能和尚”写的偈语：“性是菩提树，心如明镜台，性心本相印，佛光遍地开。”背面写的是：“拈花一笑藏禅机，迦叶鸡足定中期，达摩震旦传法脉，慈土慈心花遍地”。来到研究所的正大门，门外有两副对联：“开天辟地两仪出始，通阴育阳万法归宗。默守关窍地喜天欢，大小宇宙同心联手。”正门口处还有一副对联：“传心灯照亮千家万户，继绝学普泽四面八方。”

梵净山人文研究所秋色
Autumn landscape of Fanjing Mountain Humanities Research Institute

禅悟

空来空去空自在，
慈氏行者今又来，
来来去去谁知晓，
空去空来空还在。

梵净山人文研究所创办者——毛继新先生
The founder of Fanjing Mountain Humanities Research Institute—Mr. Mao Jixin

梵净山人文研究所
Fanjing Mountain Humanities Research Institute

秋染拜佛台

拜佛台位于月镜山的山脉中间，是梵净山西线上山到金顶的必经之处，以前是山上唯一的接待宾馆，称为“蘑菇石宾馆”。后为保护梵净山的生态完整，拆除后建成拜佛台，是观赏太子石的最佳位置。

秋天的拜佛台一派欣欣向荣，到处都是黄的、红的叶子，像一条巨大的彩锦披在拜佛台周围，灿烂若云，气象万千……

拜佛台
The place of worship Buddha

翻天印

在梵净山九皇洞的上方，有块像倒放印章的石头立在岩石上，称为“翻天印”。

传说天廷上的太白金星触犯天条，玉皇大帝便罚他下凡到梵净山为土地神，掌管梵净山方圆几百里风调雨顺、百姓安居之事。在随后的几百年里，太白金星兢兢业业，尽心尽力地为梵净山一带老百姓带来了繁荣和谐、安居乐业的气象。功德圆满之后，玉皇大帝召太白金星回天廷。太白金星接到诏书，高兴万分，在匆匆忙忙回天廷的途中遗落了梵净山土地神的印符，此印符落地后即化为一块奇石，就是现在的“翻天印”。

翻天印
Fantianyin

锯齿山与思过岩

锯齿山位于月镜山后面，因与月镜山之间的峡谷像被锯子锯开的一样，故称“锯齿山”。

思过岩位于月镜山万卷天书前方，传说九皇娘娘在岩边静坐修炼而得名。

锯齿山
Sawtooth Mountain

思过岩
Rock of Introspection

菌子客桥与天生桥

菌子客桥位于龙泉寺进山 3 千米处，横跨山间小溪，桥的两边是木结构护栏，桥旁有座小亭，供游客休息之用。每当夏天菌子发育时，众多进山采菌子的山民多在此歇息，故而得名。

从黑湾河东大门往里走约 5 千米，在右手边有座横跨小溪的石桥，是由左右两边的地形变化而形成的，在桥的旁边还修建有一座古色古香的凉亭供游客休息，后人把这座自然合拢的石桥称为“天生桥”。

菌子客桥
Bridge with fungus

天生桥
Tianshengqiao

虔诚
Devout

梵净之秋
Autumn of Fanjing Mountain

第四章

梵净之冬

冬日的梵净山
Winter Scenery of Fanjing Mountain

梵净佛现
Buddha appearing in Fanjing Mountain

梵净冬韵

Winter Scenery of Fanjing Mountain

弥勒净土
Pure land of Maitreya

翻天印
Fantianyin

老鹰嘴
Eagle Mouth

磨菇石
Mushroom Stone

天恩古寺
Tianen Ancient Temple

金顶雪雾
Golden Summit covered with snow

万径人踪灭

Ten thousand miles with no trace of man

梵净山上的“弥勒道场”石碑
A Stone Tablet with “Maitreya platform”

每年冬天，瑞雪飞降，游客纷沓而至梵净山观雪、赏雪
Every winter, auspicious snow falls. Tourists come to Fanjing Mountain to feel the snow

游客拍摄雪景
Tourists photograph the snow

万宝岩步行栈道
Wooden trestle of Wanbo Rock

溪上寻梅不遇

〔宋〕王炎

玄冬用事秃千林，蓓蕾凌寒瘦不禁。
已唤苍头篛腊脚，未逢玉颊吐春心。
客居避俗遨游少，老境看花感慨深。
属付绿衣歌舞地，吹香一笑慰幽寻。

冬日的梵净山
Winter Scenery of Fanjing Mountain

千里冰封
万里雪飘
江山如此多娇
引无数英雄竞折腰
A hundred leagues locked in ice
A thousand leagues of whirling snow
With so many scenery beauty
Leading countless heroes to bow down to its majesty

雪花树
Flowering cherry with snow

雪花树
Flowering cherry with snow

雪中傲然怒放的樱花，别有一番韵味，被当地人称为“雪花树”。梵净山一带传说，雪花树现，必然风调雨顺，国泰民安，五谷丰登，人民安居乐业。

冬日的梵净山
Winter Scenery of Fanjing Mountain

冬日的梵净山
Winter Scenery of Fanjing Mountain

冬日的梵净山
Winter Scenery of Fanjing Mountain

雪景山水

〔元〕陶宗仪

碎剪银河片片零，
芙蓉开遍玉崚嶒。
八窗洞启虚生白，
好似蓬婆最上层。

太子石冬韵
Winter scene of Taizi Stone

蘑菇石

人们认识了解梵净山，多是被其山顶的蘑菇石的魅力所吸引的。

蘑菇石属于典型的绿岩系地貌，因顶大根小而得名，位于月镜山山脚的一块岩石上，旁边有翻天印和鲤鱼吐珠两大奇境，在蘑菇石下可 360 度观看风景，是观赏花海、日出、日落、佛光、云海、星空的最佳处。

作为月镜山的组成部分和梵净山的精魂象征，其地位举足轻重。

关于蘑菇石的来历，相传是弥勒佛曾邀请唐僧师徒四人到梵净山相聚，师徒四人赠送从西天取回的部分经书给弥勒佛。已经成佛的孙悟空还是改不了猴子的习性，他看到月镜山下有根石柱，像个小书桌一样，刚好可以摆放一本经书，于是拿起一本真经放在石柱上，由于经书比石柱面积大放不稳，摇摇欲坠，弥勒佛见状，遂念动咒语将真经定在了石柱上面，永不倒塌，孙悟空拍手称快，连说："妙哉、妙哉！"从此，此景在梵净山顶长存，它顶天立地，最具鬼斧神工之神韵，成为梵净山的独特标志。

蘑菇石
Mushroom Stone

山高人为峰
Humans as the peak of mountains

蘑菇石的四季
The four seasons of Mushroom Stone

梵净山
Fanjing Mountain

梵净山蘑菇石所在地因环境优美、空气优质而吸引着众多太极爱好者前来修炼功夫，蓝天下的矫健身姿与景色相互辉映，卓尔不凡，夕阳下的一招一式尽显大师风范。

太极
Taichi

梵净山顶
The Top of Fanjing Mountain

红云金顶

海拔 2336 米的红云金顶屹立在梵净山巅（凤凰山与月镜山之间的开阔处，紧邻承恩寺），拔地而起，一柱擎天，傲视苍穹，雄奇险峻，而且早晚常有红色祥云萦绕，故称“红云金顶”，寓意“鸿运金顶”，为梵净山标志性景观，被称为“天下第一峰”。

承恩寺普渡广场左边的登顶小径（宽不过 67 厘米），游人和香客都从这里登山朝拜，行至半山后从右边攀登，左边下山。最险处是半山观音洞下方这段，必须手脚并用，拉着悬崖上的铁链才能安全攀登，身边山风呼啸，云雾缭绕，恍如空中漫步，脚下是万丈绝壁，深不可测，可谓步步惊魂。一路上还看到文人墨客留下的摩崖石刻，快到山顶时要穿过狭长的峡谷——金刀峡。金刀峡将金顶一分为二，左边是释迦殿，右边是弥勒殿，两殿旁边各有一巨石，相传曾是两位佛主论道谈经时打坐的地方，左为“叠经台”，右为“炼丹台”，甚为神奇。站在金顶最高处，让人心生“会当凌绝顶，一览众山小”的感慨。特别是风起云涌之时，金顶在云海中若隐若现，游人仿佛置身天宫，不知今朝何夕，伸手可摘星辰，转身又与嫦娥共舞……正如印江诗人廖云鹏诗曰：

> 两峰高插翠微巅，鬼国名山自古传。
> 舞凤昂头翔蔽日，游龙翘首啸吞烟。
> 金刀劈破佛分殿，铁索牵连人上天。
> 转眼风云际会处，凭空移步做神仙。

红云金顶
Red Clouds Golden Summit

金顶
Golden Summit

金顶
Golden Summit

梵净山
Fanjing Mountain

春、夏、秋、冬四季如画
Picturesque four seasons

横看成岭侧成峰，远近高低各不同

Seen horizontally, mountain ridges spike into the heavens

Seen from afar, all the peaks vary in their heights

金顶日出
Sunrise on the Golden Summit

梵净山瀑布云

梵净山在黔、湘、渝交界处拔地而起，因奇特的山形地貌，低纬度、高海拔、多沟谷，森林茂密，雨水充沛而容易形成“瀑布云”。

瀑布云是一股气势宏大的快速云流，流动时似大海般，静如处子、动如脱兔。

每年的春、夏、秋、冬，梵净山都有瀑布云，主要出现地点在月镜山、金顶两处，尤其是金顶，经常会出现瀑布云。那时，云层如天幕下幔，慢慢地从万宝岩往凤凰山与金顶之间山坳涌来，翻山越岭，俯冲到太子石的峡谷里，这时便出现了气势磅礴的瀑布云，

滚滚的流云翻山而过、直泻谷底，似流水瀑布。其形多种多样，或如银沙倒泻，或如长霓下壑，或如白龙戏谷，或如银沙长链垂地。凤凰山、金顶在瀑布云中时隐时现，犹如中流砥柱，任凭瀑布云迅猛磅礴，澎拜汹涌，在波涛中巍然不动。

这就是梵净山有名的瀑布云。

梵净山瀑布云
The Waterfall of Clouds on Fanjing Mountain

梵净山瀑布云
The Waterfall of Clouds on Fanjing Mountain

梵净山云海
The Sea of Clouds in Fanjing Mountain

雨后的云海如约而至，为灵山增添上飘逸空灵
The Sea of Clouds come as expected after raining, where it gives Fanjing Mountain an added touch of everlasting aroma of divinity

神龟观海

神龟观海景点位于月镜山顶上，站在燃灯殿旁，可见风起云涌里一大一小两神龟正抬头观看云海日落，惟妙惟肖，栩栩如生，尤其是日落时分，更加生动传神。

相传住在东海龙宫里的龟丞相听说弥勒佛在梵净山开辟道场，遂慕名带着儿子不远万里来到梵净山，拜请弥勒佛，聆听佛法，潜心修炼，终于修成正果，飞升而去。之后神龟修炼的地方化为两块石头，留在了梵净山月镜山顶上，后人称这两块酷似神龟的石头为“神龟观海”。

神龟观海
Supernatural tortoise view the sea of cloulds

梵净山云海犹如大海一般无边无际，人们置身其中仿佛在天宫一般，如梦如幻。远处的凤凰山像屹立在一片白茫茫海洋中的孤岛，而金顶更像一条出海的神龙，仰起龙头，正奋力游向彼岸……

云海
Sea of Clouds

太子石
Taizi Stone

太子石

相传李皇后在梵净山九皇洞修成正果，肉身飞升，消息传到京城后，不忍心看到太子小小年纪就失去母爱，宫里宫外都瞒着太子。随着太子一天天长大，宫里再也隐瞒不住皇后成圣的消息，太子听说后，对神奇的梵净山充满向往，对母后的思念之情与日俱增，更因日思夜念而终日闷闷不乐、无精打采，日渐消瘦、憔悴。由于太子乃皇位继承人，不便出宫。于是太子焚香祷告弥勒佛，恳求弥勒佛助他圆个心愿，盼望在梦中与母亲见面。太子的诚挚孝心终于感动了梵净山的弥勒佛，弥勒佛在太子梦中带着他从皇宫驾着祥云来到天廷，在天廷上见到自己日思夜念且已位列仙班的母亲，她的容颜一如之前美丽。母子俩相拥而泣，令人动容，太子向母亲倾诉了满腔的思念之情，李皇后爱子情深，告诫太子不必过于执着，应以天下百姓苍生为念，做个好皇帝，太子连连点头，铭记心中！

相聚的欢乐时光总是那么短暂，天上一天、人间一年，母子俩在弥勒佛的催促中依依挥泪惜别。离开天廷后太子恳求弥勒佛带他到灵山看看母亲修炼的地方，弥勒佛满口答应，于是带着太子来到了梵净山。灵山云雾缭绕，鸟语花香，一派祥和。太子看到灵山美丽如画，满心欢喜，在弥勒佛的带领下，爬金顶，上月镜山，观蘑菇石，看云海日出，不知不觉来到了山脚下的牛尾河，只见峡谷峰林密布，奇景异秀，云海翻滚。太子拍手大呼惊奇，深深喜欢上灵山的一草一木。正当太子在牛尾河看得入神，弥勒佛提醒太子该回皇宫了，太子才恋恋不舍地随着弥勒佛回到皇宫。从此，太子的身影永远留在了梵净山，这就是今天我们看到的太子石，石头上的两株菩提树就是当年太子头上的皇冠所变，惟妙惟肖。后人把这段母子情深的佳话流传下来，一代一代传诵。

后来，游客到梵净山都会到拜佛台俯看牛尾河峡谷深处的太子石，深深为太子对母亲的诚挚之孝所感动，遂诚心祈愿天下离别的亲人早日团聚，共享天伦之乐！

太子石

〔清〕田慎修

龙种生来气宇辉，
如何远道此山隈？
想因国舅登仙去，
引得深宫太子来。

太子石
Taizi Stone

雾绕太子石
Mist-shrouded Taizi Stone

万卷天书
Book-Shaped Rock

万卷天书

万卷天书位于月镜山中部，是在远古造山运动中形成的自然奇观，属典型的绿岩系地貌。由于这片岩石都是层层叠叠，堆砌有序，气势磅礴，而外观酷似一卷一卷巨大的古典书籍，齐天堆放，故称“万卷天书”。

相传，唐僧从西天取回真经回长安时路过梵净山，弥勒佛正在山上坐禅，看到唐僧师徒四人驾着云从远处的天边飞来，弥勒佛一想山上正缺少如来佛祖的真经来传法，于是心念一动，驾上祥云，对唐僧师徒说：“来者可是三藏师徒？”唐僧师徒一见是弥勒佛来迎，慌忙合十见礼。弥勒佛邀请唐僧师徒到梵净山作客稍息，长途跋涉的师徒四人正感到疲惫口渴，遂随弥勒佛来到月镜山中休息。唐僧师徒四人看到月镜山中树木郁郁葱葱，遍地奇花异草、鸟语花香，一派祥和，便知此山乃灵山也。

佛祖的侍者奉上从山中采来的仙果、仙茶给唐僧师徒品尝、解渴。一盏茶后，四人疲劳顿消，心旷神怡，这茶就是后来的“梵净山团龙贡茶”。稍事歇息后，弥勒佛与师徒四人一一叙旧，十分投缘。唐僧站在月镜山上向四周细细观察，发现这山确实是一座仙山，十分适合修炼，心生欢喜。弥勒佛见此情景，对唐僧说，此山与我十分投缘，本尊已选它作为道场，弘扬佛法，普度众生，只是山上还缺少部分真经传法，还请三藏赐部分经书作弘法之用。唐僧欣然应允，遂留下部分真经给弥勒佛。后来，弥勒佛堆放经书的地方便化成了书一样的石头。

万卷天书
Book-Shaped Rock

万卷天书

Book-Shaped Rock

万卷天书
Book-Shaped Rock

万卷天书
Book-Shaped Rock

凤凰呢喃

凤凰呢喃位于月镜山中部，紧邻万卷天书，与蘑菇石隔沟相望。从拜佛台仰望，有对高耸入云的巨石屹立在绝壁上，极像一对凤凰深情相望、呢喃私语，栩栩如生，后人称之为“夫妻岩”。相传很久以前，凤凰夫妻慕名来到弥勒道场——梵净山修炼，它们一到灵山，就被灵山的奇峻灵秀、鸟语花香、神奇莫测吸引了。于是它们早出晚归，勤持修行，帮助一方百姓，带领山中百鸟和谐相处，其乐融融。每天它们会飞到蘑菇石对面的绝壁上休息私语，后来弥勒佛收它们夫妻俩为护法神鸟，统领天下百鸟，此后它们修行的身影便永久地留在了梵净山。

凤凰呢喃
Whispering Phoenix

凤凰山

凤凰山是梵净山的最高峰，海拔 2572 米，比金顶高出 236 米；比月镜山高 78 米。从月镜山山顶遥遥观看，凤凰山山体庞大，森林茂密，像是一只凤凰展开双翅站在山顶，振翅欲飞。

相传弥勒佛开创梵净山道场后，整个梵净山一派祥和，百姓安居乐业，处处鸟语花香，就连佛祖麾下的神鸟也经常飞临梵净山的凤凰岭一带与百鸟嬉戏，后来老百姓把凤凰经常降临的地方称作“凤凰山”。

凤凰山春、夏、秋、冬，各具韵味

Phoenix Mountain has different charms in the spring, summer, autumn,and winter

凤凰山

Phoenix Mountain

九龙画壁

九龙画壁位于凤凰山向东侧的绝壁上，传说守护梵净山的九大神龙在此飞升。很久以前，弥勒佛到梵净山来修炼，有九大神龙作护卫，弥勒佛每次坐禅后都会到凤凰山休息，九大神龙亦跟着来到凤凰山的一处绝壁玩耍。绝壁下飞瀑流泉、森林茂密、鸟语花香，神龙们干脆把绝壁下的这片秘境作为休息、玩耍之地，经常在绝壁上飞来飞去，腾云驾雾，后来梵净山这一带的老百姓把凤凰山下绝壁称为“九龙画壁”。

九龙画壁的春、夏、秋、冬
The spring,summer,autumn,and winter of Jiulong Wall

龙凤亭

龙凤亭位于万宝岩后面的半山腰，经过万宝岩至观音台，可见悬崖上有座供游客休息的四角亭子，亭子顶部绘有龙凤戏珠图，故称“龙凤亭”。从亭子往外看，万宝岩、缆车、三角庄山等远景一览无余。尤其是旭日初升时，龙凤亭被镀上一层金色，金碧辉煌，古色古香。

龙凤亭
Longfeng Pavilion

九龙池
The Pond of Nine Dragons

九龙池

九龙池位于凤凰山顶下的一平缓山坡处，傍邻九龙古寺遗址，从棉絮岭远眺，九龙池刚好在万米睡佛肚脐眼上，共有九个湿地水池，甚为奇妙。

九龙池是梵净山中唯一的高山湿地，据专家考证，九龙池一带遗留着珍稀物种出现过的痕迹，成为梵净山山体地貌发展演变的重要证据。由于湿地为这一带的动植物提供了肥沃的土壤和水源，且因其地处梵净山腹地，人迹罕至，所以九龙池一带植被至今保存非常完好，是珍稀动植物生活的天堂。

春天，在春雨滋润下，植物开始发芽，高山杜鹃等各种花木争先绽放；夏天，水丰草美，翠绿欲滴；秋天，各种落叶树种在秋霜的感染下，红的、黄的挂满枝头，像一幅油画；冬天，则是九龙池最美的季节，厚厚的瑞雪披在九龙池，白玉无瑕，玉树琼浆，仿佛是童话世界，美得让人窒息、让人心醉……

相传弥勒佛为给其护卫的九大神龙觅一修炼之地，遂在凤凰山一平地上踩出九个大小深浅不一的脚印，泉涌而出形成池子，如众星拱月般围绕在九龙寺旁。弥勒佛的九大神龙护卫，常来碧绿如玉的九龙池修炼，与鸟兽嬉戏，腾云驾雾，十分喜欢，后经苦心修炼，修成正果，飞升而去，仅留下九个大小不一的池子，当地老百姓因此把九大神龙修炼的地方称为“九龙池”。古诗曰：“九龙封九皇，金顶对凤凰……”

九龙池
The Pond of Nine Dragons

剡溪乘兴

〔宋〕姚勉

山骨冻棱棱，溪色清练练。
溪山中雪月，如对故人面。
门扃隐庐深，舟捩征柁转。
勿云兴已尽，不见方真见。

九龙池
The Pond of Nine Dragons

九龙池
The Pond of Nine Dragons

树梢上的旅行

随着观光缆车的开通运行，游客游览梵净山就有了不一样的视觉和观感。坐在车厢里，缓缓上升的车厢和透明的玻璃带来全景式的视觉盛宴，仿佛在树梢上旅行，腾云驾雾，翻山越岭，参天大树向后飞奔，山风呼啸，云海翻滚，恍如人间仙境。

自从索道开通之后，便有了春观山花烂漫，夏看翠叶欲滴，秋赏满山红叶，冬品灵山雪韵……

梵净山缆车
Cable Car on Fanjing Mountain

缆车秋色

Cable car of the beauty of autumn

缆车秋色

Cable car of the beauty of autumn

缆车的不同视角
Different views on a cable car

缆车春色

Cable car of the beauty of spring

梵净之冬
Winter of Fanjing Mountain

第五章

梵净精灵

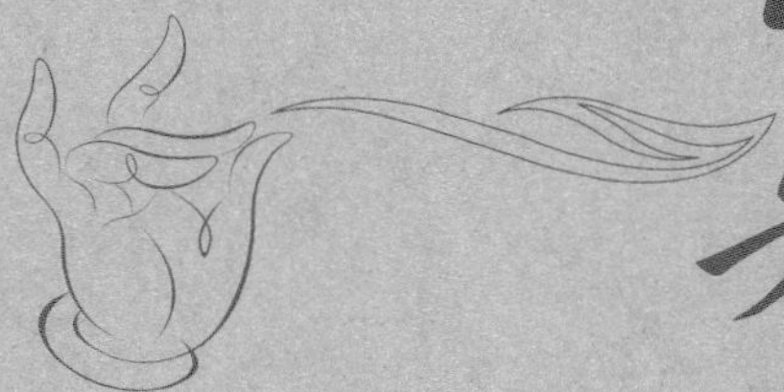

黔金丝猴核心保护区——梵净山岩高坪（海拔 1700—2000 米）
Gary snub-nosed monkey protection zone—Fanjing Mountain Yangaoping with an altitude of 1700–2000 meters

大山的精灵——黔金丝猴

史载黔金丝猴广泛分布于梵净山及相邻省区。在漫长岁月里，环境、气候变迁使黔金丝猴的数量越来越少、分布范围不断缩小，以至于演变为梵净山所独有的。鬼斧神工的大自然使梵净山雄奇险峻、秀美多姿，山上的精灵在这里构筑起原始古朴的生态王国。1986 年梵净山被列为国家级自然保护区。1987 年被联合国教科文组织纳入“人与生物圈保护区”。

梵净山作为生物多样性的聚集地，在方圆 419 平方千米的范围内，生物物种极丰富，其中最为神秘美丽的动物精灵就是黔金丝猴。它是我国三种金丝猴（川金丝猴、滇金丝猴、黔金丝猴）中数量最少的一种，也是世界上数量最少的一种灵长类动物，种群数量约 700 只，仅分布在梵净山，分布地区如此狭小，在世界上也属罕见。黔金丝猴因栖息在人迹罕至的深山密林中而鲜为人知，吸引着世界各国灵长类专家前来考察研究。

2014 年，中国野生动物保护协会授予铜仁“中国黔金丝猴之乡”，充分肯定铜仁市对黔金丝猴的保护和研究成果。

黔金丝猴从发现到命名要归功于英国传教士汤姆逊。1903 年，汤姆逊被教会委派至中国西南教区传教。汤姆逊虽然是传教士，但他也是一位生物学家，在偶然收购到的一张灵长类动物的外皮上发现金色的毛和往上仰的鼻孔，据此特征判定应是一种猴类，遂命名“仰鼻猴”，因身上有金色的毛，民间俗称“金丝猴”。因为没有活体，不知道世上还有没有这种动物，于是他多次组织人力进梵净山原始森林搜寻，都无功而返。直至 20 世纪六七十年代，梵净山村民捕获一公一母的山中精灵，研究人员才有机会一睹黔金丝猴的真容，世人慢慢开始了解和认识这种珍稀动物。

黔金丝猴又有“世界独生子”之称，被《濒危野生动植物国际贸易公约》（CITES）附录一列为 E 级，属于明确规定禁止其国际性交易的濒危物种，是世界的“瑰宝”，也是贵州梵净山保护区的“精灵”。

黔金丝猴
Gary snub-nosed monkey

黔金丝猴
Gary snub-nosed monkey

哨猴
The sentry monkey

雄猴
Male gary snub-nosed monkey

黔金丝猴重要栖息地之一——梵净山亮叶水青冈林
One of the important habitats of gary snub-nosed monkey-
oriental white oak forests of Fanjing Mountain

邂逅大山的精灵

黔金丝猴体型近似川金丝猴而稍小，但尾巴较之更长。体长 63.7—69 厘米，尾长 84.6—90.5 厘米。吻鼻部略向下凹，鼻孔往上朝天，脸部灰白或浅蓝，鼻眉脊浅蓝。两肩间有一白色块斑，肩毛长达 16 厘米。体背灰褐，有的具黄的色调，从肩部沿上肢外侧至手背，由浅灰褐渐变为黑色，下肢的色泽变化与上肢相同。属于国家一级保护动物，有“世界独生子”之称。

其栖息地的植被为常绿阔叶林、常绿阔叶与落叶阔叶混交林和落叶阔叶林。活动的海拔高度比川、滇金丝猴都要低，多栖于海拔 500—800 米的河谷阔叶林，夏季则多见于海拔 1400—2200 米的阔叶混交林，也偶见于村寨附近。多为群居，一般 150—250 只一群，一个种群的大小在四季有分合的变化，最大的种群有 400 多只，为多雄多雌的混合家族群。多以植物的叶、芽枝、果实及树皮为食。雌猴发情季节为夏秋及初冬。主要天敌有豺、大灵猫和云豹等。

黔金丝猴在正常活动时叫声圆润细长，显得悠闲自在；斗殴打闹时声音粗狂洪亮。黔金丝猴生性机敏，对异响非常敏感，发生异常时，哨猴会立刻发出警报，使猴群有组织地逃跑。

2014 年 4 月 24 日，早上起来，天还是阴天，吃完早饭，我们在观察站两位李师傅带领下，从老营旁往鱼泉沟、大水湾方向进发，走了约 1 个小时，突然听到金丝猴的叫声，可惜由于雾太大，无法看清猴子在哪个方向，只闻其声、不见其形，弄得我们心痒痒的，同时也感到这大山的精灵可遇不可求。我们寻着猴子叫声一直走到岩岭观察点，这里已是森林深处。据观察员李国斌、李久华介绍，猴群约七天围着岩高坪一带转一圈，从山上到山下海拔约 1000 米，然后又回来龙家坪一带，它们就像一支永不疲倦的部队，年复一年，主要在山脚岩、牛风包、金厂大河、麻溪坳、岩高坪、龙家坪围着梵净山游走。

从岩岭往回走，我们从老营房地的右边往龙家坪和土地坳方向，走了约 1 个小时，我们又听到猴子的叫声，从树林往对面看，只见猴群在树上跳跃嬉戏。我赶紧把长焦镜头装好，慢慢地靠近，可惜猴群太精明，只听哨猴一声令下，群猴立刻逃之夭夭。我们马上跟着追了上去，到了土地坳，回身一看，对面高树上坐着一群猴子，猴王在中间，哨猴在最高处，负责安全警戒，其他的猴子在猴王下面休息。我用长焦镜头拍了好多猴子全家福，然后又往回走过上坳，只见半山坡上又坐满了猴子，它们懒洋洋地休息、聊天。这个猴群觉得我们没有恶意，让我们随便拍，还摆各种造型，非常可爱。不知不觉拍了 2 个小时，猴子休息好后，在猴王的带领下，继续往下一个点迁徙，我们也收好器材，返回营地。

在拍摄猴群的地方，我们发现了一片梵净山上的珍稀树种——珙桐（又名鸽子花），树龄约三百年，树型高大挺拔。金丝猴最喜欢吃的食物就是它的叶子、花瓣。猴群还喜食青冈树的嫩叶，青冈树树型高大、树枝舒展，猴子非常喜欢在上面跳来跳去。

黔金丝猴的核心保护区——岩高坪

从冷家坝牛角洞上山，到达观察站要 3 个小时。途经一片青冈林，地上有黔金丝猴吃完丢下来的嫩叶。据带路的李师傅讲，猴群大约三天前经过这一区域，而青冈树的嫩叶是黔金丝猴最喜欢吃的食物。再往前走，在路上还看到猴子的粪便，根据经验判断，李师傅说猴群约十天前曾在此活动。

黔金丝猴
Gary snub-nosed monkey

黔金丝猴

Gary snub-nosed monkey

“人猴情未了”——黑叶猴

麻阳河自然保护区始建于 1987 年，2003 年经国务院批准晋升为国家级自然保护区，全国最大的黑叶猴栖息地就位于保护区的核心地带。

黑叶猴是珍稀的灵长类动物之一，国家一级保护动物，分布区域狭小，数量很少。黑叶猴体形纤瘦，四肢细长，头小尾巴长，体长 50—60 厘米，尾长 79—86 厘米。头顶有黑色直立的毛冠；两颊至耳基部有白毛；成体全身乌黑色，体毛长而厚密，有光泽。手、足具乌黑扁平指（趾）甲；尾尖端白色。刚出生的小黑叶猴，全身乳黄色，头部则为金黄色，尾为黑色，30 天左右全身变黑，但头部还是金黄色。

黑叶猴喜爱群居，每群一般为 3—20 只。通常在树木的上层活动采食，很少下地，有固定住所，活动范围为 3—5 平方千米。黑叶猴在不同季节里的活动规律也有变化，秋高气爽时，正值它们发情期，所以活动十分频繁。

黑叶猴行动敏捷、轻盈，善于攀登、跳跃，早晨和傍晚尤为活跃，夜间则栖息于悬崖峭壁间的天然岩洞内。每天黄昏进洞之前都由群体中担任首领的雄猴率先入洞观察，没有发现异常时，其他成员才依次而入，最后进洞的是怀孕和带有幼仔的雌猴。天黑后便不再出洞活动，一般在岩洞中凸出的岩壁、石块上蜷曲抱头睡觉。每天清晨出洞前，也是首领先探出头来，观察洞外动静，然后其他成员才相继走出洞外，常常在攀援、嬉闹一阵儿后，才开始逐渐远离洞口去寻找食物。

黑叶猴以植物性食物为主，最喜食的有蔷薇科、葡萄科、猕猴桃科等植物。

黑叶猴
François' leaf monkey

黑叶猴
François' leaf monkey

麻阳河峡谷
Mayang River Canyon

老党员肖治金（土家族），从小在麻阳河长大，特别熟悉麻阳河的一草一木。他面色略显黝黑，是个敦厚、腼腆、朴实的汉子。肖治金与黑叶猴结缘还要从 20 多年前说起，那是在 1987 年刚成立麻阳河国家级自然保护区的时候，由于黑叶猴生性机警、极怕人类、难以接近，这给科研工作带来了极大的困难。一次偶然间听说肖治金曾经救助过受伤的黑叶猴，了解猴子的特性，麻阳河国家级自然保护区决定聘请他来实施定点定时定量野外投食训化项目，肖治金点头答应了。刚开始，猴子见人就跑，后来有只母猴终于认出肖治金是曾经救过它的恩人，于是在母猴的招呼下，这群猴子终于接纳肖治金为朋友，再续“人猴情未了”。每天早上，在麻阳河国家级自然保护区内的峡谷里，游人看到如此奇景，绝壁上的黑叶猴只要听到肖治金的哨子一响，马上从悬崖上飞奔而下，十多只猴子围着肖治金讨吃的，而肖治金把洗干净的红薯、土豆、水果分给猴子吃，猴子争先恐后地争抢食物，一派热

闹景象。肖治金用慈祥的目光看这群黑色精灵，就像看着自己的孩子一样，眼里充满柔情。为了履行当年的承诺，肖治金这一守就是 20 多年，与猴子结下了不解之缘，成为名副其实的“猴王”，同时成为世界上能呼唤黑叶猴下山并近距离接触的第一人。

“猴王”肖治金与黑叶猴

“Monkey King”Xiao Zhijin accompanied with Francois’ leaf monkey

藏酋猴

梵净山除了黔金丝猴、黑叶猴外还生存着另一种猴群——藏酋猴，属国家二级保护动物。藏酋猴别名四川短尾猴、大青猴，属于猴科。藏酋猴体型粗壮、性情凶猛，是中国猕猴属中最大的。头大，颜面皮肤肉色或灰黑色，成年雌猴面部皮肤肉红色，成年雄猴两颌及下颏有长毛。头顶和颈毛褐色，眉脊有黑色硬毛；背部毛色深褐，靠近尾基黑色，幼体毛色浅褐。尾短，不超过10厘米，主要分布在棉絮岭、团龙一带。

藏酋猴
Macaca thibetana

藏酋猴
Macaca thibetana

梵净山深处发现的金色和金灰相间的娃娃鱼，十分罕见
The giant salamander with gray-golden color is found in the depth of Fanjing Mountain which is very rarely seen

梵净山野生大鲵

大鲵是世界上现存最珍贵的两栖动物，属国家二级保护动物，四肢肥短，体形似娃娃，叫声酷似婴儿啼哭，故称为“娃娃鱼”。大鲵生活在水质清澈、水流湍急、水温低的河床洞穴内，惧光喜暗，夜出觅食。

梵净山的大鲵多生长在人迹罕至的深山小溪里。据梵净山一带的老人回忆，在20世纪七八十年代，在每条小溪都很容易看到大鲵的身影。随着人类活动范围的扩大，现在就算在深山里也难觅其踪影。20世纪90年代，有位日本大鲵专家万里迢迢来到梵净山，还带着专用探测仪，在梵净山搜索了一个多月，竟一无所获，可见这水中精灵不好找。后来经过我国专家研究探索后，成功实现人工繁殖大鲵，为这两栖动物留下了生存空间。

由于梵净山生态环境保护完整，在这一带至今还生存着这种珍贵的野生两栖动物。10多年前印江西线上梵净山的深沟里发现一条罕见的金色娃娃鱼，堪为神奇。

目前，梵净山已成立了国际野生大鲵研究保护中心。

红腹角雉 五步蛇

红腹角雉，灰斑大而色浅。雌鸟上体灰褐色，下体淡黄色，杂以黑、棕、白斑。雄性较雌性更为美丽。红腹角雉喜欢居住在有长流水的沟谷、山涧及较潮湿的悬崖下的原始森林中，在梵净山海拔1000—3500米之间均有分布。主要以乔木、灌木、竹，以及草本植物和蕨类植物的嫩叶、幼芽、嫩枝、花絮、果实和种子为食，为国家二级保护动物，并被列入世界濒危鸟类名录N级。

五步蛇，剧毒，据说被这种蛇咬后不出五步就会昏倒，所以又称“五步倒”，属国家二级濒危保护动物。

五步蛇
Ancistrodon acutus

叉尾太阳鸟 Fork-tailed sunbird	白颊噪鹛 White-browed laughing thrush	五彩鱼 Five-colored fish	梵净山烙铁头蛇 Trimeresurus mucrosqua-matus
画眉 Garrulax canorus	红腹角雉 Tragopan temminckii	青蛙 Frog	蝴蝶 Butterfly

国家二级保护动物——灰鹳
The second class national protected animal-Ardea cinerea

梵净山珍稀植物

铁线莲
Clematis floride

山珠南星
Arisaema yunnanense

脉花党参
Codonopsis nervosa

大苞景天
Sedum amplibracteatum

齿缘吊钟花
Enkianthus serrulatus

悬钩子蔷薇
Rosa rubus

高山杜鹃果
Alpine rhododendron

三棱虾脊兰
Calanthe tricarinata

高山捕虫堇
Pinguicula alpina

迎春花
Jasminum nudiflorum

龙头草
Meehania henryi

绣线菊
Spiraea

蝗猪刺
Berberis julianae

长蕊杜鹃
Rhododendron stamineum Franch

野黑百合
Wild black lily

吉祥草
Pink Reineckea

长瓣马铃苣苔
Oreocharis auricula

堇菜
Viola verecunda

鸡肫梅花草
Parnassia wightiana

梵净山石斛

梵净山石斛，中国特有品种，生长于贵州梵净山海拔 800—1450 米背阴处，附生于阔叶林树干上或溪谷旁树干上。本种的花黄褐色或橙黄色，花被片反卷，唇瓣中裂片下部紫色，花期一般在 4—5 月，极具观赏价值，更是名贵的中药材。

藜芦
Veratrum nigrum

峨眉千里光
Senecio faberi

十大功劳
Mohonia fortunei

梵净山石斛
Denmdrobium Fanjingshanense

蛇菰
Balanophora Japonica Makino

蛇菰

蛇菰，草本植物，高 5—16 厘米；根茎块茎状，直径 3—9 厘米，自基部分枝，分枝呈球形，表面有红褐色或铁锈色颗粒状小疣瘤和明显白色或带黄白色星芒状皮孔。

全草入药，味苦涩，性寒，清热解毒，凉血止血。

另有目前尚未识别的梵净山野生植物，花瓣 5 片，向内收拢，颜色米白，其中一片为淡黄色。生长于梵净山海拔约 2200 米的箭竹林下。

蛇菰
Balanophora Japonica Makino

目前尚未识别的梵净山野生植物
Wild plants of Fanjing Mountain that have not yet been identified

血水草　万寿竹

血水草，罂粟科血水草属植物，多年生草本花卉，根状茎横生，折断后有鲜黄色汁液。全草皆可入药，性苦寒，有小毒。清热解毒、活血止血，外用治湿疹、疮疖、无名肿毒、毒蛇咬伤、跌打损伤，内服治劳伤腰痛、肺结核、咳血等症。

万寿竹，又名白龙须、白毛七、白毛须、百尾笋等，是百合目百合科植物，根状茎横出，质地硬，呈结节状；叶纸质，披针形至狭椭圆状披针形，伞形花序有花 3—10 朵，花紫色或白色；花被片斜出，倒披针形，种子暗棕色。花期 4—5 月，果期 8—10 月，长于梵净山海拔约 2200 米处。

血水草
Eomecon chionanthe

万寿竹
Disporum cantoniense

杜鹃
Azalea

金钱柳
Cyclocarya paliurus

党参　金钱柳

梵净山野生党参，桔梗科党参属，多年生草本植物，花期7—10月，生长于梵净山海拔1500米左右的山林边。

党参为中国常用的传统补益药，古代以山西上党地区出产的党参为上品，具有补中益气、健脾益肺之功效。梵净山良好的生态环境让党参更具灵性。

现代医学研究证明党参有增强免疫力、扩张血管、降压、改善微循环、增强造血功能等作用。

金钱柳是青钱柳别名，民间俗称“摇钱树”。金钱柳是第四纪冰川幸存下来的珍稀植物，属国家二级保护树种。生长在云贵高原的深山中，是新发现的优珍稀树种，名贵中药材。

梵净山目前被发现两株树龄都在几百年以上的金钱柳，海拔约800—1200米，一株分布在紫薇镇大水村的半山腰，另一株发现在江口县坝梅寺附近，树形高大挺拔，枝叶繁茂，树上挂满了一串串金钱，一阵清风掠过，满树想起了叮叮当当的碰撞声，飘下一串串金灿灿的“铜钱”，地上堆满一层层“铜币”。

金钱柳
Cyclocarya paliurus

梵净山野生党参
Wild Codonopsis pilosula

黄连
Coptis chinensis

七叶一枝花

七叶一枝花为百合科重楼属植物，又名七叶莲。其特征是由一圈轮生的叶子中冒出一朵花。花的形状像极了它的叶子，它可以分成两个部分，外轮花及内轮花，外轮花与叶子很像，约有 6 片，而内轮花约有 8 片。七叶一枝花的叶序属轮生叶，片数有个体差异，从 4 片到 14 片都有，“七叶”只是名称。花的结构特点：叶心如轮状会开花，花萼为绿色，花瓣呈细丝带状。

此花分布于不丹、越南、尼泊尔，以及我国的贵州、云南、西藏、四川和台湾等地，生长于海拔 1800—3200 米的林下。在梵净山地区主要分布于海拔 1800—2200 米背阴坡的灌木林下，每年 4 月下旬至 5 月中旬开花。

七叶一枝花有清热解毒，消肿止痛，凉肝定惊之功效。用于疔疮肿痛，咽喉肿痛，蛇虫咬伤，跌扑伤痛，惊风抽搐。

匍茎百合
Lilium lankongense

独蒜兰
Pleione bulbocodioides

七叶一枝花
Paris polyphylla

水晶兰
Monotropa uniflora

水晶兰

水晶兰，属杜鹃花目鹿蹄草科，多年生草本腐生植物。茎直立，不分枝，高可达 30 厘米，全株无叶绿素，白色，肉质，叶片互生，长圆形或狭长圆形或宽披针形，先端钝头，无毛或上部叶稍有毛，边缘近全缘。花顶生，先下垂，后直立，花冠筒状钟形，苞片鳞片状，与叶同形；萼片鳞片状，楔形或倒卵状长圆形，花丝有粗毛，花药黄色；蒴果椭圆状球形，5—6 月开花。首次发现于梵净山海拔 800—2000 米的原始森林山地下。

水晶兰在幽暗的林下发出诱人的白色亮光，晶莹剔透，引人驻足，有“幽灵之花”“梦兰花”等别称。水晶兰十分稀少，目前主要生长在没有任何污染的腐叶泥土中，一株水晶兰一般可开一两朵花，能开 4 朵以上的极为罕见。

水晶兰
Monotropa uniflora

和谐友爱——千年紫薇王

位于梵净山脚下的印江土家族苗族自治县紫薇镇永义村紫薇园内有棵世界上最大的紫薇树，该树为国家一级保护植物，树龄1380多年，树高34米，冠径15米，胸径1.9米。每年蜕皮一次，花开三朝，十分艳丽。但是它却只开花，不繁衍。1998年被选入贵州省古、大、珍、稀树名录。因属第三纪残遗植物，被科学界视为活化石。该树目前在国内没有发现第二株，世界上也只在日本福冈发现比此稍小的另一株。

印江土家族苗族自治县以该树为中心建成了保护园，园内种植了大量紫薇科植物。由于地处西线上梵净山的必经之路，紫薇园已成了梵净山的著名景点之一。

大年三十这天，村民们早早就忙开了，为下午的祭树仪式准备供品，其中有猪头、水果，还有做糍粑，这也是整个仪式中的重要环节，黏黏的糍粑把神树和村民的心连在一起，村民们因树而立下了村规："恪守本分，行正道，团结互爱，心连心，保护生态世代相传。"俗语说"人有义，树有根"，这种团结、友爱、互助的精神让永义村更具人文情怀。

据村里80多岁的包姓老人说，从他出生懂事到现在，这棵神树一直都长得很旺盛，经常都有人来拜祭，但今年这么多村民一起拜祭，在树下摆起上百个猪头，如此热闹非凡还是第一次。

下午3点30分左右，在村里一位长老（村里唯一负责祭树的祭师，据说能和树通话）的主持下，把贡品摆上桌子，锣鼓敲起来，向紫薇王叩三个头。据长老介绍，每年在紫薇王树前许愿的人，愿望都能实现，第二年就来还愿。许愿声，祝福声，络绎不绝，在紫薇树下此起彼伏，脸上洋溢着幸福的笑容，大人喝着酒，小孩吃着肉，拿着水果互相追逐嬉戏一派祥和。

永义村的村民不管在外面走多远，他们都会在大年三十前赶回村里，参加一年一次的祭树大典，重温儿时的回忆，见一见儿时的小伙伴，一个拥抱，一声问候，还是那样温馨、那样朴实。

永义村每年大年三十的祭树仪式已延续上千年，神树已经成为永义村的标志，成为他们生命中不可分割的一部分；离家的游子不管走多远，心中都会牵挂村中的紫薇王树，想起儿时爸爸妈妈带着自己来到树下祭拜的情景，那是心中永远牵挂的乡愁……

六人才能合抱的紫薇王，也许是得到了“神树紫薇王”的庇护，使得这一带的长寿者居多

The crape myrtle can be hugged by six people. Maybe because of the divine protection of this tree, there are a lot of people with longevity in this region.

祭树仪式

The rites of sacrificing old tree

紫薇树
Lagerstroemia indica

紫薇王三年开一次花，花色米白，特别雅致，土家族青年男女多会来到树下以树为媒，互定终身。

紫薇王开花
The blossoming Lagerstroemia indica

祭树仪式
The rites of sacrificing old tree

祭树仪式
The rites of sacrificing old tree

祭树仪式
The rites of sacrificing old tree

紫薇王

每年大年三十下午，村民抬着自家的贡品陆续来到紫薇园，一字摆开，拜祭紫薇王，并为来宾敬酒祝福。
Every year, on the afternoon of 30th of the lunar new year, the villagers carry their tributes to Crape Myrtle Garden to worship the Crape Myrtle King and toast to the guests.

和平之花——珙桐

珙桐隶属珙桐科，为我国特产的单型属植物，起源古老，是第三纪古热带植区系的孑遗种。其树形高大挺拔，高20余米。头状花序下的两枚大型白色苞片美丽奇特，形如白鸽展开的双翅，花序如白鸽的头，盛开时，满树似白鸽群聚，蔚为壮观，故又名“鸽子树”，是世界著名的观赏树，国家一级保护植物。该树种于1869年在中国被发现后，英美等国家不断派遣学者来华采集种子。1954年4月，周恩来总理在瑞士日内瓦看到栽培的珙桐，十分欣赏，曾指示国内要对珙桐进行繁殖研究，目前梵净山国家级自然保护区已取得重大进展，实现了人工繁殖栽培，保护了这一濒危植物，同时对野生珙桐进行观察和重点保护。在梵净山地区，珙桐的分布非常广泛，资源十分丰富，已考察发现在整个梵净山体四周就有11个分布片，即：坝溪金盏坪的花间沟，蒋家河坪，大沟，沙湾，黑湾河上游小黑湾河、青龙洞，马槽河上游的关门山，松桃冷家坝附近的牛角洞，歪歪溪上段，阳雀林场附近，印江淘金河上游烂茶坪一带，护国寺旁甘沟等，其面积最大的小黑湾河和淘金河上游西片，都在133平方千米以上。分布海拔上限1800米，下限100米，较为集中分布区海拔1300—1400米。

梵净山地区是目前地球上为数不多成片生长珙桐树的地方。

珙桐
Davidia involucrata

生长在梵净山密林深处的珙桐树，大多数树龄已逾百年；春天花开时远远看到一片白色，迎风飞舞，极像一群鸽子飞过……

珙桐
Davidia involucrata

梵净山密林深处的千年珙桐王
Thousand year old dove tree in the deep forest of Fanjing Mountain

鹅掌楸
Liriodendron chinense

绿衣黄里——鹅掌楸

鹅掌楸又名马褂木，双飘树。鹅掌楸为木兰科植物，属落叶大乔木。叶大，形似马褂，故称马褂木。树高可达60米，胸径3米左右，树干通直光滑。该树生长于梵净山海拔800—1500米一带的混交林中，零星分布，数量稀少，为第三纪古亚热带孑遗种，优良逆生树种，庭院观赏树种，国家二级保护植物。该树每年4月初开花，花期为一个月左右，花瓣呈嫩绿色，花蕊呈鹅黄色，挂满枝头，娇艳欲滴，惹人爱怜！

鹅掌楸树干挺直，树冠伞形，叶形奇特、古雅，为世界最珍贵的树种之一。但近年来屡遭滥伐，在其主要分布区已逐渐稀少。鹅掌楸是异花授粉种类，但有孤生殖现象，雌蕊往往在含苞欲放时即已成熟，开花时，柱头已枯黄，失去授粉能力，在未授粉的情况下，雌蕊虽能继续发育，但种子生命力弱，故发芽率低，是濒危树种之一。

鹅掌楸
Liriodendron chinense

鹅掌楸
Liriodendron chinense

冷杉
Fir

灵山“迎客松”——冷杉

梵净山冷杉为大乔木，高达 22 米，胸径达 65 厘米，树皮暗灰色，不规则浅裂；大树对生，平展，树冠锥形；小枝对生；有不规则浅裂，并有微隆起的叶枕，叶枕之间有凹槽，无毛。

梵净山冷杉木材白色，质地较软，可供建筑、家具、器具、板材、造纸与木纤维工业原料等用。由于树干高大挺直，树形美观，亦可选用为景观树种和造林树种。

1981 年 5 月，贵州省环境保护局组织了梵净山自然环境综合考察，植被组终于在梵净山烂茶顶一带发现了冷杉林。经专家研究鉴定，梵净山冷杉不但与邻近省区的冷杉有显著的区别，而且也是在现有文献中尚未记载的新品种。考察中发现冷杉分布于梵净山的白云寺、烂茶顶、锯齿山、棉絮岭一带且海拔 2100—2350 米的山脊线北面阴湿处，分布范围相对狭窄。

梵净山冷杉的发现，填补了贵州省乃至中国在植物分类冷杉属植物的空白，是梵净山稀有残存的珍贵树种，仅贵州省梵净山有分布，其独特的生态环境以及冷杉林本身是自然保护和环境地学研究的重要对象，也是保存下来的珍贵基因库，将为今后的科研、教学提供重要基地和研究对象，同时为研究地层时期古植物方面的发生与渲化提供了宝贵资料，亦为从古气候、冰川学研究理论基础以及第四纪古气候的变化，对人类的出现和发展以及生物群渲化都有重要影响，提供有力依据。

冷杉
Fir

冷杉
Fir

仪态万千的冷杉广泛分布于棉絮岭、薄刀岭一带
Expressions in the thousands shoot out from fir are widely distributed in the area of Mianxuling, Bodaoling

大金发藓

大金发藓，金发藓科草本丛生植物。高可达20厘米，茎直立，叶片披针形，全草皆可入药。据《贵州草药》载，大金发藓，味甘，性凉，主治久热不退、肺病咳嗽、盗汗、便血、崩漏、跌打损伤、子宫脱垂等症状。国内主要分布在贵州、四川一带。

梵净山大金发藓主要分布于九龙池，此处海拔2030米，位于金顶与凤凰山之间的一块凹地，是梵净山著名的高山沼泽草甸，由于仅夏天时积水，冬春秋干旱季仅局部凹处积水，因而形成间隙性沼泽。而沼泽附近的矮林灌丛、草根提供了大量的落叶以及遮光条件，让沼泽土壤的通气条件较好，使植物残体能够很好地分解，让土壤保持紧实、湿润，更好地为大金发藓生长提供了足够的养分。同时亦为科学家研究梵净山地理地貌和植物变迁提供了重要依据。

大金发藓仅在梵净山山体上部特殊的小地形发育，为山体上部的隐域性植被，由于此类型地貌条件制约，故面积不大，分布范围极小，显得尤为珍贵，应予以更好的保护。

大金发藓
Polytrichum commune

九龙池
The Pond of Nine Dragons

凹叶厚朴

凹叶厚朴，属木兰科落叶乔木，零星分布于梵净山海拔 1000 米左右的阔叶林中，为中国亚热带东部特有植物。其树皮、树根、花、种子及芽皆可入药，有化湿导滞、行气平喘、化食消痰、驱风镇痛之功效。

《本草纲目》称：“其皮以鳞皱而厚，紫色多润者为佳，薄而白者不佳。”花期 4—5 月，花开为米白色，花香淡而芬芳，极具观赏价值。由于人类近年来过度采集，其种群锐减，国务院于 1999 年 8 月 4 日批准其为国家二级保护野生植物，该物种遂得到一定的保护。

凹叶厚朴
Magnolia officinalis

癌魔克星——红豆杉

红豆杉属浅根植物，其主根不明显，侧根发达，是世界上公认的濒临灭绝的天然抗癌植物，是经历了第四纪冰川遗留下来的古老树种，在地球上已有250万年的历史，甚至更久远。由于在自然条件下红豆杉生长缓慢，再生能力差，所以长久以来，世界范围内还没有形成大规模的红豆杉原料林基地，中国已将其列为一级珍稀濒危保护植物，联合国也明令禁止采伐。

红豆杉是我国特有的第四纪孑遗植物，被称为植物王国里的“活化石”。在全世界有11种红豆杉，我国就有4种和1个变种，即中国红豆杉、东北红豆杉、云南红豆杉、南方红豆杉、西藏红豆杉等。它集药用、材用、观赏价值于一体，被称为“黄金树”。其单株可生长达千年以上，在民间也有“风水树”之说。

红豆杉广泛分布于梵净山海拔800—2000米的地区，在梵净山薄刀岭发现一棵千年以上的大红豆杉树，高达10米，树冠散开后直径有四五米；而梵净山西麓的团龙村后山有几棵千年以上的红豆杉树，高达10余米。村民们把它们当作神树来朝拜。而红豆杉进入人们视野最直观的是每年秋天，鲜红的红豆杉果挂满枝头，娇艳欲滴，让人爱不释手，果实绵甜多汁，深受人们的喜爱，其抗癌功效更是让人赞不绝口。

红豆杉
Taxus chinensis

红豆杉
Taxus chinensis

红豆杉
Taxus chinensis

梵净山
Fanjing Mountain

第六章

地灵人

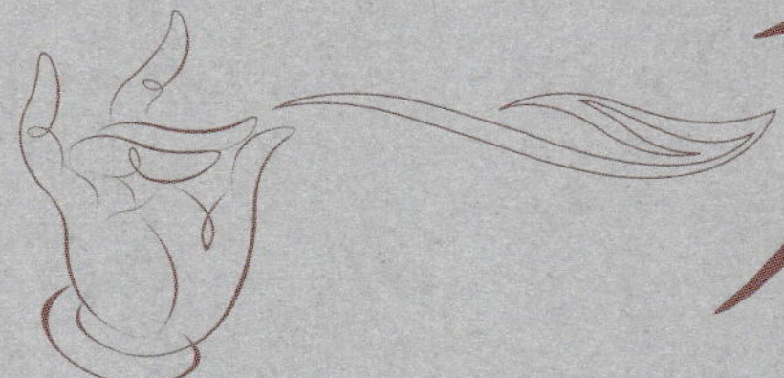

名闻天下——严寅亮

严寅亮（1854—1933），名弼丞，字剩庵，号碧岑（弼臣），新寨乡阳坡村人，又名“阳坡居士”“武陵居士”，清末著名书法家。严寅亮幼年入私塾读书，常临六朝唐宋诸家法帖，尤其酷爱王羲之的字，14 岁便能提笔书匾联。清光绪十五年（1889）赴贵阳乡试，中己丑恩科举人，授四川候补知县。次年赴京会试未中，习业于国子监，以求深造。光绪十七年（1891）九月，朝廷修建颐和园竣工，诏谕国中书法家书写“颐和园”匾额。严寅亮受翁同龢之嘱，书就“颐和园”三字献上，慈禧十分赏识，朱批“录用”，并破例召见。园内尚需楼台亭阁匾额 18 方、楹联 23 副，亦一并令其书写，严寅亮均以行草秀逸出之。慈禧甚为满意，赐以龙纹镶边的“宸赏”玉章一枚。从此，严寅亮名噪海内，成为贵州书法第一人。

严寅亮故居位于印江土家族苗族自治县新寨乡黔溪村（阳坡村）。故居由五间厢房一个正厅和阁楼组成，后面是厨房和长工住所，从大门进来是露天的天井，天井由 26 块约 1 米见方的正方形青石板铺成，厅正方前立有一照壁，中间用花岗石刻上个福字，是严寅亮亲手所书。前院坝有颗古老的迎客松，现已断成一块枯树头。1933 年 9 月，严寅亮逝于贵阳，后归葬故乡小泽沟。

由严寅亮书写的北京颐和园牌匾、梵净山护国寺牌匾
Plaques of Beijing Summer Palace and Huguo Temple of Fanjing Mountain written by Yan Yinliang

严寅亮故居

Yan Yinliang's former residence

革命先行者——周逸群

周逸群（1896—1931），字立凤，铜仁人，是中国共产党的优秀党员，杰出的无产阶级革命家、宣传家、活动家，贺龙同志的入党介绍人，早期中国共产党军队的缔造者之一，中国共产党三大革命根据地之湘鄂西革命根据地和湘鄂西红军的创建者之一。1931年，周逸群在岳阳县贾家凉亭被敌人伏击牺牲。

周逸群烈士故居于1995年5月被列为铜仁地区爱国主义教育基地；1997年10月，被列为省级爱国主义教育示范基地。2001年，被列为铜仁市国防教育基地；2005年，被列为省级国防教育基地，并入选全国红色旅游精品线路名录。2006年，被列入国家级文物保护单位。2009年，被列为全国爱国主义教育示范基地。

该故居位于铜仁市东山山麓，铜仁城区共同路，原名大公馆街，现改为“逸群路12号”。故居占地面积1165平方米，三幢较大木房前后并列，两幢较小木房侧立于右边，皆为悬山顶单檐式结构，以石料为柱基，木质穿排结构，青瓦覆盖，屋脊三角攒尖，古色古香，典型的四合院结构。大门上悬挂徐向前元帅题写的“周逸群烈士故居”大牌匾。前院中堂挂有原全国人大常委会副委员长廖汉生题写的“周逸群烈士故居陈列室”横匾，室内以文、图、表及其他实物展现了烈士光辉的一生。

周逸群雕像
The Statue of Zhou Yiqun

周逸群故居
Zhou Yiqun's former residence

一代将星——旷继勋

旷继勋（1897—1933），号集成，思南县人，中共党员，中国工农红军高级指挥员。

旷继勋于1929年6月领导全旅4000余名官兵在四川蓬溪起义，树起“中国工农红军四川第一路军”的大旗，任总指挥，随后建立了四川第一个红色政权——蓬溪县苏维埃政府。此后，他先后担任红四军军长、鄂豫皖中央分局革命军事委员会副主席、红十三师师长、红二十五军军长等职，他指挥了磨角楼、新集、双桥镇、苏家埠等重要战斗，为开拓洪湖、鄂豫皖和川陕革命根据地作出了巨大贡献。1933年6月，旷继勋在肃反运动中被诬陷杀害于四川通江洪场口，时年36岁，至此，一代将星陨落。

旷继勋故居，位于贵州省思南县城安化街中段西侧，紧邻周和顺盐号，距乌江几步之遥。

2009年9月14日，旷继勋被评为100位为新中国成立作出突出贡献的英雄模范人物之一。

旷继勋旧照
The photo of Kuang Jixun

旷继勋故居

Kuang Jixun's former residence

黔东特区革命委员会旧址纪念馆

黔东特区革命委员会旧址纪念馆，位于沿河土家族自治县谯家镇白石溪土地湾，距县城约40千米，占地面积约2100平方米。前临碧溪，后依群山，是清同治八年（1869）所建的木质结构平房。有正房七间，正房两边是厢房，前有朝门，形似撮箕。屋顶盖青瓦，屋脊用青瓦堆砌，正中垒一大“喜”字，两侧立塑飞鸽。正房前壁木雕花，花草禽兽图案栩栩如生，石阶为细钻青石，正房上方挂着黑底金字地址名匾额“黔东特区革命委员会旧址”，为时任红三军第九师政治委员廖汉生所题写。

1934年7月21日至22日，湘鄂川黔革命军事委员会在沿河土家族自治县内铅厂张家祠堂召开黔东特区第一次工农兵苏维埃代表大会，选举产生了黔东特区革命委员会（又称黔东省政府或黔东联县政府）。旧址是黔东特区革命委员会机关和红三军机关驻地，时辖20个革命委员会（或区政府），约100个乡苏维埃政府，辖区包括今沿河、印江、德江、松桃、酉阳、秀山等县毗邻地区，纵横100余千米，人口10多万。

1956年8月24日，贵州省人民政府将旧址公布为省级重点文物保护单位，并立保护标牌。20世纪70年代，房屋渐被损坏，左厢房和朝门被拆。1980年2月，贵州省文化厅拨专款进行维修。1982年7月，沿河土家族自治县人民政府将题字制成黑底金字匾额挂在旧址正房上方。

2004年，省、地、县为了纪念红三军创建黔东特区革命根据地70周年，特拨专款对旧址进行维修。2006年5月，国务院将旧址公布为国家级重点文物保护单位。2010年，中共贵州省委宣传部将旧址公布为省级爱国主义教育示范基地。

黔东特区第一次工农兵苏维埃代表大会会址
The site of the first Congress of Soviet workers, Peasants and Soldiers at eastern Guizhou Province

陈列于黔东特区革命委员会旧址纪念馆中红军当年用过的物品和红军标语

Slogan and item used by Red Army in the memory hall of the old site of the Special Zone of Revolutionary Committee of Qiandong special zone.

黔东特区革命委员会旧址
The site of revolutionary committee in eastern Guizhou Province

见证历史——印江木黄会师柏

木黄会师柏位于印江土家族苗族自治县木黄镇东南部约2000米的五甲村尾公路边，据有关部门的测定，该柏树树龄在1100—1200年之间，高大挺拔、青翠苍劲，树高约70米，树冠覆盖180平方米，树干需七人才能合围过来，被当地居民奉为神树，每年正月初一到十五，附近的村民都会前来祭树朝拜许愿，络绎不绝。

1934年10月24日，中国工农红军第二、第六军团首长贺龙、萧克在该柏树下胜利会师，开启了让世人称奇的全新征程。

1975年9月，贺龙之女——贺捷生重走父亲当年的长征路，站在那棵遗世独立的大柏树下，眼睛一阵灼烫，流下了激动的泪水，仿佛看到当年父亲在树下的身影。

1984年，萧克将军视察木黄镇时，触景生情，遂将这棵千年古柏命名为“会师柏”，树下立了当年红军会师情景的雕塑，旁边重修了凉亭，供村民和游客休息，现为县级文物保护单位。

会师柏
A cypress symbolizing join forces

树下立了当年红军会师情景的雕塑
Sculpture of the Red Army join forces

印江会师柏

A cypress symbolizing join forces in Yinjiang County

木色苍黄
——木黄会师纪念碑 、纪念馆

木黄会师纪念碑位于印江土家族苗族自治县木黄镇将军山半腰，它背倚巍峨葱郁的将军山，前俯清澈如镜的木黄河。1977 年由印江土家族苗族自治县革委副主任张朝仙组织木黄两军会师纪念碑破土动工，纪念碑的碑文由省博物馆党史专家谭用忠先生撰写，碑的正面有王震同志亲笔题写的“中国工农红军第二、第六军团木黄会师纪念碑”19 个斗大题字。整个建筑庄严雄伟，大方美观。1982 年 2 月经贵州省人民政府批准，被列为省级文物保护单位。

纪念馆位于木黄镇街上，是黔东特区革命委员会旧址的组成部分，国家重点文物保护单位。纪念馆系清朝建的水府宫，民国时期曾为木黄区公所。分外院、下厅、后院三进通，坐北朝南，外院土墙上有萧克将军《题木黄会师》巨幅书法，进口处高有戏楼，脚枋梁柱为浮雕镂刻，人物栩栩如生，具有生动的故事情节；两旁耳房各一间，院内卵石铺地，葡萄架搭于正中；正厅有大殿三间，小门可通后院，两旁立有厢房，小院间以规格青石板铺地；内房中有两军团首长临时休息室。馆内藏有红二、红六军团在木黄会师的各类史料、实物。

木黄会师纪念碑

Monument of joining forces in Muhuang Town

黔东革命根据地大事记
(1934年)
黔东革命根据地大事记
(1934年)

木黄会师纪念馆

The memorial hall of joining forces in Muhuang Town

浩气长存——泉都红军显英勇

中国工农红军第二、第六军团（以下简称“红二、红六军团”）总指挥部旧址位于石阡县城中心的长征路天主教堂。总指挥部旧址由天主教堂红军长征经石阡陈列馆、长征路、红六军团政治部旧址、长征路上红军标语等景点组成。1982 年，红二、红六军团总指挥部旧址经贵州省人民政府批准为省级重点文物保护单位。

甘溪红军烈士纪念碑位于甘溪乡境内，距石阡县城 23 千米，萧克将军为纪念碑题词“甘溪死难烈士永垂不朽”，李真、张平化等将军也分别题词。

1934 年 8 月，奉中华苏维埃共和国中央革命军事委员会（以下简称“中革军委”）命令，中央代表任弼时、军团长萧克、政委王震率长征先遣队红六军团十七师和十八师共 6 个团 9758 人，从湘赣根据地突围西征，拟会合黔东革命根据地贺龙率领的红三军团。

10 月 7 日，在甘溪乡陷入湘桂黔三省敌军 24 个团重围，上千名红军战士在战斗中壮烈牺牲。红军在极端险恶的情况下分头突围，在石阡转战十余日，10 月 24 日在印江土家族苗族自治县木黄与贺龙率领的红三军会师，胜利完成长征先遣任务。

困牛山战斗遗址距县城 40 千米，景点有困牛山红军壮举纪念碑、红军崖、黑滩河峡谷、百姓纪念跳崖红军焚香化纸地等。纪念碑高 10.5 米，底座长 9 米，宽 3 米，呈火炬状。碑主体右为红六军团军旗，左为困牛山，旗、山融为一体，寓意旗与山长存，山与旗同辉，萧克将军为纪念碑题写碑名，中共贵州省委党史研究室为纪念碑撰写碑文，张铚秀、陶汉章等老红军为纪念碑题词。

窦远明，80 多岁，苗族，从小生活在困牛山，家就在纪念碑旁边。从小就听父亲窦长江述说红军当年的英勇事迹，他一直铭记在心，心中对红军当年为老百姓打天下的事迹敬佩不已，义务守碑几十年。附近村民在每年九月初九自发到红军纪念碑祭拜。

1934 年 10 月，甘溪战斗失利后，完成掩护任务的红五十二团准备跟上主力部队转移，在困牛山再次陷入层层包围。师长龙云和团长田海清率五六百名红军战士在困牛山与数倍于己的敌人苦苦周旋。困牛山战斗打了三天三夜，团长田海清壮烈牺牲，战斗到最后的 100 多名红军战士，宁死不做俘虏，宁死不误伤群众，砸断枪支，飞身跳崖，谱写了困牛山上百名红军跳崖壮举。

“浩气长存”红军战士雕塑

The Sculpture of Red Army Soilder

当年红军在石阡甘溪修建的碉堡
The blockhouse built by the Red Army

位于石阡县城的红二、红六军团总指挥部旧址
Former site of the headquarters of the Second and Sixth legions

困牛山烈士纪念碑
Red army battle site in Kunniu mountain

甘溪红军烈士纪念碑
A monument to revolutionary martyrs in Ganxi Village

石阡县困牛山红军战斗遗址
Red army battle site in kunniu mountain,Shiqian County

薪火相传——德江枫香溪会议会址

从德江县城驱车经过共和镇来到了乌江边的长堡镇，映入眼中的是碧绿的乌江及其两岸陡峭的绝壁，真乃天险乌江！一路继续前行，山路蜿蜒，坡陡弯急，沿途小村林立于公路两旁，带来一片生机。行驶了一个多小时，终于到达了国家级文物保护单位——枫香溪红色文化遗址，包括枫香溪会址、红三军政治部旧址、红七师旧址、红九师旧址、参谋部旧址、保密局旧址、军部直属警卫排旧址、侦查科旧址、红军医院旧址、兵工厂旧址、三处革命委员会旧址、十一处乡苏维埃旧址、马池坝红军桥、烈士就义地、会议纪念碑、杨柳井贺龙钓鱼处、贺龙演讲台等革命历史遗址遗迹。

枫香溪位于德江县境内乌江东岸武陵山系半月寺、枫香溪两山脉地带。半月寺、枫香溪两山脉之间腹地狭长，纵约50千米，横约5千米，南抵思南邱家关，北达沿河耳当溪，山峦夹峙，地势险要。

枫香溪会议会址原是枫香溪老街富户王焕恩、王焕奎前后两栋住宅大院，面积约200平方米。前院为红三军政治部住址，后院为红三军军部住址。房屋为木质结构，地平由长方形石板砌成，朱红板壁，鳞片青瓦，院墙上保留有“红军不拿群众一针一线，红军为土地归农民而战”等标语。1934年6月19日，贺龙、关向应、夏曦率领红三军在德江县枫香溪召开了著名的中共中央湘鄂西分局会议，史称枫香溪会议。会议决定建立黔东革命根据地，恢复红军中的党团组织和政治机关，建立苏维埃政权，发展地方武装。这次会议是中共中央湘鄂西分局一次极其重要的会议，批评了以夏曦为代表的王明左倾错误路线，结束了红三军团退出洪湖苏区两年多没有根据地的游荡局面，对之后红三军团、红六军团胜利会师和巩固发展湘鄂川黔革命根据地以策应中央红军长征起到了至关重要的作用。

1980年于枫香溪会址右侧一座小山头上建立中共中央湘鄂西分局枫香溪会议纪念碑，碑高9米，宽1.5米，正面楷书碑名——中共中央湘鄂西分局枫香溪会议纪念碑，左右两侧各书一段毛主席语录，背面为介绍当年红军在枫香溪战斗的光辉历程，碑文300余字。1982年2月23日被列为省级重点保护单位。

1987年7月，红军老将军陈靖重走长征路在枫香溪题词：

枫香溪上观惊涛，壮志何惧征途遥。
黔东特区风暴起，乌水长江浪滔滔。

枫香溪会议纪念碑
Fengxiangxi meeting monument

枫香溪会议会址
Fengxiangxi meeting site

大山的骄傲——戴秉国

戴秉国，1941年3月生于贵州梵净山脚下的印江土家族苗族自治县杉树镇对马村纱帽山，是中华人民共和国成立后的一位著名外交家。

戴秉国故居位于印江土家族苗族自治县杉树镇对马村纱帽山。该村现有46户，人口205人。戴秉国故居坐东向西，对面的山像座笔架，又像五根手指，寓意此处出文官，西北方叫干岩，有座高山，高耸入云，像个鼓，东南方有座形像面旗帜的山，叫鸡关山，与干岩隔沟相望，当地老人说这种地形叫旗鼓相当，后山像顶帽子，外形像古代的官帽。其堂弟戴秉豪，在村里担任村党支部书记，带领村中的百姓开展养殖业，共同奔小康，深受村民爱戴。亲哥戴秉杰在贵阳工作。自从戴秉国担任国务委员后，回故居看望过乡亲两次。

故居现存两栋厢房，一栋是木结构，另一栋是砖结构，共约100平方米。屋前有条小路，屋前屋后有几丛竹子及梨树、桐子树，显得幽静雅致。

初春三月，我们一行三人，从印江县城驱车出发，前往戴秉国的故乡，我们顺着蜿蜒曲折的县道前行，两边山上的树木吐出嫩绿色的苗子，散发着春天的气息，各种颜色的野花正绽放着，仿佛是迎接我们一样，心情甚是舒畅。走了约20千米，我们来到了杉树镇人民政府，镇人民政府的一位同志带领我们继续向戴秉国的故乡进发，翻过山坳，进入一条乡村小路，路面还没硬化，正在做硬化前的准备工作，因路面有点不平，七弯八拐走了两三千米，终于来到了一个小山坡上，镇里陪同的同志说："到了，这就是戴秉国先生的故居所在了。"我们下车走了几分钟来到了一栋木质结构的两层房子前面，村党支部书记介绍这就是戴秉国先生小时候住过的房子，旁边的砖瓦房是他的侄子自己掏钱新修的，以便戴秉国回乡探亲时用。我们仔细观察，故居附近古木参天，清幽雅致，一派祥和，屋前一排青翠的竹子增添几分文人雅气，山坡上松涛阵阵，鸟语花香，故居与环境融为一体，极为协调，如此精致之地，难怪能孕育出一位著名的外交家。

当年，戴秉国先生就是从这里走出大山，走到北京，走出国门，为国争光，书写了传奇人生。老先生无限感慨地说："各国不论大小，贫富强弱，都各有千秋，但在我心里，还是祖国最美，家乡最亲。"戴秉国的父亲戴恒德，是戴家长子，当年他父亲读过一点私塾，在村里算是有点文化的，所以戴秉国的父亲让自己的孩子尽量多读书，希望能出人头地、光宗耀祖。尽管当时家里贫穷，父亲鼓励戴秉国再苦也要读书。为了筹集学费，戴秉国的父亲挑盐巴和土布到附近的县城贩卖，赚点差价来养家交学费，生活极其艰苦，但戴秉国的父亲还是教导孩子，只有吃得苦中苦，方为人上人，用功读书报效祖国。从小学到初中的学业都是在印江完成的，到高中时就非常艰苦了，因为当时的印江没有高中，整个铜仁地区只有三所高中，印江的学生基本上都要去松桃苗族自治县就读。松桃苗族自治县距离印江土家族苗族自治县足足有150千米的路程，而新中国成立初期的印江、松桃等地方没有公路。戴秉国每次去松桃上学、回家都是非常艰苦的，绝大部分路程都靠双脚走，而且因为家里穷，基本上是打着光脚板走路，每一次回家都要走三四天，晚上就在路边找家小店子歇脚。

印江、松桃、江口三个县都是梵净山脚下核心地区，山高林深，人迹罕至，野兽出没，而且走的都是羊肠小道，路的两边是很高很深的蒿草。戴秉国每次上学回家独自一个人走的多，有时候走着走着，老半天都看不到人，那时候也不懂什么叫害怕。为了读书，心中有股激情在燃烧；为了理想，心中就有股勇气在鼓励。他要走出大山，看看外面的世界，报效祖国，为人民服务，同时亦不辜负父母的期盼。因此，从县城回趟家，跋山涉水，千辛万苦，非常不容易，就是这条路，戴秉国当年到松桃读高中时历经三个寒暑，六个学期，共走了六个来回，加起来近 2000 千米，真是漫漫求学路，一路艰辛，一路笑语，一路奋进！正是这种顽强的拼搏精神让戴秉国得以顺利考进四川大学，完成学业，书写了传奇，改变了人生。

戴秉国故居
Dai Bingguo’s former residence

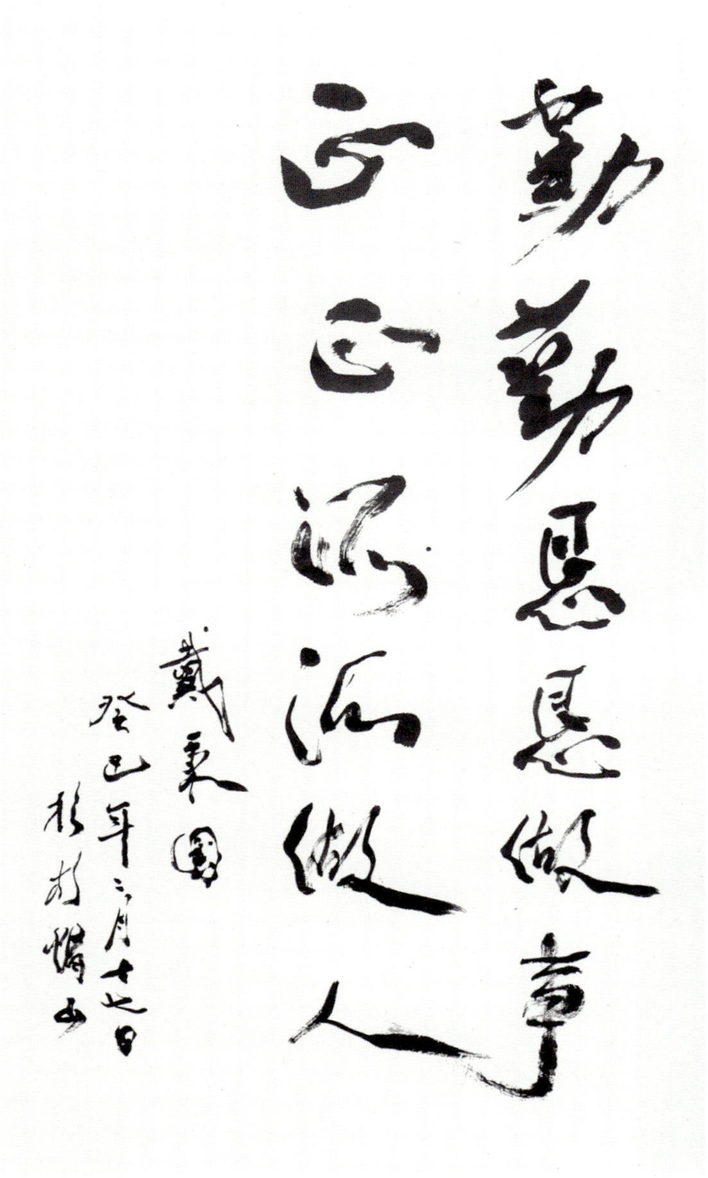

戴秉国为家乡题字、勉励父老乡亲，勤勤恳恳做事，正正经经做人
Dai Bingguo,former State Councilor, went to his hometown and wrote for his hometown, He encouraged villagers to work hard and be decent

原国务委员戴秉国故乡行
Former State Councilor Dai Bingguo's hometown trip

精忠报国——印江土家族“过赶年”

印江土家族“过赶年”起于明朝抗倭时期，朝廷调兵遣将，御侮受挫，特下旨组织士兵，限腊月三十登程，开赴前线抗击倭寇。当时隶属湖广黔中郡的印江，土司官实行“三丁抽一”“五丁抽二”，名额不足连独子也抽的兵役制度。为按期出发，提前一天过年。因是出征前过年，父母为不影响儿子的瞌睡，早早起床，煮饭不点灯，做菜不用刀，摸黑做事，祭祀祖宗神灵后，一家人异乎寻常地吃饭。天刚亮，出征青年穿上行装，离家启程，加入隶属湖广的士兵部队，或受抗倭名将俞大猷指挥，或成为抗倭将领戚继光领导劲旅的一部分，参加了广东沿海的抗倭战争，屡建战功，击退了倭寇，保卫了祖国海疆。土家族后代子孙为继承和发扬先辈的爱国精神，祭祀祖先，佑启后人，约定俗成过赶年。过赶年时间是：如腊月大，过二十九日；如腊月小，则过腊月二十八。因为总比汉族提前一天过年，故叫“过赶年”。

团龙土家村位于梵净山西线上山必经路上，海拔 1600 米左右，村子坐落在山腰中间，土家吊脚楼依山而建，错落有致，一座风雨桥伫立在村口，桥边几棵老树相伴，像在迎接游客。村子共有 202 户人家 852 人　他们都是世居武陵山脉——梵净山深处的土家人，至今还保留着原汁原味的土家文化与风俗，如“过赶年”“傩戏堂”“山歌对唱”“摆手舞”“花灯”“女儿会”等，因此，团龙民族文化村也被称为“天然土家民俗博物馆”。

每年腊月二十四是土家人“过赶年”的重要日子。仿佛是老天爷的眷顾，一场瑞雪如期而至，为吊脚楼披上了银装，挂在屋前的红灯笼透着浓浓的年味，远远看过去，极像一幅中国山水画，美不胜收。

天刚刚亮，各家各户已经在忙得不亦乐乎。杀年猪是“过赶年”的重头戏，几个土家汉子从山上把猪拉到屋前准备宰杀，杀猪前要先烧香祈祷，敬请各方神灵，然后才开始杀年猪，村子的老人小孩都会在旁边看热闹，每个人的脸上都洋溢着喜气洋洋的笑容，幸福在每个人的心中散开。这边杀年猪刚开始，那边的村民已经在打糍粑准备迎接宾客，老的、少的、小孩都参与其中，乐呵呵的笑声此起彼伏……

美丽的团龙村夜色
Night view of Tuanlong Village

团龙村
Tuanlong Village

杀年猪

Cooking pig in Spring Festival

祭祖送行
The rite of farewell

出发抗倭
Departure set off to Kangwo

明清遗韵——茶园山村

茶园山古寨原称“察院山”，位于铜仁市漾头镇六龙山脉北端，距离市区 17 千米。从锦江南岸的大明边城开车进山，穿过寨桂村，沿着一条小路，一路盘蜒弯曲，直达山顶，路面窄而险峻，爬上坡后前行约 1 千米终于走到一座黑瓦白墙的古寨。寨子坐北向南，背靠大山，寨子前有口水塘，为风水上曰“明堂水”，有着不可替代的作用。

寨子四周古木参天，清幽寂静，是块风水宝地。整个古寨的建筑风格以明朝遗韵为主。据载，在古寨居住的 60 多户人家全部都姓徐，经专家考证，是秦朝徐福的后裔，在此居住繁衍生息已有 330 多年的历史。

据《徐氏宗谱》考证，徐福后裔第五十六世祖徐宰六（字北楼）于明嘉靖年间由江西临川草坪迁至铜仁。第五十九世祖徐以暹因系明末抗清重臣，明亡之初，又积极参与南明王朝反清。失败后，为隐瞒抗清历史，逃避诛戮，于康熙十八年（1679）寻觅了城外偏远而险峻之地作为他的别业。当时的古寨左侧山坡上种有大量茶树，故而得名“茶园山”。过了几代后，徐以暹的后人为纪念这位曾任南明按察副使的先祖，以谐音称呼为“察院山”，又被研究铜仁历史的学者称作逃避秦暴政的“桃园洞”，迄今已有 300 多年历史，对研究黔东文化发展具有重要的历史意义。

茶园山村曾遭两次大火，古时的楼宇已毁，但山墙、阶阳、石阶、院坝大部尚存。院墙是青砖泥心盒子墙，3 米多高，檐下绘有花草兽鱼。有的墙上爬满了藤条，有的地方断壁残垣。庄内房屋，或四合院，或三合院，依山就势，高低有致；基石、台阶全为细钻青石砌成；院坝、阳台皆由青石铺成。“南州第”“景山第”在同一平面的一条直线上，均需过夹墙 20 余米，拾级而上才能到达“南州第”，进了正门，迎面是正厅，里面为四合院。正厅前是过道，过道上设有不少的门，有的门还是三洞式，中间为双大门，左右皆有侧门。院内过道左环右绕，而且较宽，可骑马坐轿进院子。整个山庄坐北朝南，分左、中、右三院，占地两万平方米以上。左边是长房，中间是二房——景山第，右边是三房——南州第。从占地看，“南州第”最宽；从布局看，“南州第”较早，规则、对称、宽阔、宏大。

茶园山村的徐氏家族，向来坚守“立品行”“正风尚”“课子弟”“尊师道”等传统美德。300 多年来，人才辈出。

2011 年，在第九届全国少数民族传统体育运动会上，茶园山村被评为“贵州 30 个最具魅力的民族村寨”之一。2013 年，被列入中国传统村落名录。

茶园山村
Chayuan village

茶园山村
Chayuan village

古寨拾忆

Ancient village

世外桃源——茶园山村
Land of idyllic beauty—Chayuan village

东海堂、南州第、古巷道无一不体现明朝遗风，仿佛在诉说着昔日的辉煌
Donghaitang, Nanzhoudi, and ancient laneway all reflect the legacy of the Ming dynasty, as if they were talking about the past glory in the present.

苗疆江南——苗王城

苗王城位于松桃苗族自治县的正大、盘信、大兴三个乡镇的交界处，苗王城最早为答意长官司城（驻地）。清澈的苏麻河呈U形从峡谷中绕城而过，碧绿的河水在U形河里缓缓流淌，两岸是悬崖绝壁，易守难攻，古木参天，清幽秀丽，犹如世外桃源。河中央架有风雨桥连接两岸，方便村民出入和游客观光。

苗王城原来叫“薅菜村”，现有200多户人家，全部是苗族。据村中老人回忆，该村的始祖从江西迁徙到此处，最早叫“新寨”，新中国成立后改为“薅菜村”。明洪武初年，村中有位叫“吴黑苗”的苗王。传说寨子在选拔苗王时，吴黑苗文武双全，智勇过人，脱颖而出，成为名副其实的“苗王”。

从岸上的观景台看过去，整个苗王城掩映在绿阴之中，苏麻河绕城而过，形成了“金水玉盘”的奇景。寨子外面的石围墙形成环水半岛式的城池，为防御之用。清嘉庆十九年（1814）的苗民起义，在苗族首领龙西波、吴黑苗的带领下，凭借这些工事与明朝13万大军周旋了13年之久。作为军事要地，苗王城在当初建设时以当地出产的石块为原材料，因为在冷兵器时代，石块可抵挡火、水、刀枪箭等攻击，因此建设者把苗王城构造成能攻、能守、能退，既是民居又是战争防御工事的建筑群。目前寨子里还保存着吴黑苗的故居、石板巷道、城墙、城门、苗王点将台，重90千克的苗王刀、苗王棍、旗董（苗王用的指挥旗）、苗王洞、苗王金銮殿，祭祀活动用的推牛神柱等。苗王城是湘、黔、渝边界至今保存较好的集政治、文化、军事和建筑为一体的苗疆古城。

2006年苗王城被列入省级文物保护单位，2013年被列入中国传统村落名录。

现在的苗王城已无昔日的硝烟，成为旅游胜地，古朴的寨子，浓厚的苗族文化，传奇的苗王故事吸引着海内外的游客前来观光探秘，领略神奇的苗王城风采。

苗王城

A village of the Miao nationality's chieftaincy

苗王城
A village of the Miao nationality's chieftaincy

苗王城
A village of the Miao nationality's chieftaincy

每年四月初八，苗族同胞会聚集到苗王城对歌、跳舞、谈情说爱

Every year on April 8th in the lunar calendar, the Miao people will gather in the City of the King of Miao to sing and dance

三苗后裔——松桃苗族

大湾苗寨位于松桃苗族自治县盘信镇，四面环山，村边一条小溪缓缓流过，山清水秀，恍若世外桃源。全村共126户、667人，全是苗族，建寨已200年。全村以腾姓为主，其余为吴姓、龙姓、唐姓、石姓，每年最大的节日是“四月八”，以唱苗歌为主。现任村主任腾建才，年轻有为，带领全村村民修路、办农家乐，引领村民走向小康之路。据村里老人介绍，大湾苗寨祖先是从湖南凤凰迁徙到贵州松桃大湾的。

大湾苗寨被国家民族事务委员会命名为首批中国少数民族特色村寨之一。

据族谱载，大湾苗寨的祖先年轻时给苗王城一带的地主打长工。有年夏天，先祖给地主放牛至大湾。傍晚时，先祖准备把牛赶回地主家，牛怎么赶也不走，“哞哞哞”连叫几声，像在说你和我就留在此处，立地为寨。先祖心中一动，仔细观察四周，发现此处确实是好地方，四面环山，小溪清澈见底，鸟语花香，前面的山更像一条要跳过龙门的鲤鱼，真是理想的居住之地，于是先祖动手在大湾搭起房子住下，繁衍至今……

“烧冬宝”是大湾苗寨特别的节日，每年农月十月到十一月（冬至过后开始），过节那天主人家杀头猪，摆起香案，请苗族巫师前来开坛做法事，请神把一年的晦气收走，祈祷来年风调雨顺、五谷丰登。

碰巧赶上了大湾苗寨小伙子石丽飞结婚的大喜日子，新娘是松桃苗族自治县正大镇地所村的吴丽娟，也是苗族姑娘。

早上新郎石丽飞把去接亲的车都贴上了接亲标识，吃完中午饭，车队就出发了。大湾苗寨到正大镇地所村大约20千米，地所村也是苗族村寨。下午三点左右，接亲车队来到了新娘家，新娘的家人已经穿着节日盛装，在路中间拉起来红绸，摆下四面鼓，拦下迎亲队伍。按照苗家风俗，迎亲队伍需和女方对苗歌，对上歌后，敲响四面鼓，发放红包，让女方满意后，才算过关。经过一番考验，女方终于放男方迎亲队伍进入寨子，新郎来到新娘家门口，新娘的闺蜜也拉起红绸，让新郎承诺一辈子对新娘好，直到新郎答应后，才放新郎进门，然后新郎给新娘献花戴戒指，当晚迎亲队伍宿女方家。

第二天早上七点钟，女方按照风俗，拜别父母、姐妹，在红娘带领下撑起红伞走出家门，等待早饭过后回男方家。在等待中，女方的家人给男方的来宾每个人脸上抹锅底灰，美其名曰“大黑喜脸”，按苗族习俗，凡脸被抹黑者，今年会平平安安，事事顺利，就连新郎也不例外，个个都变成大花脸，脸上笑呵呵。接着新郎寨子的亲朋好友也穿着节日盛装前来新娘村里迎接新娘回寨子，以示尊重和欢迎。早饭过后，接着新娘上车，往男方家行进，一路上经过每个村寨都有人招手拦下花车，讨红包、喜糖，名曰“讨喜”，花车必须一一满足，这也是松桃苗族自治县一带苗寨特有的习俗。

走走停停，花车终于来到了大湾苗寨前，新郎家组织的迎亲队伍已经穿着盛装在寨门口迎接，跟着唱起苗歌欢迎新娘子。众人浩浩荡荡簇拥着一对新人来到了新房，接着红娘把红伞交给男方已婚的年轻女家属（女家属必须是家庭幸福、孝顺者才有资格接红伞，因为红伞代表日子红红火火），新郎背起新娘，步入洞房。安顿之后，在证婚人的主持下，拜见公公婆婆后改口，上香敬祖先，正式成为男方家庭中的一员，放鞭炮礼花，然后礼成。

晚饭过后，女方送亲姐妹们与男方的宾客开始互相对歌。女方唱：“感谢男方丰富的晚饭、美酒，

寨上的亲朋好友都穿上节日的盛装，迎接新娘嫁入本寨

Relatives and friends wearing festival costumes to welcome the bride into the village

以及热情款待……”男方回唱：“来我家只有粗茶谈饭，招待不周，敬请见谅……”之后开始轮番上阵敬酒、对歌，整过对歌过程持续到天亮才结束。

欢乐的歌声响遍了寨子的每个角落，整个寨子沉浸在喜庆、欢乐的海洋里！

穿在身上的史书——苗服

苗族传统服饰，成年男子裹头帕，着对襟上衣，穿超宽腰大直筒裤，缠脚布。成年女子裹头帕，尤其是老年妇女裹的头帕，特征明显，别具一格，着满襟上衣，系百褶裙，佩银饰。清康熙、雍正年间“改土归流”后，苗族服饰慢慢渗入了满族服饰风格元素。随着现代文化的影响，苗族同胞平时都穿现代服饰，本民族的盛装只有在重大节日或活动才穿。

男装一般以深色为主，面料以纯棉及化纤为主流，自织土布慢慢减少，上衣为对襟，领矮袖长，5至7排绞纽扣，老年人着满襟无领上衣，青壮年着有领上衣。老年人一般以青帕束腰，穿千层底布鞋，冬打绑腿，夏穿草鞋。头帕分青帕和花帕，长二三丈。

女装比较华丽，多姿多彩，因为女性天生爱美，所以在服饰搭配方面要比男装靓丽，银饰用得多，特征非常明显。上装宽大，长可及膝，无领，托肩，前襟，袖口镶滚精美的刺绣图案，前胸贴绣花围腰或以银链、花带系腰间。下装为百褶裙或裤子，以土红为主色，间以青色、白色、紫色等，绣上碎花，镶以银箔、银丝围系腰间，美如孔雀开屏。古时以百褶裙为主，现在对位裤装，装着更方便，裤筒下端刺绣图案，长须过踝。女子特别重视裹缠头帕，分棉帕和丝帕两种，包缠方式不同于男子：先将头发绾髻，插上银簪，以花格帕作垫底缠好后，外层再缠主帕，层层叠叠，不断加厚加高，缠好后，层次分明；中间留空，可放手绢等物，髻上插上银摇花，头帕外贴戴银凤冠和后褡披。

服饰刺绣是苗族刺绣的重要部分，主要用于托肩、袖筒、围腰、裤脚、布鞋等处，分镶绣、数纱绣、纳线绣几种，内容有花卉、动物、吉祥汉字、几何图形等。

苗族妇女装束
The Miao women’s costumes

苗族中年男女装束
Middle aged men and women’s dress of the Miao nationality

苗族老年妇女装束
Elderly women's dress of the Miao nationality

匠心独具——苗银锻制

苗族佩戴银饰传统由来已久，品种繁多，从头到脚，无一不饰，作为苗族文化符号的标志已有 2000 多年了。其瑰丽多彩、造型精湛、工艺细腻，向世人展示出其独特的艺术魅力，令人叹为观止。

铜仁松桃苗族纯银工艺传承人龙根银，年近七旬，从事纯银首饰工艺煅制已 40 多年。在 10 多岁时就向亲叔父学习纯银首饰工艺技术，他对每道工序都精益求精。目前龙根银已经获得 2015 年铜仁市“多彩贵州”旅游商品设计大赛、旅游商品能工巧匠选拔大赛和旅游商品展销会（以下简称“两赛一会”）最具创意奖，2014 年参加全省“多彩贵州”“两赛一会”，荣获银奖，目前正在申报省级非物质文化遗产传承人资格……

2014 年“多彩贵州”铜仁市旅游商品两赛一会，荣获一等奖。

2014 年被松桃苗族自治县授予“十佳文化传承人”称号，小儿子龙毅正在学习银饰工艺技术，可谓后继有人……

苗族银饰工艺流程：

1. 选料：通过看润度、光泽度、重量衡量银子的纯度，以纯银最好。

2. 熔银：用木炭、风箱、炉子熔化银子，温度超过 1200℃，完全熔化的银子，颜色亮白而润，就代表银子的纯度最高。

3. 捶打：熔化好的银子要经过千锤百炼，打成方条，便于制作成各种形式饰品。

4. 图案：主要以松桃苗族图腾为主，还有一些象征美好愿望的图案，成形以后要用水洗磨，先用明矾水煮，用冷水泡，后用刷子刷亮即可。

苗族银饰
The Miao’s silver

真银不怕烈火炼
True silver fears no fire

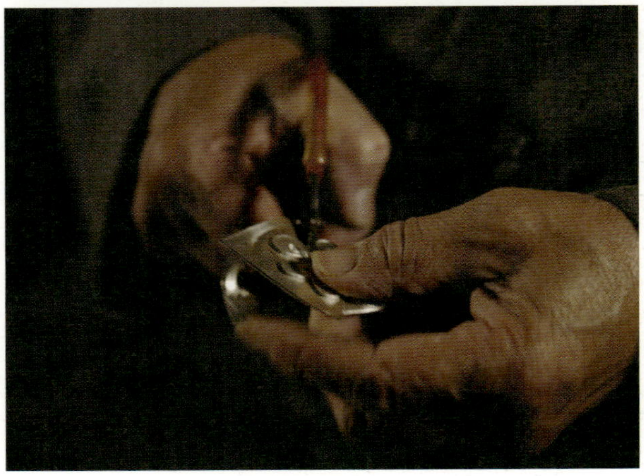

选银
Silver selection

熔银
melting

锤打
hammering

剪裁
tailoring

深谷羌影——梵净山羌族

炎黄时期，古羌族便已经存在，当时主要活动在中原一带，随着族人不断壮大，他们逐渐分成三个支系：羌族、古羌族、汉族，而且不断扩大疆土与活动范围。到了商朝时期，羌族部落已经活动在长江流域一带，其中一支羌族因与商朝政权对抗斗争，为了不连累全族人，其中一部分从部落分离出来，从中原一带南下，顺着长江流域迁徙，后来逐渐定居于川西大山一带，而川西一带山高水远，道路崎岖，不利于敌人进犯，便于防守和保护族人，慢慢地，这支羌族人与川西当地各族人民相处融洽，生活在川西高原。

中原一带在古时候都崇尚“巫”文化，上至当朝权要，下至平民百姓，都与“巫”文化有着密切的联系，故羌族至今仍保留着原汁原味的“巫”文化。不管在任何节日或活动，他们都要通过巫师来进行祭祀、朝拜、驱鬼、请神、还愿等仪式，因为羌族人相信巫师是人与神鬼对话的使者、与天地沟通的桥梁，因此，寨子里的巫师倍受尊敬。巫师必须代代相传，有传子不传女之说，为的是保持“巫”的神秘性与神圣，故一般羌族寨里都有一位或多位巫师，而年长者巫师必是德高望重者居之。

羌年的由来是羌族的祖先根据古太阳历（现农历为太阴历）一年十个月纪年法，结合羌人农历十月初一“牛王会”“还大愿”节日，综合确定为羌年。1988 年，四川阿坝藏族羌族自治州将每年农历十月初一这天确定为法定节日——羌历年。2008 年，“羌历年”被列入国家级非物质文化遗产名录。

曾经活跃在广袤西部高原的羌人，历朝历代，曾无数次被征讨、被驱赶、被归化，经历无数次流离、迁徙。这个族群大部分已融入汉、藏及西部其他民族当中。羌族在没有文字或失去文字的情况下，将一个民族群体繁衍千年，绵延至今，本身就是个奇迹，而羌文化的千年传承最重要的角色，就是“释比”。正是这些“释比”，在他们主持祭祀、祈愿、解秽、消灾、治病以及婚丧嫁娶的活动中、仪式中，担当着人与神灵、人与自然、人与人、人与魔鬼之间的调节者，成为古羌文化的守望者和传承人。

过羌年
The Qiang’s new year

过羌年
The Qiang's new year

“释比”的法器一般是祖传，以羊皮鼓和猛兽头骨帽为主要器具。传说这两样器具能让神鬼敬畏，连通鬼神与“释比”之间沟通。

梵净山江口漆树坪羌人的先祖在600多年前，因为战乱避祸，从四川阿坝带着族人历经千辛万苦地来到了梵净山脚下的一处半山坡上，先祖发现此处远离繁华喧闹，交通闭塞，在大山深处，敌人不易寻找，而且山清水秀，森林茂密，鸟语花香，于是在向阳处安营扎寨，一直繁衍至今。

漆树坪寨是江口县桃映镇匀都村下属的小组寨子，全寨75户、298人，全是羌族，是梵净山地区唯一仅存的“尔玛”（羌族人对自己的称呼）人和羌文化艺术的“活化石”，被誉为“神秘的梵净尔玛堡寨”，也是贵州省唯一的羌族村寨。该寨位于海拔1200米高的香炉山上，距江口县城15千米，进入羌寨要翻越四座陡峭的山坡和崎岖的山路，目前还没有修建公路，一般车难以驶进，村民进出只能走便道，遇上雨季和雪天更加难行。整个寨子坐西朝东，早上推开窗户就可看到日出、云海，山后古木参天，有红豆杉、楠木、枫树、樟树、白木等。房子以木结构为主，俗称堂屋，中堂的左边是主人房，右边是厢房，厨房一般修在房子的左边偏上，窗户上有雕花，因为羌族的崇拜图腾是羊，所以窗户雕花以羊头图案为主，它代表羌族的民族信仰。现在寨子居住的羌族是第十六代传人。据寨子的老人回忆，他们的祖先是从清朝康熙年间历尽艰辛从四川的阿坝迁徙到湘西一带，后因战乱又从湘西迁徙到铜仁，之后从铜仁迁徙到桃峡镇瓮稿沟，再迁徙到现在寨子的所在地——漆树坪。

胡政勇是漆树坪的羌王（寨主），目前带领寨子的乡亲在保护传统文化的同时，致力于发展乡村旅游，让羌族文化得以传承发扬。

羌年是寨子里一年一度最隆重的日子，就像汉族的春节一样，它是在每年的农历十月初一这天。寨子里所有的村民，包括在外工作的都会从外地赶回来过年，在羌王的带领下全寨族人集中在寨子广场上祭祖，穿着民族节日盛装，先由羌王向刻有羊头的祭坛跪拜，族人跟着向先祖跪拜。贡品有猪头、水果、米酒、糯米粑。上午十点钟开始祭太阳神、白石神（白石神是羌族最崇拜的神灵），之后是树神、风神，下午各家各户祭家神，祈求风调雨顺、国泰民安。主持祭祀仪式的是“释比”。仪式肃穆庄严，祭祀时由寨主开坛，吃咂酒。咂酒是由本寨族人自种自酿的米酒，由玉米、高粱、青稞酿制而成，味道香醇，喝时用开水冲兑，连酒糟一起吃，以示庆祝丰收、团圆。下午三点全寨族人与客人一起吃年饭，羌王先向寨中最年长者敬酒祝福，以示敬老，接着向来宾敬酒，之后宾主就可以随意品尝美酒美食。

2013 年漆树坪寨被列入中国传统村落名录。

羌族民居
The Qiang’s dwelling

羌王家族合影

Group photo of the King of Qiang’s family

羌族人
The Qiang's people

羌王胡政勇
Qiang King Hu Zhengyong

尔玛神井
The well of Ermashen

喝咂酒
Drinking Qiang's home-brewed

祭祖
Ancestor worship

祭祖
Ancestor worship

以歌传情——玉屏侗族赶坳节

赶坳节是侗族北部地区的重要传统习俗，也叫民间歌会。北侗地区的侗族青年男女老少通过赶坳节结交朋友、谈情说爱，它反映着千百年来侗族悠久的历史和丰厚独特的民族民间文化。

赶坳节也称“玩山”，是北侗的传统习俗和民间歌友会，2003年被列入省级非物质文化遗产保护名录。

每年农历四月初八、六月初六、九月初九都是玉屏赶坳节特定的时间，每个坳场都沿袭着固定的赶坳节日期，大家不约而至，风雨无阻。

赶坳作为侗族的传统歌友会，其历史渊源可追溯到西周时期，甚至更远。《周礼·地官》载：“若无故而不用会者，罚之，司男女之无夫家者而会之。”这与侗族赶坳节的习俗相合。

去年玉屏侗族的赶坳节定在农历的六月初六，侗族称之为“埡叉坳尝新节”。正值时令瓜果新鲜上市，大家聚在一起品尝。因受玉屏侗族自治县委宣传部的邀请，我们提前一天从贵阳赶到了玉屏侗族自治县老寨村（本次赶坳节的举办地）。老寨村是个地道的侗族村寨，全寨有1300多人，基本是侗族，鼓楼、风雨桥无一不显示出侗族的文化符号。

第二天一早，来参加侗族赶坳节的人们从四面八方赶来，从湖南新晃，贵州的镇远、天柱、岑巩，以及附近的黄雷、羊坪等地赶来参加赶坳节的人，三万人多人齐聚于老寨，可谓人山人海，热闹非凡。通往鼓楼的寨门早已摆起了拦门酒，撑着油纸伞的侗家男女站立于两旁迎接宾客，寨门正中间桌子上放着一大坛米酒，桌子两边是四五个清秀美丽的侗家妹子举着酒碗，站在寨门前。按侗家的规矩，每位进寨的客人必须要喝上三大碗米酒才能进寨。米酒是用当地产的糯米酿造而成，口感绵甜，有点后劲，非常好喝。来宾与迎宾的侗家妹子互相对歌，喝完一碗又一碗，热

玉屏侗寨迎亲
The wedding at Dong village in Yuping County

情的侗家妹子不停地给来宾敬酒，几碗下肚，不胜酒力的来宾已经开始有点飘飘然，但心里高兴，忍不住又多喝一碗，才摇摇晃晃走向鼓楼。鼓楼下早已聚集了来参加赶坳节的人们，人们在一起尽情地以歌相迎、以歌会友，同时还有斗画眉、斗牛、赛马等活动。这时候鼓楼边的花海中走来一支迎亲队伍，抬着花轿子，新郎穿着大红袍，骑着马前来迎娶新娘，喜庆的唢呐声飘荡在鼓楼，仿佛穿越了时光，回到了古时候，一幅极致美丽的画面呈现在眼前。

长桌宴是侗家款待宾客的一大特色，桌子呈一字摆开，根据来宾人数来计算长度，人多则长、人少则短。主宾分两边面对面而坐，丰富的侗家美食轮番摆上桌子。第一杯酒由寨老提议举杯，来宾依次喝完，一共要喝三杯才行，名曰“敬天、敬地、敬己”。三杯酒过后，宾主之间方可互相敬酒祝福，一时间，推杯换盏，你来我往，没一会儿，大家都已泛着酒意，彼此之间的交流越发深入、兴奋。这时侗家姑娘端着酒杯前来敬酒，随着侗家的敬酒歌响起，来宾们一个个喝得兴高采烈，深深地感受到了侗家人的热情好客。酒足饭饱之后，大家来到鼓楼下，燃起篝火，大家围绕着篝火，手拉手，不分男女老少，尽情地跳着、唱着，每个人的脸上都洋溢着快乐，天上的星星也一眨一眨的，感受到侗家的快乐，很久很久，大家都不忍离去，今夜无人入眠……

对歌
Singing in antiphonal

寨门迎宾

Welcome guess at the village gate

篝火晚会
Bonfire Gala

乌江传奇——周和顺盐号

思南地处乌江中下游，有600多年的航运史。乌江沿岸原来有300多家盐号，仅思南就有72家。思南是当时川盐入黔的最大集散地，梵净山一带的食盐都从这里贩卖出去，覆盖的范围包括铜仁、遵义、镇远、务川、余庆、湄潭、凤冈等，明朝永乐年间设思南府管辖今思南、德江、沿河、务川等地。“周和顺盐号”是目前唯一保存完好的盐号，它见证了乌江盐运文化的辉煌，在鼎盛时期是思南最大的盐号之一。“周和顺盐号”传承至今第六代，周氏家族现有100多人，人丁兴旺，共兄弟八人。在第三代传人周业波的带领下，周氏家族恪守世代相传的家训：“创业为艰，守成不易，惟忠惟孝，克俭克勤”。

周业波，80多岁，祖父是四川龚滩人，十多岁来思南做生意。“周和顺盐号”古宅坐南朝东，占地面积1600多平方米，大小居室共50多间，木质结构、瓦房，紧靠乌江码头，商用和居住为一体；建筑师在徽派建筑特色上，根据南方多雨的特点，结合风水学的玄妙——“四水归堂”，既融合北方四合院之长，又吸取了南派聚集财富的风水寓意，堪称建筑史的典范。

“周和顺盐号”古宅历经上百年的风风雨雨，最终保存下来，成为贵州保存最完好的古建筑群。

“周和顺盐号”第三代传人周业波
Zhou Yebo, the third generation of “Zhou Heshun Salt”

周和顺盐号古宅
Zhou Heshun Salt Merchant House

周和顺盐号古宅
Zhou Heshun Salt Merchant House

周和顺盐号古宅
Zhou Heshun Salt Merchant House

周和顺盐号古宅
Zhou Heshun Salt Merchant House

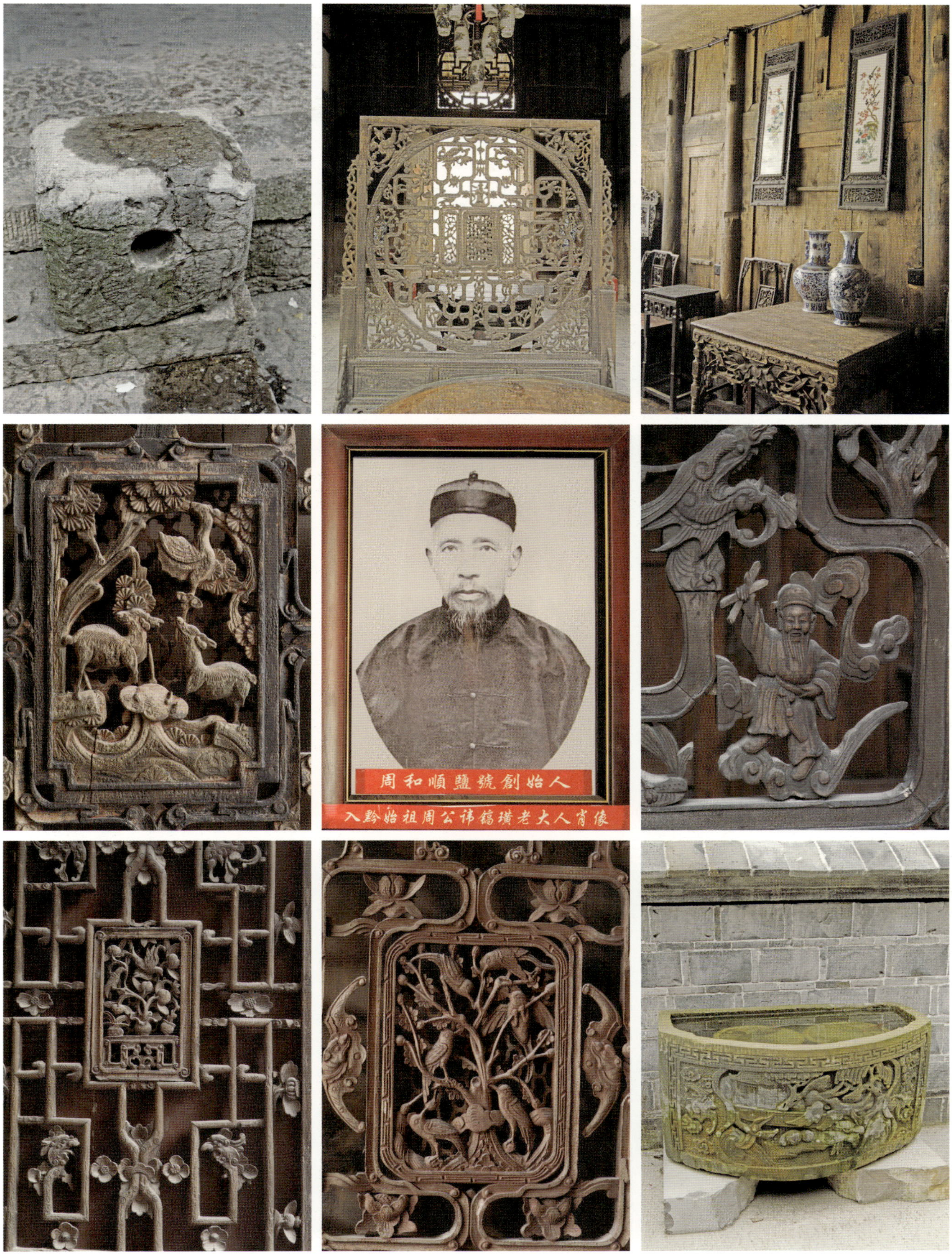

周和顺盐号古宅
Zhou Heshun Salt Merchant House

纤绳荡悠悠——乌江船工号子

乌江船工号子源于乌江上的一种特殊的职业——纤夫。作为劳动号子的一种，乌江船工号子的唱词内容富有生活气息，是纤夫在拉纤时即兴创作的劳动歌谣，抒发纤夫心中的喜怒哀乐。

乌江作为贵州的母亲河，是贵州第一大河，长江上游南岸最大支流。古称牂牁江，唐宋又称黔江，元朝首次称乌江，全长1037千米。乌江自古以来是川黔航运要道，以流急、滩多、谷狭闻名于世，号称“天险”。

乌江历来有“滩连滩，十船九打烂”的说法。当年船工撑着木船穿过九弯十八滩时，常常呼喊《齐头号》《盘滩号》《平滩号》《横艄号》等几十种号子。其唱腔高犷、质朴，犹如江涛出峡，气势磅礴，千回百转，呈现出回环往复、一咏三叹的韵味，表现一波三折的情感起伏和火热的劳动场面。特别是在险滩恶浪处，为统一步调，协调动作，避免窝工，领头人唱的号子就是号令，号起则进，号停则停，号骤则疾，号缓则徐，行止快慢，全凭号子指挥，气氛热烈紧张。抑扬顿挫的号子声音在乌江峡谷上空回响，让人久久不能忘怀。

40多岁的刘明礼，是乌江船工号子的第四代传人，也是目前思南乌江船工号子唯一无断代传承人，从太祖爷一直传承至今。为了将乌江船工号子这一乌江文化传承下去，他一直在寻找和培养合适的继承人。

当年他的太祖爷爷、爷爷、父亲是乌江盐船上有名的“驾长”，在“驾长”的带领下，乌江纤夫们日复一日、年复一年行走在乌江悬崖绝壁上，唱起那雄壮、有力、振奋人心的乌江船工号子。每条船一般由“驾长”掌舵，称为“正驾长”，船头撑竹竿称为“副驾长”，在悬崖上拉纤人数一般4—8人，也有10多人的，领头的纤夫称为“盼头”，寓意好日头有盼头，最后一位纤夫称为“尾纤”。由于乌江水力发电站的兴建，沿河、思南的很多古纤道已经被淹在水下，而且目前只有思南县邵家桥镇两江口悬崖绝壁上还保存着一段

乌江崖壁上的古纤道
Old towpath on the cliff

乌江
The Wu river

长1000多米的古纤道，它是乌江盐运文化和航运史重要的历史实物证据，这段古纤道高出乌江江面2—6米不等。据载，古纤道开凿于明清时期，那时也是川盐入黔最繁华的时期。古纤道凹陷于绝壁之中，宽度0.5米左右，高不足1.5米，纤夫数十人背负沉重的拉船纤索躬身其间，匍匐而行，非常艰苦。狭窄的纤道经历春夏秋冬，寒暑易载，日复一日，年复一年，见证着纤夫生活的艰辛和对生活拼搏、乐观的人生态度。在古代，贵州陆路交通十分不便，出行都以水路为主，因此乌江水道成为乌江两岸百姓出行、运输的主要通道，特别是川盐入黔时期，江面上船来船往，繁荣异常。若是顺水行舟还好，但是逆水而上，滩险水急，唯有通过拉纤使船往上游走，所以古人为了方便纤夫拉纤，便在乌江的悬崖绝壁上开凿纤道，从重庆—涪陵—沿河—思南沿江都留下了古纤道的遗迹。后来由于修电站蓄水，其他地方的古纤道被淹没在水中，唯独思南这段得以完整保存下来，宛如龙蛇蜿蜒匍匐江岸绝壁之上，为乌江灿烂的文明留下了浓重的一笔和重要的历史印记。

乌江船工号子唱词

清早起来不新欣，打个火镰吃杆烟。
烟杆还在铜匠铺，火镰还在火炉房。
清早起来没梳头，背个背篼牵个牛。
牛儿放在田坝上，好玩好耍沟里头。
扯把毛草垻屁股，找个鹅宝做枕头。
八匹布头长又长，麻布巾巾勒颈项。
磨坏几个小伙子，害苦几多小姑娘。
这山看见那山高，那山妹子砍柴烧。
哪年哪月嫁给我，柴不弄来水不挑。
鸦雀过山喳喳喳，大嫂背个奶娃娃。
鼻子眼睛都像我，眉毛弯弯像他妈。
吃了早饭把碗丢，筷子放在碗里头。
哪个大嫂来收碗，桌子底下把脚勾。
左一勾来右一勾，眉哈眼笑要上钩。
对门大嫂不怕羞，边路走来边路扣。
问你大嫂扣哪样，还有半截在里头。
对门大嫂一排排，要我东西赶快来。
裤儿脱其胯板板，水牛喝二现出来。
对门大嫂一大屋，笑的笑来哭的哭。
问你大嫂哭哪样，多久没有肉挨肉。
清早起来露水高，打湿奴家花围腰。
打湿花栏花栏跳，打湿妹子绣花房。
清早起来把门开，两股狂风吹进来。
狂风吹开花帐子，两个屁股露出来。
大姨妈来二姨娘，朝朝夜夜想赶场。
白天就想常常赶，夜晚只想杆杆长。
隔山看见老麦黄，割了麦子种高粱。
好吃不过高粱酒，好玩好耍少年郎。

乌江
The Wu river

乌江上纤夫拉纤

The burlaks are hauling barges

乌江上纤夫拉纤
The burlaks are hauling barges

通神达鬼——德江傩戏

傩戏是自先秦时期起口口相授的祭祀仪式。“傩”乃人避其难之谓，意为“惊驱疫之鬼”，如此威力，全凝聚于强烈的色彩碰撞，表情夸张的傩面。

梵净山地区周围聚居着苗族、土家族、仡佬族等少数民族，他们日出而耕、日落而归。由于当时对梵净山大自然的崇敬与畏惧，于是各族长老在巫文化的基础上逐渐演变而来的傩仪式，融入了梵净山文化的特色，传承至今而形成了深厚的梵净山傩文化。德江、江口、松桃、印江、石阡、沿河各县都有各自的傩文化传承到今，各县之间的流派都一脉相承，风格迥异，各自精彩。

在梵净山地区傩文化最具代表性的是德江县。目前，德江县是傩文化保存最完整、最原始，拥有傩戏班和古老面具最多的县份。1993 年 3 月，德江被贵州省文化厅命名为“傩戏之乡”，2006 年其傩戏被列入首批国家级非物质文化遗产名录，2008 年被文化部授予“中国民间文化艺术之乡”“傩戏之乡”。

德江县傩戏起源于原始巫教的傩舞，即从巫术中演变而来，是梵净山地区的先民在崇拜祖先、驱鬼逐疫的宗教祭祀活动中的一种仪式，后逐渐成为傩戏，带有一定的娱乐性质。

德江众多的傩戏法师中以稳坪镇的张毓福、安永柏，合兴乡的吴贤富最出名也最具代表性，其中张毓福、安永柏被文化部授予“非物质文化遗产项目代表性传承人”，吴贤富被原贵州省文化厅授予“非物质文化遗产项目代表性传承人”。

他们从事傩戏研究、表演已有几十年，在他们的带动下，德江县现有傩戏 131 坛，土老师(法师)641 个，分布在全县各地，使德江能获得“傩戏之乡”的美誉，正因如此，才让这一民间独特的文化得以完整地传承下去，大放异彩。

傩面具
Nuo mask

傩面具
Nuo mask

祭拜傩公、傩母
Worshiping Nuo ancesters

庄严的傩仪式
The solemn Nuo ceremony

张毓福，1951 生，4 岁开始学习傩文化，14 岁正式拜德江县稳坪镇花园村的张羽鹏为师。学习，经过多年的拜师学艺，张毓福集百家之长，终器，成为梵净山地区傩文化的代表性人物。

张毓福拜师历程：

第二次，拜赵开阳为师，德江县城关区供合乡人。

第三次，拜刘文青为师，德江县人。

第四次，拜卢文太为师，德江县人。

第五次，拜张世亲为师，德江县人。

第六次，拜乔开道为师，沿河土家族自治县人。

第七次，拜陈子荣为师，德江县高山镇人。

第八次，拜张玉志为师，德江县稳坪镇人。

第九次，拜张月洁为师，德江县稳坪镇人。

第十次，拜简志贤为师，德江县桶井乡人。

十一次，拜张云青为师，德江县稳坪镇人。

十二次，拜张羽喜为师，德江县稳坪镇人。

十三次，拜谢朝武为师，德江县稳坪镇人。

十四次，拜张羽青为师，德江县稳坪镇人。

1982 年请职师父允许他可以出师设坛，当年设坛后，开始从事傩文化传承活动。他们这一坛傩戏共 4 人，分别是：张毓福、张玉文、张前峰、张波。

傩戏法师——张毓福

傩文化之——口含红钳
Nuo culture—with burning pincer in the mouth

傩文化之——上刀山

Nuo culture—climb on the knife ladder

傩文化之——过关
Nuo culture — Guoguan

傩文化之“过关斩将”

2014 年 12 月 14 日，德江县稳坪镇鲊鱼村的张友才为九岁儿子“过关”，开了两天道场。

1. 开坛：请玉皇大帝、元始天尊……坐镇。

2. （法）文书上天：请玉皇大帝，派天将天兵下来坐镇。

3. 敬灶：敬灶神，请灶神作证，请其他的邪神鬼怪避开。

4. 搭桥招魂：请天兵天将、主师兵马一起从桥上路过证明主人家愿信，已经了了的，把主人家的魂放回家。

5. 铺傩下网：把心术不正的神鬼放在网中。

6. 撤坛放兵：把主师兵马放出去，不让神神鬼鬼干扰法师，维护法坛。

7. 开洞帮主人家了愿，由唐氏太婆打开洞门，放出土地、和尚、关羽。

恪守传统——沿河傩面具雕刻

沿河土家族自治县的傩文化以甘溪镇、夹石镇、谯家镇、板场镇、淇滩镇几个乡镇为核心区，其中夹石乡和德江县的稳坪镇、桶井乡接壤，一江之隔，隔江相望，其傩文化属一脉传承，民间基础广泛，深受群众喜爱。

70 多岁的甘溪乡沙坝村人杨承香，在 32 岁那年学习傩文化，父亲杨秀全是他的师父，家传弟子，因此在他学满出师时不用请职就可以掌坛，成为傩戏堂第七代掌坛师。拜师学艺分为：门内师和门外师。门内师即指的家传，父传子，子传孙，一代传一代，直接可以掌坛；门外师指的是父子关系之外的徒弟，经过考验、磨砺后，向师父请职，才能成为“掌坛师”。

杨云霞是第七代傩面具雕刻传人，师承父亲杨承香，家中至今还保存着一对傩公傩母，雕刻得栩栩如生，已有 200 多年历史了，堪称传家之宝，也是沿河傩文化历史的重要佐证。同时杨云霞是贵州梵净山地区傩面具雕刻唯一的女性传承人。由于从父亲手上传承下来，工艺技术精湛，深受傩戏坛的推崇。

傩面具雕刻制作极其讲究：首先是选料，一般都采用生于梵净山一带的白杨树，木质细腻，纹路清晰，韧性好，不容易开裂，干水后比较轻，方便雕刻，而且不容易被虫蛀，木料选好后，接着根据需求尺寸选料，切割下料，将圆木劈成两半，再按面具的大小造型下刀，将另一面挖空，使其和人脸吻合，佩戴方便，成型后用砂布打磨，最后是画脸谱，主要形象有傩公傩母、开山将军、开路将军、周昌、蔡阳、关羽、和尚、先锋小姐、判官、土地、秦童、报福、歪嘴、唐氏大婆、书童、安童、歪嘴秦姐，请掌坛法师给面具开光，正式赋予面具的傩神身份。民间有“戴上面具就是神，脱下面具就是人”的说法。因此傩面具是傩堂戏当中最重要的道具，同时也是傩面具的艺术造诣水平的最好体现。

现在随着多元文化的交融、碰撞，年轻人越来越远离传统文化，傩面具雕刻工艺传承亦面临着难题，杨云霞、杜尚明夫妇始终坚持手工传统雕刻，几十年如一日，坚守传统文化传承难能可贵。

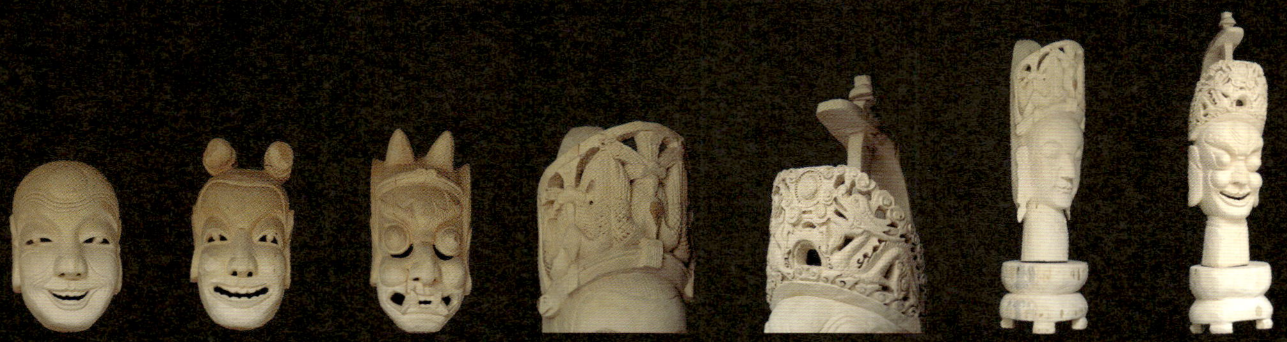

沿河傩面具
The Nuo mask of Yanhe County

杨承香家传承两百年的傩公傩母
Nuo god and goodness which have been inherited for two hundred years in Yang Chengxiang's family

雕刻工艺之——凿、看、试

传承至第七代——沿河土家族自治县以杨承香为掌坛师的傩戏班
Passing down to the seventh generation: Nuo opera troupe in Yanhe Tujia Autonomous County with Yang Chengxiang as the master

掌坛师——杨承香
Master—Yang Chengxiang

土地——王登强（饰）
Earth God—Wang Dengqiang (act)

关羽——谭俸武（饰）
Guan Yu—Tan Fengwu (act)

先锋小姐——田代强（饰）
Miss Pioneer—Tian Daiqiang (act)

周仓——杨秀安（饰）
Zhou Cang—Yang Xiuan (act)

彩扇蝶飞——思南花灯戏

思南花灯戏，是贵州省思南县土家民间歌舞艺术。思南土家花灯内容丰富，程式庞杂，有传统的正灯，如“盘灯”“开财”“万事兴”“说春”“说十二花园妹妹”“上香”“打梁山”“拜闹子”等20多种。内容多反映土家人喜庆吉祥、欢度新春、借古喻今，劝人洁身自好、勤劳致富，吟花咏草、寄物抒情托志等。思南花灯戏在2005年荣列国务院公布的首批国家级非物质文化遗产名录。

思南土家花灯不仅历史源远流长，而且表演形式多种多样，最初是“二人转”，其中“门斗转”“鹰展翅”“边鱼戏水”“膝上栽花”和“苏秦负剑”等舞蹈动作很有代表性，连歌带舞，十分动人。明末清初发展到了三人出场，或一男二女叫“双凤朝阳”，或二男一女叫“双狮戏球”。也有的地方二男二女叫“双花灯”。旦角又叫幺妹，男扮女装，扎假发辫，包头巾，着花裙，右手执绸边花折扇，左手执彩巾。丑角又叫干哥，反穿皮袄，扎腰带，瓜皮帽子头上戴，右手执大蒲扇。干哥围绕幺妹转，相互旋转唱跳，干哥舞蹈动作丰富多彩，幽默诙谐。

思南花灯

The festive lanterns in Sinan County

逢年过节，思南花灯队为老百姓义务跳花灯
Performers play lanterns dance for residents

思南古镇花灯传人
The generation of Sinan's festive lanterns

月上寨沙——寨沙侗寨

贵州省江口县太平镇梵净山寨沙侗寨，是国家民族事务委员会首批命名的中国少数民族特色村寨之一，距离县城27千米，距国家级自然保护区梵净山山门3千米，紧邻梵净山佛教文化苑。村寨占地面积约97亩。全寨有74户274人，其中侗族216人，占全寨人口的78.8%，2008年被贵州省民族宗教事务委员会列为全省民族团结进步示范村和乡村旅游示范村。寨门、广场、钟鼓楼、农家乐、64栋两层吊脚楼为该寨的典型建筑。

寨沙处于梵净山山麓，清澈的太平河从门前缓缓流过，河畔边古树参天。整个寨子青山环抱，掩映在茂林修竹之中，犹如世外桃源。

皓月当空，月光洒在寨子的每个角落，像给寨子铺上一层银色的轻纱，恍如天上宫阙，美得让人陶醉。鼓楼前，侗家人已经点燃了篝火，载歌载舞，欢迎远方客人。寨门前，那一杯杯的拦门酒，代表着侗家人的热情与好客，让人醉在其中，流连忘返……

寨沙侗寨鼓楼
The drum tower of Dong village named Zhaisha

寨沙侗寨夜景
The night scene of Zhaisha

寨沙春色
Spring Scenery in Zhaisha Town

云上仙舍——云舍土家古寨

云舍土家族村位于梵净山下江口县太平镇境内美丽的太平河畔，距县城 5 千米，共 460 余户人家，是国家民族事务委员会首批命名挂牌的“中国少数民族特色村寨”之一。

该村历史悠久，可追溯至战国时期，为纪念仙人给予村民土地而取名“云舍”，寓意云中的房舍，仙人居住的地方。至今这里仍保留着赶年、过社、清明、立夏、四月八、六月六、七月半等传统特色节日，在婚、丧或喜庆丰收时节，有打闹、建房礼祠、哭嫁、发闹丧、打绕棺等习俗。歌舞类的习俗有上梁歌、山歌、土歌、情歌、盘歌、打溜子、毛古斯、猴儿鼓、八宝铜铃、摆手舞、花灯、龙灯、金钱杆等，保留着源于巫术且被称为戏剧活化石的傩堂戏。

清澈的太平河水从寨子中间缓缓流过，两岸阡陌交错，一片田园风光，宛如世外桃源。河两岸树木郁郁葱葱，为错落有致的土家吊脚楼增添了韵味。一座风雨桥横跨于河上，为云舍增加了文化气息，是土家儿女谈情说爱的好去处。

更神奇的是寨子中有个深潭，又称云舍泉，属于地下暗河出口。相传直通凤凰山的九龙池。此泉神奇之处在于能预报天气。久晴，此泉涨潮，不几日便会下雨；久雨，此泉落潮，不几日便是晴天，甚为神奇。

云舍
Yunshe

中國土家第一村

拦门酒 Block door wine	神龙潭 Shenlong pool	土家民居 Tujia residential house	土家民居 Tujia residential house	云舍春景 Spring scenry in Yunshe

云舍土家婚礼
The Tujia's wedding in Yunshe

滚龙之乡——寨英古镇

寨英滚龙距今已有600年的历史。明朝初期，皇子朱桢奉父命率大军到偏远的武陵山区开疆拓土，平乱安民。他一路身先士卒，冲锋陷阵，历尽艰险抵达寨英后，看中这块好地方，遂令将士安营扎寨，筑城堡，修工事。平定当地苗族叛乱后，利用寨英水运直通洞庭的有利条件，在寨英及周边地区兴民垦、开商埠、建学馆、倡工贸。此后不久，驻军家属接踵而至，各地客商纷至沓来，佛事活动日趋兴盛，寨英很快就发展成梵净山地区最大的军事、经济重镇，成为黔东地区重要商贸集散地。经济的繁荣促进了文化的发展，客商们带来了辰河戏、阳戏、川剧，与当地人自编自跳的茶灯相互交融，演变成韵味深厚的寨英花灯。中原的龙文化与当地龙文化得到了完美的结合，极大地提升了寨英滚龙的艺术水平，逐步形成了集纺织、刺绣、雕刻、剪纸、书法、美术、舞蹈、特技、演讲等诸多艺术形式为一身的寨英滚龙文化。

寨英古镇的滚龙艺术独树一帜，构思奇特，造型完美，工艺精湛，具有浓厚的民族文化底蕴。滚龙全长36米，共分17节（亦称“洞”），由34人轮换舞动，以九根拇指粗的竹篾捆扎连接成龙骨，500个直径60厘米左右的篾圈等距排列成龙身，再以整幅的绸布画上斑斓的鳞甲，罩在篾圈上；龙头以粗竹揉扭而成，固于龙架之上，蒙上特制的防火布料后加以描画。龙头龙身点上油捻，光彩照人，远远望去，宛如真龙。因明军曾长时间驻扎寨英，对寨英滚龙高超的表演技艺十分了解，明永乐、嘉靖、万历和清乾隆、嘉庆年间寨英滚龙多次奉召赴京表演。乾隆皇帝曾御笔亲赐“神龙”以示嘉奖。民国初年，寨英曾组织举办过规模盛大的滚龙灯会，为显气派，由富商牵头，众人捐资，租用三只大船下辰河经洞庭前往苏杭购买锣鼓钗号等乐器及灯饰材料。灯会期间，向松桃、江口、铜仁、凤凰、麻阳、吉首、花垣等地散发了数千份拜帖，滚龙舞遍了整个武陵山区。

改革开放以来，为打响寨英滚龙这一品牌，促使编扎工艺在传统的基础上跃上新台阶，艺人们锐意创新，博采众长，将传统工艺与现代电子科技有机结合起来，改油捻为低电压灯泡，在龙身上安装彩灯；用小电动机作动力使龙嘴自动闭合，眼睑闪动，让其闪闪发光，使其更具活力与灵性，更加形象逼真、神奇威猛。在表演招式上，摒弃传统的散漫、零乱舞法，设计出几十种新颖的滚舞招式，且都赋予它们一定的内涵。常见的滚舞招式有：“神龙出洞”“翻江倒海”“神龙戏珠”“神龙打滚”“乾坤倒转”“猛龙过江”“神龙戏水”“神龙过山”“盘龙打坐”“二龙抢宝”“比翼遨游”“二龙穿梭”“雌雄调情”“双龙闹海”“群龙抢宝”等。此外，还能用龙身盘制成许多文字、图形，如“龙”“春”“中”“华”、奥运会标“五连环”“莲花”及各年年号等。

寨英于2014年被列入中国传统村落名录，寨英滚龙获得了贵州省非物质文化遗产称号。

华灯初上，古镇街道两旁站满观看舞龙表演的村民和游客
When the evening lights are lit, the streets of the ancient town are full of villagers and tourists

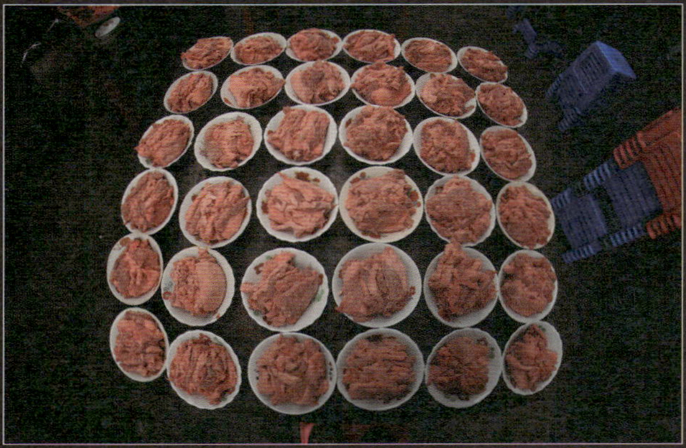

制作滚龙、龙灯、滚龙展示、舞龙表演（最左列从上至下）
Making dragon lantern and dragon dance

每年正月十三，古镇都会摆起长桌宴，款待八方宾客
Every year, on the 13th day of the first lunar month, long table banquet will be set up to entertain guests

爱情的味道——德江楠杆土家油茶

梵净山脚下的德江县楠杆乡一带的土家人至今还保留着原汁原味的土家习俗。土家青年男女自由恋爱后结成夫妇，结婚当天男方会用土家最隆重的礼仪接待女方送亲的亲朋好友，那就是土家人的煮油茶。油茶的主材料是当年在山上采摘的好茶叶，整个制作过程约 3 个小时，可谓精心制作，工艺繁杂，巧手出彩。

70 多岁的余再容，从 10 岁开始跟着母亲学做糍粑油茶。油茶的配料：上好的猪油、油渣、花生米、花椒、黄豆、粗茶叶、炸米花、芝麻。先把黄豆炒香，然后把其他配料放进锅里煮透，用木勺压碎成粉状，加水煮开盛起待用。接着煎土鸡蛋至焦黄待用。然后用铁锅烧适量的开水。水烧开后，把各种配料用碗盛好，直接用开水泡在碗里，端上桌子，摆上糖果、瓜子、甜点、糍粑、水果、酥糖、花生等，琳琅满目，应有尽有，男方长者坐上席，女方的亲朋好友分坐两边，主人端起油茶，恭请宾客品尝，大家喝着香醇、美味、热气腾腾的油茶，气氛一下子就融洽了起来，欢声笑语不时从屋子里传出，每个人的脸上都洋溢着幸福的笑容。

德江县楠杆乡的土家青年经常会到村边的花桥上谈情说爱、互定终身。该桥长 15 米，宽 5 米，位于楠杆乡兴隆村刺竹沟上，为无底梯形支撑单跨木桥，桥上建有三层飞雨亭。该桥设计巧妙，造型别致，结构坚固，风格独特。据史书记载，在清道光二年（1822），为方便当地人出入，由本地富户杨氏三兄弟带领乡民集资修建而成，建成以来历经近 200 年风风雨雨仍完好无损，是当地村民出入乘凉、集会、对歌、谈情说爱的好去处，桥的旁边种植了一片青翠的楠竹，更为花桥增添了一份雅致。

土家青年男女
Tujia young men and women

花桥
Huaqiao

余再容精心烹制土家油茶
Yu Zairong elaborates Tujia sasanqua

油茶待客

Make a toast with sasanqua

龙的传人——德江炸龙

德江炸龙历史悠久，早在明永乐八年（1410），德江就有了“舞龙求雨”的图文记载。传说唐朝末年，久旱无雨，黎民百姓苦不堪言，于是德江的土家族先祖们根据天上主管风雨的“应龙”传说和“舞龙”的图腾文化，用竹编草扎成“应龙”的形象，请来傩师开法坛求雨未果，土家先祖们气愤之下，用鞭炮对准“应龙”猛烈轰炸，后惊动梵净山的弥勒佛祖。佛祖念动咒语，派出梵净山的九大神龙飞临德江上空降雨，万物得到雨水的滋润，生机勃勃。百姓们拍手称快，向梵净山方向合十致谢。

后来慢慢从祈福仪式演变为大众参与的民俗活动，炸龙的程序包括起水、亮龙、送帖子、入户祈福、送龙宝、赛龙、炸龙、烧龙等。龙身制作按材料划分为草龙、箍龙、布龙、纸龙；按五行分有青龙、红龙、绿龙、蓝龙、黄龙五种。整个活动尤为精采之处是炸龙，整个炸龙过程充分展示了德江土家人的原始、勇猛和狂野。每年正月十四、十五，整个德江县城游人云集，携老带幼，前来观赏一年一度的炸龙盛况。

正月十五那天下午五点左右，喝过酒的土家汉子，光着膀子，头扎红巾，在火把的带引下，敲锣打鼓，开始在县城挨户恭贺祝福。这时，主人邀约亲朋好友，准备各种火炮，点燃后用竹竿往舞龙者身上炸，各人围绕着整条龙轮番猛炸。一时间鞭炮声响彻整个县城，硝烟弥漫在县城上空，不分男女老少，全民参加，人声沸腾，火光冲天，惊叫声、吼叫声，一浪高过一浪，场面壮观、热闹、疯狂，一直持续到晚上十一点左右才逐渐散去，街道上铺满了厚厚的鞭炮纸和支离破碎的龙骨架。在祈福声中送走了元宵节，期待来年有更大更疯狂的炸龙活动。

德江炸龙
Zhalong show in Dejiang County

德江炸龙
Zhalong show in Dejiang County

德江县城文庙举行出龙祭拜仪式
Dragon worship ceremony held in the Confucian Temple of Dejiang County

德江炸龙

Zhalong show in Dejiang County

龙腾锦江——碧江龙舟节

端午节是中国传统节日，端午习俗主要有赛龙舟、吃粽子等，北方和南方基本相同。据《荆梦岁时记》载，因仲夏登高，顺阳在上，五月是仲夏，它的第一个午日正是登高顺阳的好日子，故五月初五亦称为“端阳节”。

梵净山地区，铜仁一带自古都有五月初五过端午节的传统与赛龙舟、吃粽子的习俗，尤以铜仁市锦江区最为热闹，可谓人山人海。明万历《铜仁府志》：“午日，门插艾虎，人配五色寿丝，饮蒲酒，杂以雄黄，裹角黍相馈遗，采药苗活药饵。”这是铜仁锦江关于端午节最早的记载。清朝《铜仁府志》记载更为详细：“五月初，田以笋叶里稷米为棕饮雄黄酒，悬蒲艾于门，小儿以雄黄抹面孔，谓能辟疫，沅河有龙舟竞渡之戏。”

“五月五日为龙舟戏，集双江渡，斗剩争先，胜者以红锦奖之。青果聚观，士娘轻罗，摇折叠扇，弄扁舟，缓荡烟波，钗光鬓影，与水光山色相映，亦盛会也！五显官、川主庙一带，观众者，肩尤以下介隐，惟见万头攒动而已！”

铜仁锦江端午节的习俗得以一年一年传承下来。

去年铜仁锦江的端午节赛龙舟要比往年更加隆重热闹一些，光是来自全国参赛的龙舟就有100多条，更有几百艘小木渔船游江助兴，颇有千帆竞渡的气势。五月初四清早，在龙舟游江的出发处，锦江河边摆起了香案，上面放着供品——猪头、香烛、美酒、等，几位身穿傩戏法师服饰的掌坛师正开始举行“祭龙”仪式，随着法师上香、念经文、占卦、打手印等一系列复杂神秘的程序后，龙舟、小木船开始了盛大的游江活动。沿途两岸挤满了观看龙舟的观众，真是热闹非凡。到处都是呼朋引伴、饮酒庆贺的声音。

祭龙
Dragon worship

扭龙
Dragon-boat racing

游江
Dragon-boat racing

游江
Dragon-boat racing

赛龙舟
Dragon-boat racing

抢鸭子
Snatching ducks

千帆竞渡
Dragon boat race

五月初五是端午节的重头戏。上午九点，龙舟开赛前，由德高望重的长老为龙舟点睛。长老用朱砂为龙舟点睛后，龙舟竞赛正式开始。每只龙舟上的水手都鼓足干劲，奋力向前，力争上游，两岸观众的呐喊着为各自的队伍加油，助威声此起彼伏，不绝于耳，无论输赢，队伍之间纷纷相约来年再战，不见不散。赛后为了犒劳龙舟健儿们，当地政府出资购买了一批鸭子放入河中，划龙舟的水手们进行巧夺，谁抢到谁得，这就是有名的“抢鸭子”，也是锦江庆祝端午节的另一种重要方式。一时间，河面上展开了人与鸭子的追逐之战，谁把鸭子捉到，谁就是鸭子的主人。人人斗志昂扬，在河中大展身手，你追我赶，好不热闹。到处充满了欢声笑语。于是，船与船的竞赛，人与鸭子的竞赛，直到天晚方才完事，各回各家，喝酒庆祝。

2009 年，铜仁市（今碧江区）被国家体育总局授予“中国传统龙舟之乡”称号。2011 年，铜仁龙舟赛作为传统体育项目被列入第三批国家级非物质文化遗产名录。

龙腾锦江
Dragon-boat racing in Jinjiang River

渊源流长——石阡楼上古寨

石阡县国荣乡楼上古寨位于贵州省东部、铜仁市西部，与佛顶山国家级自然保护区紧紧相连，这里历史悠久、人杰地灵，蕴含着丰厚的文化底蕴。集古楼、古屋、古巷、古桥、古井、古树、古墓、古书、古风、古韵于一体，是佛顶山中罕见的明清古村落。

楼上，古称“寨纪”。始建于明弘治六年（1493），是一座以周氏家族为主的血缘村落，是以家族血缘关系为纽带兴建的寨子。整个村寨坐东北面西南，距石阡县城 15 千米，面积 4.2 平方千米。这里气候温和、四季分明。据《周氏家谱》载：周氏原籍江西南昌府丰城县桥东珠市巷，祠名大本堂。明进士周国照出仕四川威远县，修建江西会馆，家属于该县洛阳乡大坡里晒金坡居住，后移西蜀潼川乐冶县天井坝仁义乡。弘治六年（1493）始祖周伯泉避难图存，贸易入黔，迁居楼上。历 500 余年的发展，保留至今，前有廖贤河环绕，后有苍山点缀，周围苍松翠柏、古树环抱。

以“北斗七星”树为中心，以“北斗七星”的天枢至摇光交天权与天玑形成四个象限，划分为不同的四个分区，其东南象限为生产区，西南象限为居住区，西北象限为娱乐区，东北象限为墓葬区，功能分区明确，让人惊叹。居住区的布局更让人惊奇，整个居民区的道路共 2000 余米，结构为一“斗”字，“斗”字的起点为三合院的中点，结束点为村寨的水源，且起点位于“北斗七星”中天权—天现星的连线上。

楼上村有楼上古建筑群、周氏宗祠、小屯寺、周氏墓群等文物，历史文化价值高。

晨曦
Dawn

保存完好的明朝古建筑——马桑房
Well preserved ancient building of Ming Dynasty—house made of coriaria sinia

“歪”门斜道
Crooked door and winding path

天福古井
Tianfu ancient well

云海
Sea of Clouds

清朝古房
Ancient house of the Qing dynasty

楼上古寨
Loushang ancient village

饮水思源——楼上清明会

楼上古寨自古以来就有清明祭祖的习俗。据寨上老人回忆，自先祖迁居楼上后，随着时间的推移，人口越来越多，人们开始怀念先祖。为了不让后人忘记先祖遗训，约300年前，在寨上老人的号召下，把清明节的前一天定为全寨祭祖大典的日子。之后每年这天，都会举行周姓“汝南堂”祭祖法会仪式，数百族人按辈分依次排列，在族中辈分最高者带领下，族人抬起简易的轿子，敲锣打鼓，前面一雄一雌两条毛龙开路，浩浩荡荡来到寨子的周氏祠堂。由族中长者焚香恭请先祖牌位上轿，然后抬到寨子戏台后面的广场，摆放在香案上，上面放着猪、牛、羊、鸡、果品、点心等祭祀贡品。接着在族长的带领下，按辈分依次跪拜先祖牌位，感恩先祖，缅怀先人，传承孝道，饮水思源，一代传一代，继承和弘扬优秀的民族文化。

这天，古寨在外面工作的周姓族人无论工作多忙，都一定会赶回寨子参加祭祖，场面十分热闹，充满祭拜声、鞭炮声、锣鼓声，现场气氛非常热烈和温馨，族人之间也互相拥抱、祝福、问候，因为同一位先祖，同样的血脉，同住一个寨子，让他们紧紧相连；同命运、同呼吸、共建家园，这也是我们华夏儿女共同的愿望。

祭祀结束后，寨子还表演毛龙、抬花轿、苦嫁、古乐、傩堂戏等民族民间文化节目。这天是古寨最热闹、人气最旺的一天，族人们欢聚一堂，把酒言欢，畅想未来。

双龙开路
Two dragons lead the way

迎先祖灵位进寨

Welcome the ancestor to enter the gate of village

迎先祖灵位进寨
Welcome the ancestor to enter the gate of village

祭祖
Ancestor-worshipping

一诺千金——石阡仡佬毛龙

“仡佬毛龙”起源于古代仡佬先民的“竹王”崇拜。其历史可追溯到隋唐时期。相传仡佬族先民从远方迁徙来石阡时，走在梵净山的深山里又饥又渴，嗓子干得冒烟，几近虚脱，看到山脚下有片青翠的竹林，于是先民们来到竹林前，合十许愿，请山神允许砍伐竹子制成水壶装水解渴，日后必定前来拜祭答谢。

后来，仡佬先民终于历尽千辛万苦来到了石阡县，繁衍至今。先民们信守诺言，在正月十一日这天制作毛龙来竹林拜祭致谢，从此，仡佬族人尊称竹子为“竹王”，感谢竹子牺牲自我、成人之美、高风亮节的高尚节操。此后，每年仡佬族人都会在这天举行毛龙节。毛龙节的程序为：制龙、请龙、祭龙、祈福、舞龙，在正月十六晚上送龙，即烧龙。慢慢演变为石阡一年一度的“仡佬毛龙节”，舞动时放上黄烟，增加现场的神秘感。2018 年更是达到了最高峰，118 条毛龙在县城的民族中学同时舞动，“百龙颂福”，十分壮观。2005 年石阡仡佬毛龙被列为首批国家级非物质文化遗产。

舞龙
Dragon dance

一年一度的仡佬毛龙节
The Maolong Dragon Festival

二龙戏珠
Two dragons are playing with a pearl

寨老唱龙
The elder of village singing dragon song

舞龙表演
Dragon dance

舞龙表演
Dragon dance

百龙闹春
Hundreds of dragons dance together

龙灯表演
Dragon lanterns

接龙仪式

The rite of dragon dance

孝行天下——石阡尧上仡佬族“敬雀节”

每年农历二月初一，聚居在梵净山石阡县的仡佬族都会在尧上仡佬寨举行盛大的“敬雀节”。

在远古时代，仡佬先祖一路南迁，途经梵净山来到了石阡佛顶山一带，不巧迷路了，族人又饥又渴。正当人们陷入绝望时，天空飞来一只神鹰，在他们头上空盘旋三圈，鸣叫三声，像在说“请跟我来”。仡佬先祖大喜过望，心领神会，知道这是弥勒佛派来的神鸟，遂在神鹰的带领下，找到了水源、食物，顺利来到了尧上这方净土，并在这带安居乐业，繁衍至今。后来在每年农历二月初二这一天举行隆重的祭祀，感恩神鹰，感恩大自然的恩赐，告诫后辈要爱护大自然、保护生态、尊老爱幼……

去年的“敬雀节”特别隆重，可谓人山人海，热闹非凡，上万人将仡佬寨挤得水泄不通。上午十一点十八分，在寨老邓开义的主持带领下，仡佬族人抬着三牲贡品，手持长香，来到了寨子中央的神鹰雕像下，先给神鹰披上彩绸，接着族人依次向神鹰敬香，后辈给神鹰奉上五谷贡品，小伙子们抬上三牲贡品。祭品摆好后，寨老在神鹰前宣读祭文，全场肃静。只听到寨老苍劲有力的声音在神鹰雕像上空回响，一小时左右的祭祀仪式在寨老的宣布声中告一段落。接着族人依次到寨子山坡上的一棵千年古树下许愿，每个许愿族人将糯米糍粑粘在树根上，双手合十，向古树许愿，祈祷国泰民安、风调雨顺。

下午三点钟，在神鹰广场摆起了著名的“仡佬六合三角宴”。“六合三角宴”即餐桌有六个边，“六合”即为“六和”，表示父母和谐、夫妻和鸣、家庭和顺、邻里和睦、环境和美、社会和谐，同时寓意“六六大顺”。“六合三角宴”表达了村民对天时、地利、人和的向往和追求。在尧上，摆“六合三角宴”，集体吃团圆饭的习俗已有数百年。每年除夕，这样独特、热闹非凡的场面都会上演一次。寨老为了让更多的人身临其境感受和了解传统的仡佬文化，将“六和三角宴”从除夕搬进了“敬雀节”活动。

仡佬族一年一度的传统节日——“敬雀节”，是我国孝文化在梵净山地区传承下来的历史缩影，已有上千年的历史，参加宴会的多是寨子里百岁左右的长寿仡佬族长者和部分后辈代表。在寨老邓开义的带领下，各长辈依次坐下，待 14 种仡佬特色菜上齐后，寨主邓开义端起酒杯，宣布宴会开始，后辈轮番向长辈敬酒祝福，在一轮一轮的欢声笑语中，洋溢着幸福的笑容，浓浓的亲情弥漫在尧上寨子上空，一幅族人和谐、团结、温馨幸福的画面呈现在我们面前……

仡佬族“六合三角宴”，也称敬老宴
Banquet of respecting the elderly of Gelao people

向许愿树许愿
Make a wish to old tree

宣读祭文
Reading elegiac address

前往许愿树
The way to the old tree

祭品
Sacrificial offerings

寨老主持祭祀仪式，先给神鹰系上红绸带，后上五谷、三牲贡品

The chief administer sacrificial rites, bridling red ribbon for scared eagle and consecrating the five cerealsrice and tree draught animals to ancestor

仡佬族敬雀节
The festival of worshiping sparrow

汉戏悠扬——石阡茶灯

石阡茶灯是源于生活的汉族民间文化艺术形式，在贵州为铜仁市石阡县独有，在全国艺苑也不多见，属非物质文化遗产。

石阡茶灯作为一种汉族民间戏曲形式，在石阡繁衍生息流传至今已有300多年的历史，活跃在春节元宵期间。

唐、宋时期，石阡就有人种茶，石阡以前是以“茶叶”“桐子”“乌桕”等土特产为主要经济支柱，其中“茶”最为突出。当时石阡望族杨氏家族为了把茶产业发展起来，把制茶、采茶和花灯文化结合起来，慢慢形成说、唱、跳等戏曲形式，作为人们在劳动中、茶余饭后一种娱乐方式，唤起人们对茶叶的关心，从而促进茶产业发展和文化传承。经过民间艺人多年的用心提炼，“石阡茶灯”应运而生。据茶灯老艺人介绍，石阡茶灯最早始于唐朝，唐朝石阡知府孟继勋曾作诗：“谷歌节前寒食作，家家都唱采茶歌……”那时的表演形式还略显单调。

石阡茶灯人物形象有茶婆、土地、春官、儿子先生、花和尚、货郎、铧田大哥、乞丐、郎中、十二茶女、杂角等近50人。在场中摆一茶彩门，俗称“牌坊”，起着布景的作用。茶婆身份为茶女之母，头包青丝帕盖花头布，身穿大领云齐膝便衣、花围腰、花裤及花布鞋，十足清朝妇女装束，手拿破竹篙、一根麻线和一只鞋底。其余为青壮年男人装扮。在春节间为接灯的人家祈福等。到正月十六日便举行“烧灯”，表示这年的“茶灯”全部结束，来年再跳茶灯。

春暖花开正是跳茶灯的好时节
Spring is a good season for tea lantern dance

茶灯表演
Tea lantern show

茶灯人物谱

Tea lamp character chart

茶婆 Tea lady			茶灯姑娘 Tea lantern girl
铧田大哥 Brother Huatian	算命先生 Fortune teller	土地神 Earth God	花和尚 Flower monk
春官 Spring official	货郎 Cargo man	八字先生 Mr.Bazi	倒把伞 Inverted umbrella

大唐遗风——石阡“说春”

说春，俗话叫讲春，古名“鞭春”，始于唐太宗李世民时期，为了让苗疆腹地的各族人民不误春耕时节，以说、唱、诵为主要形式的“劝农行耕”是一种极具农耕文化价值的民俗活动，主要流传于石阡县花桥乡坡背村一带，活动范围辐射到铜仁的石阡、印江、思南、江口、万山，以及黔东南一带的岑巩、镇远、黄平、天柱、锦屏等地。

相传封氏兄弟封伏兴、封伏宪为李世民登基立下了大功，在论功行赏时，李世民问封氏兄弟想当什么样的官，封氏兄弟为了后代也能当官为百姓办事，向李世民申请要了个永久性、世代能当的子孙官，李世民便封两兄弟当长久性的官——春官，并掌管一方的礼节，在每年交春的季节中劝农行耕，不误时节。

据《石阡府（县）志》载，明清时期，每年立春之时，石阡府都会召集所有春官，发放通关文书，让各春官拿着文书，各司其职、各管一方，然后扎芒神和手端挂红插香的木牛，奔赴一方说春。

春官，源于官位，出自上古时期少昊帝属下春扈氏，属于以官职称谓氏。昊氏，为中国上古五帝之一，他设有九农之官，负责掌管农业，农从春起，因此又称“春扈氏农正”，简称“农正，鳺官”。据《周礼》记载，以宗伯为春官，掌邦礼。唐朝也将礼部长官称为“春官”，从此朝中以“春官”为礼部的代称。而有关“说春”之俗的文字记载，最早见载于宋朝。《东京梦华录・立春》载：立春前一日，开封府进春中入禁中鞭春。开封、祥符两县，置春中于府前，至日绝早，府僚打春，如方州仪。开封是宋王朝的东京都，所谓“如方州仪”即效仿地方风俗，到皇家宫廷去行鞭春之礼。这说明当时各地就已经盛行说春之俗了。

当年，“春官”不说春，而是“派春”。即将“春贴”印制出来后，交官府发下去，并收钱粮上来，统一交给封家。改朝换代后，有的官员不执行旧礼制，对封家说：“你们封家即是春官，知礼知春，就应该去说给老百姓知道，不能坐收钱粮。”封氏想：

发放“说春”通关文书
Spring official propagandize “spring talk”

手执“说春”通关文书的封姓春官
Spring official with “spring talk” pamphlet

每年立春之时，春官们翻山越岭，奔赴远方“说春”
Spring official propagandize “spring talk” on the beginning of spring

当初唐朝天子也是这样册封过的，于是说要去说春可以，但是你们这些当官的吃五谷，靠人民养活，也要带头犁田，劝农行耕。

目前说春的代表性传承有封复智、封家年、封复元、封万明、封香寿、包正桥等。

石阡县花桥乡坡背村封氏春官每年在出门说春之前都会设立香案，摆上供品、水果、猪肉等，还将春牛摆在香案，由年长春官领头上香，带领春官祭拜天地，保佑说春路上平安顺利。现在的祭拜仪式比古时简单了很多，古时择吉日吉时，还要扎“芒神”“土牛”，穿戴祖传的官服蟒袍、乌纱帽，腰系玉带，脚穿粉底鞋，设立香案，摆上三牲贡品，在香案上放上香，主祭由年长者主持，其余春官肃立两边，焚香祭拜天地。再到府衙赴“春宴”。第二天，春官们开始上路奔赴远门说春。这是一段极其艰辛的旅程，一路上风餐露宿，翻山越岭，风尘仆仆，走村串寨，挨家逐户，上门说春；途中受尽苦难，年复一年，多少辈传承下来，春官们用顽强的意志，在先辈强大的精神支持下，依然每年坚持说春，其精神难能可贵。

春官每到1户人家时，都会为主人家送上春帖和祝福，主人家一般会在客堂设立香案迎接春官，以示尊敬，并送上薄礼、粮食慰劳，说唱完毕后，挥手告别主人家，继续来到另一家，周而复始……

春官们说春说得最多的是“开财门”“二十四节气”“牛的根生”“渔桥耕读”“贺新春”，有的春官练就了见啥说啥、随机应变的能力，深受老百姓的欢迎。目前说春已经列入石阡县花桥乡中学的教材，由春官们轮流在课堂上为学生传承这一文化遗产，不致被历史遗忘，并取得了可喜的成果。

说春
Spring talk

“说春”标志：耕牛、春贴
Farm cattle and spring festival couplets

“说春”标志：香
Burning incense

“说春”标志：刻版
Block printing

春官们出去“说春”前举行祭祖仪式
Spring official perform sacrificial ceremony before tour to spring talk

主人家敬酒慰劳春官
Welcome spring official and toast for spring talk

主人家欢送春官
Send off spring official

春官给耕牛系上红绸，祝福农户五谷丰登
Spring official bridling red ribbon to cattle and blessing good harvest.

戏如人生——石阡木偶戏

石阡木偶戏，俗称“木脑壳戏”，木偶。古称傀儡、傀儡子。以演员操纵木偶来表演故事的戏剧叫木偶剧或木偶戏，又称傀儡戏。“木斗陡戏”，属杖头木偶，流行于民间，年代久远，是石阡古老的地方戏种。铜仁市唯石阡县独有。2006年6月，石阡木偶戏进入中国首批非物质文化遗产名录。由于时代发展变迁，如今观看木偶戏的观众越来越少，当年其他县份都争相前来邀请石阡木偶戏去表演，一时风光无限。时至今日，石阡木偶戏是杖头傀儡在贵州的唯一遗存，因此，石阡被誉为“木偶戏之乡”。

史载，木偶最早出现于春秋战国时期，而木偶一词，见于司马迁《史记·孟尝君列传》。因此木偶戏的发源和兴盛有“源于汉、兴于唐”之说。

据《石阡府志》载，石阡木偶戏于清朝开始从湖南辰溪一带传入梵净山地区，后扎根于石阡。随着木偶戏班社和艺人逐渐增多，清朝晚期和民国初年，石阡木偶戏的发展达到鼎盛，最多时有十余个戏班。著名的有傅银洲、傅云清为主的“泰洪班”，卢子清、周辅廷为主的“太平班”等。历史遗存的石阡木偶戏，人们称之为“矮台戏”。据“泰洪班”历代艺人口传，大约在200多年前，一个叫吴法灵（艺名）的捡瓦匠来到石阡花桥大塘坪捡瓦期间传给傅姓的，到现在在世的是年过八旬的木偶戏第七代传人傅正华、傅正贵，目前他们还坚持木偶戏的演出和传承，难能可贵。但由于年轻一代对传统文化的兴趣不浓，木偶戏面临失传的危险。还好在2006年，石阡县民族中学将濒临衰微的石阡木偶戏艺术引进校园，请来“泰洪班”班主傅正华及同班老艺人傅正贵、傅正文到校园传授木偶戏技艺。民族中学音乐老师刘超由于钟情于木偶戏艺术，刻苦学艺，得到了传授师的真传，进步很快，逐渐成为登台表演的主角，出师时，传授师傅正华赐予他艺名“法全”。

目前，石阡县文化馆在贵州省文化和旅游厅的大力支持下建立了石阡非物质文化博物馆，致力于石阡非物质文化遗产的挖掘与保护，同时为传承非物质文化遗产搭建更好的平台，让大众能够近距离感受和了解非物质文化遗产，让中华文明的传承和传播走得更远。

石阡中学引入木偶戏课目，为传承国家非物质文化遗产培养接班人
Shiqian Middle School introduces the puppet play curriculum to cultivate successors for inheriting the national intangible cultural heritage

制作木偶戏道具
Making the props of puppet show

国家非物质文化遗产传承人——傅正华、傅正贵、傅正文（从左至右）
The inheritor of National intangible cultural heritage—Fu Zhenghua, Fu Zhenggui, Fu Zhengwen

石阡中学学生体验木偶戏
The students of Shiqian high school play puppet show

木偶戏围布舞台
The stage of puppet show

民众体验木偶戏
Residents play puppet show

束帶整冠儼然君臣父子

天赐神汤——石阡古温泉

石阡古称“山国”，历史悠久，建置较早。秦始皇二十八年(前219)，置夜郎县于今县境西部，属象郡。明永乐十一年（1413）置石阡府。民国三年（1914）改府为县。石阡自古是重要的驿站，亦是南丝绸之路的必经之路。

石阡素有“泉都”的美誉，地热资源十分丰富，分布广泛，出名的温泉有城南温泉、城北温泉、凯峡河温泉、吴家湾温泉、施泉温泉等。石阡温泉不但历史悠久，且水质优良，与众不同。

三国时期，蜀国武侯诸葛亮南征牂牁，郡人于城南温泉建武侯祠以祀。唐至德二年（757），诗仙李白流放夜郎途中，在石阡温泉滞留编草亭并书匾额，郡人于温泉后修太白楼以祀。清朝著名诗人洪亮吉有诗咏石阡温泉：

石罅空蒙逗烛光，坊泉亭上拂衣忙。

半生莫讶尘劳甚，已试人间第七汤。

石阡温泉富含氡、硒、锂等20种对人体有益的微量元素，是全国极少有的可直接饮用的地热优质矿泉水。随着思（思南）剑（剑河）高速的开通，慕名而来石阡泡温泉的游客越来越多，在冬季甚至出现人满为患的场面。

石阡一带的人们已经养成了长期泡温泉的生活习惯，尤其是老年人更是乐此不疲。由于石阡温泉富含各种对身体有益的微量元素，长期浸泡对人身体大有益处，因此，石阡一带长寿老人居多。

石阡温泉
Shiqian hot spring

石阡温泉

Shiqian hot spring

石阡温泉
Shiqian hot spring

当地人已养成了每天泡温泉的习惯
Local people are used to take a bath in hot spring daily

历史印记石阡——万寿宫

石阡万寿宫位于石阡县汤山镇城北面，整个古建筑群包括万寿宫、禹王宫、忠烈宫、王皇阁、观音阁、龙王庙等，又称“江西会馆”，是江西商人在石阡活动的历史见证，是清朝康乾盛世时期石阡经济繁荣的象征，是古驿道和南丝绸之路的重要标志。

万寿宫始建于明末，清康熙五十八年（1719）重修，清乾隆三年（1738）知府杜里重加修葺，清乾隆二十七年（1762）至清乾隆三十二年（1767）来石阡定居的江西南昌、抚州、临江、瑞州、吉安五府之人捐资加以改建，将原坐南朝北的庙基改为坐东向西，内列紫云、圣帝二官，大门依旧坐北朝南，门斜道歪，故当地流传有“万寿宫的山门——不对”的歇后语。嘉庆至道光年间再度修缮，成为现在的规模。

石阡万寿宫依地而建，由西向东，渐次升高，占地面积约2900平方米，为二进院落，高封火山墙，四合院式建筑，正门为六柱三门牌楼式石拱门，古人巧妙地将牌坊、大门、山墙结成一体，悉以青砖仿木雕刻垒砌，既美观又实用，又节工省料，还有良好的防火性能。其正门斗拱翼角大小额四周的人物花鸟图案，均精雕细刻，中门小额匾中阳刻“万寿宫”三个斗尺大字，四周镂雕五龙拱福，山门两侧“丹凤”“云龙”绕护，双狮旁立，高达2米，庄严肃穆。从正门进入院落，建筑由东、西两部分组成，西部为大门倒座，厢房、戏楼及长廊；东部由三路建筑组成，即北路的紫云宫，中路的过厅、正殿和南路的对帝宫。紫云、圣帝二宫，大门与万寿宫正门无异，二宫又同为二进高砌封为山墙四合院，由门罩、钟楼、鼓楼、过厅形成一个四合院布局；由过厅、正殿、两个平台及排水沟形成另一个四合院布局。由此而形成了院中带院、宫中套宫、墙内有墙的独特的平面结构形式，既能独立成院、成宫，又保证了整体建筑的视觉美、协调美。

戏楼位于西部正中，正对东部中路万寿宫过厅、正殿，与之为同一中轴线。戏台之下额枋为三国戏文故事，形象生动，栩栩如生。

石阡万寿宫
Longevity Palace in Shiqian County

禹王宫
Temple of Yu the Great

万寿宫
Longevity Palace

赵子龙大闹长坂坡
Zhao Zilong in Changbanpo

刘备招亲——弄假成真
Liu Bei in Ganlu Temple

诸葛亮挥泪斩马谡
Zhuge Liang forced to execute Ma Su

三英战吕布
Liu Bei, Guan Yu,and Zhang Fei fight against Lü Bu

栩栩如生、精美绝伦的木雕艺术
The vivid and exquisite wood carving

长寿村——万山区挞扒洞村

蒋绪松老人已 115 岁，生于 1905 年。老人一生经历满满，看尽人间繁华沧桑。

挞扒洞村位于铜仁市万山区谢桥街道办事处朝南方向，老人家育有三个儿子、一个姑娘，目前四世同堂，共有 30 口人，一家人其乐融融。

从谢桥街道办事处前走 2 千米右转进入往挞扒洞村的乡村公路，穿过龙生特大桥，沿着三级水库蜿蜒的山路约 10 千米就到达挞扒洞村。挞扒洞村现有 73 户、306 人，80 岁以上有近 20 人。村子四周环山，背后河从村子的前面峡谷流过，山清水秀，绿村成阴，后来为了照明建起了水电站。由于村民对生态保护意识比较好，所有的古树、老屋都完好地保存了下来。

据老人回忆，在他八岁时被土匪抓去做过苦工，后来逃跑时没穿衣服，翻山越岭回到了谢桥。当时家里还以为他被土匪杀害，正在请道士做法事，看到他回到家，悲欣交集。十七八岁时，军阀来抓壮丁，家里用五石谷子把他换回来，之后在 22 岁时又被军阀拉去做壮丁，后来趁卫兵熟睡，偷偷逃跑，几天后回到了挞扒村，之后娶妻生子……

老人家到现在还能独立生活，每顿吃一碗米饭，喜欢吃芋头、南瓜、蔬菜，看书。100 岁时还上房顶修漏，后不小心摔骨折了，老人自己在附近山上找来中草药把伤治好。据村中其他人讲述，老人一生从不与人吵架，从不发脾气，见到谁都笑容满脸，从不与人计较，心态非常平和，人缘特好，一生节俭，不剩饭剩菜。在老人的影响下，他的家人也是尊老爱幼、恪尽孝道、团结邻里。

老人喜欢清淡口味的饮食。还有个特别的生活习惯，每逢季节交替，增减衣服时都会喝一杯凉水，让身体的体温与气温能平衡，这样身体就不容易得病，这个习惯一直保持到现在。

挞扒洞村由于处于天然湿地中间，四面环山，流泉飞瀑，古木参天，松涛阵阵，民风淳朴。据专家测试，这里平均每立方厘米空气中含氧离子2000—5000个，仅次于梵净山；这里的河水和泉水经过不同地层过滤，富含人体所需的微量元素硒、锶等，被人体吸收后对调节身体生理机能、延年益寿有着特别重要的作用。

2000 年 10 月，该村经全国老龄工作委员会办公室批准挂牌为“长寿村”，吸引了大批中外游客慕名前来观光旅游。

祖孙乐
Grandfather and his granddaughter

挞扒洞村
Tabadong Village

商通四海——中南门古城

中南门古城位于铜仁市碧江区东山左侧，是明清两朝、民初时期铜仁重要的贸易港口，水运货物进出方便，繁华异常，当时便有“商贾樯帆，络绎不流”，素有“黔东护商栈”之誉。1985年，中南门古城区便与东山一起被列为贵州省重点文物保护区。2006年5月，中南门古城区、东山古建筑群、中南门福音堂、中南门天主教堂、川主宫、抗日阵亡将士纪念碑、马元熊烈士故居、陈建华烈士故居等一起被列为国家级重点文物保护区。

中南门古城始建于明永乐十一年（1413），而当时铜仁刚刚建府，故没有修筑城墙。明景泰二年（1451），铜仁知府朱鉴重修了中南门古城，紧靠乐山为天然屏障，面临小江和锦江为界，开居并修建了四个城门，分东南西北门，这次重修的中南门古城总面积约3.6万平方米，城周约3千米。

明嘉靖二十九年（1550），思仁道驻守参议刘望之，命令铜仁守备张大儒再次修筑铜仁城墙，防御苗民起义叛乱，这次修筑开启了七个城门，除东门、北门、西门外，西面还为了方便百姓挑水加修了一个便水门；而南门，由于修筑了三个城门，便从上而下依次叫正南门、中南门和下南门。

中南门古城东依东山，西接府台衙门，南临锦江，在当时占据了很大的地理优势，因为在古代，所有的大宗货物需要依靠水运完成，而铜仁自古以来的主要交通运输便是水运，舟楫之利带来了铜仁的富庶和繁华。早在宋朝就有湖南、四川、江南的客商来此贸易，于是铜仁有了“黔东门户”之称。中南门古城码头是当时货船、客船主要停靠港口。更加重要的是，每天船来船往，人流量大，十分繁华，白天帆樯如林，入夜桅灯闪烁，古城内大红灯笼高挂，莺歌燕语，灯红酒绿，热闹非凡。民国期间，更是诞生了铜仁著名的新老八大商号——清末民初的高灿顺号、庆元丰号、朱白大号、广聚佬号、罗洪顺号、湛裕隆号。当时这些商号称雄铜仁商界，这些商号大部分都是湖北汉口、湖南常德的大商家设在铜仁的分号。后来江西客商（“赣商”）在铜仁所设立经营的孙盛记、谢衡长、余兴和、余德和、刘义泰、徐夏隆、罗志诚等商号崛起，才真正谱定中南门古城老“八大号”。

中南门古城
Ancient city Zhongnanmen

商业贸易的兴起，让这些商号的掌柜远离故乡，落户安家于中南门古城，以便经商。于是中南门的古城建筑以明清传统的砖木结构四合院建筑为主，基本上每家每户都设有防火墙、水缸各一个，防火墙飞檐翘角，错落有致，既防火防盗，又美观大方。中南门的古建筑既有徽派的韵味，又区别于徽派建筑风格，特别是结合了当地的地形、气候特点来设计修建，显示出古代民居建设规划设计技术的高超水平，为黔东民居之典型。走进古城，青润的青石板小路悠悠，古韵十足，拾级而上，墙角几株修竹，几盆兰花，几棵绿树，几根紫藤，无不显出主人的文人雅兴与修养，听闻院中欢声笑语，慢品清茗，让人仿如进入桃源深处，不忍离去。

中南门古城
Ancient city Zhongnanmen

中南门古城
Ancient city Zhongnanmen

国家出版基金项目
NATIONAL PUBLICATION FOUNDATION

梵天淨土

神奇的梵净山

下卷

何雄周 著

孔學堂書局

第七章

弥勒道场

朝圣
Pilgrimage

弥勒佛传说

梵净山正式载入史册，始于汉朝，《汉书·地理志》载梵净山为“三山谷”，又因梵净山是一尊天然万米睡佛，当地老百姓称之为大佛山、大灵山，唐朝《元和郡县志》改称“辰山”。当时唐朝已在梵净山西麓设立“思邛县”[唐开元四年（716）设，即今贵州印江土家族苗族自治县]。宋朝《太平寰宇记》称“思邛山”，因唐“思邛县”而得名，佛教于此时传入梵净山地区。

过去佛称燃灯古佛，“生时，一切身边如灯，故名然（燃）灯太子，作佛亦名燃灯”；现在佛称释迦牟尼佛，即中国俗称的如来佛；未来佛称弥勒佛，弥勒意为“慈氏”，这是佛教菩萨名，《阿弥陀经疏》解释道“或言弥勒，此言慈氏，由彼多修慈心，多入慈定，故名慈氏。修慈最多，名无能胜”。弥勒佛本是如来的弟子，为弥勒菩萨，居住在六欲天中的兜率天宫，在那里讲经说法，由于释迦牟尼佛预言他在兜率天寂天时将下生人间，继之为佛，因此他又被称为一生补处菩萨，即来世即可替补成佛的菩萨。由于他将来必定成佛，因此也被称为“弥勒佛”。

据传大肚弥勒佛是五代时期人，生于浙江奉化，原名契此，号长汀子，出家于奉化岳林寺。他身躯肥胖，常肩搭一布口袋，他极为珍惜粮食，看见五谷掉地，便随手捡入布袋，用以施舍穷人，人称“布袋和尚”。常见的大肚弥勒佛像多圆头大耳、袒胸开怀、笑容满面，后人则根据他独特的笑容和开怀的大肚，在各处供有大肚弥勒佛像的寺庙里题写出许多妙趣横生、饱含深意的楹联。

北京潭柘寺就有这样一副对联：

大肚能容，容天下难容之事；
开口便笑，笑世间可笑之人。

将弥勒佛的形象描写得栩栩如生。

弥勒佛的象征意义：

慈悲——慈悲精神是所有诸佛菩萨都具有的情怀，而弥勒佛就是经常以慈悲之心来待人的典范。同时是菩萨中最有忍辱性格的代表，因此，弥勒《忍辱偈》中有云：“老拙穿衲袄，淡饭腹中饱。补破好遮寒，万事随缘了。有人骂老拙，老拙只说好。有人打老拙，老拙自睡倒。涕唾在面上，随他自干了。他也省力气，我已了烦恼。这样波罗密，便是妙中宝。若这知消息，何愁道不了。”这首偈语不仅表明弥勒佛对生活少欲知足，一切随缘，而且还能够忍受常人难以承受的奇耻大辱，这是我们凡夫俗子很难做到的。他向我们提示凡事要忍辱，宽容他人，慈悲为怀，方能修成正果。

梵净山僧人
Monk of Fanjing Mountain

梵净礼佛
Chanting at Fanjing Mountain

弥勒道场

梵净山是弥勒道场，是娑婆世界转终为始，实现大同的发源地。

梵净山地区佛教寺庙始建于唐，沿袭于宋元，盛于明清，法界庄严，以梵净金顶为中心，呈众星拱月状，分布在铜仁市、江口县、玉屏侗族自治县、万山区、印江土家族苗族自治县、松桃苗族自治县、思南县、石阡县、沿河土家族自治县、德江县等地。

明万历四十六年（1618）的《敕赐碑》记载：“盖自开辟迄今，海内信奉而奔趋，不啻若云而若水；王公大人之钦谒，恒见月盛而日新。久已灵驰于两京，倾动于十三布政。”从此以后，梵净山真正成为全国著名的弥勒道场，中国佛教五大名山之一。

2010 年 8 月 29 日，中国佛教协会副会长、河南省佛教协会会长、少林寺方丈释永信大和尚，江西省佛教协会会长、南昌佑明寺方丈纯一大和尚，中国佛教协会副会长、广东省佛教协会会长明生法师，中国佛教协会副会长、四川省佛教协会会长永寿法师，中国佛教协会常务理事、贵州省佛教协会会长心照法师，香港佛教僧伽会会长绍根长老，五台山佛教协会秘书长妙荣法师、副秘书长义轮法师，普陀山佛教协会副会长门肃法师、副秘书长觉如法师，九华山佛教协会副会长果卓法师，铜仁市佛教协会会长释佛友法师，中国人民大学方立天教授，北京大学楼宇烈教授，中国社会科学院杨曾文教授等专家学者和著名高僧在第二次中国梵净山佛教文化研讨会上一致重申了梵净山是全国著名的弥勒道场。

承恩寺、护国寺、天庆寺、朝天寺为梵净山四大皇庵，另有 48 间脚庵围绕周围，形成梵净山地区庞大的寺庙群，从而使佛教文化深入民间，得到传承和发扬。

明万历年间，明神宗获悉梵净山遭受战乱破坏后，特降诏书命已经出家为僧的国舅妙玄主持重建梵净山的金顶正殿等，并且命令贵州铜仁的地方政府大力协助。由此开启由“妙玄”住持梵净山开山祖师的鼎盛时代。

妙玄德颖禅师，俗名李颖，为明神宗国舅，李太后兄弟。因厌荣宠，而喜禅法，遂遁迹梵净山麓落发为僧，被尊为“梵净山中兴第一祖”，传承佛教临济宗杨岐派禅法。

当年赐进士及第，北京户部郎中李之彦撰《敕赐碑》谓：“天哀名之颓，而赐以钦命僧妙玄重建金顶正殿，是为万圣临銮。蒙钦命抚、按、道、府各衙门，作光允议，然而山连四府，当与国运俱隆。”

《天池院海阔禅师塔铭》说：“梵净之始，鼎于妙玄。”

梵净山老山门
The Old Mountain Gate of Fanjing Mountain

朝圣之路

弥勒道场
五条朝山古道

01
西线

思南—印江西岩寺—河缝观音岩道（已淹没）—朗溪回龙寺—巴山溪圆通寺—合水—幕龙镇江寺—永义紫薇园—张家坝大坳寺—洞德寺—地母庙—苏（舒）家坡—护国寺—钟灵寺—山王殿—拜佛台—承恩寺—蘑菇石—金顶

02
北线

思南—印江—合水镇—木黄镇—金厂河—太平寺—天庆寺—白云寺—烂茶顶—金顶—承恩寺—月镜山

03
南线

贵阳—黄平—镇远—石阡—洋溪—梵净山南麓德旺乡—坝梅寺—龙门坳—大园子村—护国寺—钟灵寺—山王殿—拜佛台—棉絮岭—剪刀峡—叫化洞—接引殿—承恩寺—蘑菇石—金顶

04
东线

铜仁锦江溯江而上—坝黄—江口—太平—云舍—黑湾河—快场水源寺—法华庵—朝天寺—鱼坳—茴香坪寺—万宝岩—承恩寺—金顶—蘑菇石—月镜山

05
东北线

重庆、湖南—沿河—松桃经寨英—乌罗—天马寺—桃花源—冷家坝—高洞、牛角洞—天庆寺—牛风包—白云寺—月镜山—烂茶顶—金顶

东线—马槽河峡谷
East line - Macao River Canyon

南线—坝梅寺
South line - Bamei Temple

西线—护国寺
West Line - Huguo Temple

北线—天庆寺
North line - Tianqing Temple

东北线—寨英金山寺
Northeast line - Zhaiyingjinshan Temple

梵净山山顶—承恩寺
Summit of Fanjing Mountain - Cheng'en Temple

清朝铜仁诗人徐訚《游梵净山》记载了康熙年间梵净山的朝山之盛：陟者必五六七三个月始可登山进香……三郡（思南、石阡、铜仁）朝偈者岁如蚁聚，即邻省西蜀、湖南也络绎不绝难解难分……朝偈者呼声震天，靡有止息，每朝山，且暮香风缥缈，散落下界里许。

清康熙五十八年（1719），思南府李光春及妻陈氏朝山十五年不间断，大受嘉奖，摩崖于金顶，以示荣耀。

云海
Sea of clouds

题梵净山

[清] 李连璧

名山崛起净无尘，
立地参天亘古今。
说法台前红日霭，
讲经石上白云横。
清江雨露千秋润，
金顶光明万象新。
人道黔南无胜景，
谁知即此是蓬瀛。

梵净山顶
Fanjing Mountain Peak

万米睡佛

从印江土家族苗族自治县西大门上山，可从旅游公路直达棉絮岭拜佛停车场，此处地势平缓，视野开阔，风光旖旎，是观赏梵净山万米睡佛的最佳位置。

梵净山的万米睡佛，头枕青山，仰卧云海，长约10千米，是目前世界上最大的天然佛像。不但眼耳鼻口肚惟妙惟肖，还深蕴无上禅机。整个画面包含了中国佛教信仰系统中的“横三世佛和竖三世佛”，即全画面释迦牟尼佛，老山像阿弥陀佛，金顶如药师佛，此为横三世，其头部因有三个头像为竖三世佛，即过去佛、现在佛、未来佛，不愧为中国佛教五大名山之一的弥勒道场，可谓鬼斧神工，夺天地之造化！

万米睡佛
Sleeping Buddha

万米睡佛
Sleeping Buddha

梵净山赐敕碑

该碑位于梵净山金顶北侧的滴水岩下，明朝圆通明殿旧址侧，海拔2270米。坐北朝南，螭首，通高2.9米，碑心高1.85米，宽1.50米，单面楷书阴刻，竖于明万历四十六年（1618），是梵净山上现存最珍贵的古碑。碑额竖刻“敕赐”二字，两边饰腾龙以拱护。文字分序文和附文两部分。序文题为《敕赐梵净山重建金顶序》，骈体文，是北京户部郎中李之彦于万历四十六年（1618）署题。语句流畅，对仗工整，对梵净山地形、地貌、风光、物产、佛教文化、寺宇兴废等方面描写皆一气贯通。碑文赞曰：“此黔中间之胜地有古佛道场，名曰梵净山者，则又天下众名岳之宗也！”赋予梵净山极高的评价。无论从文辞的华美程度，还是从对梵净山古佛道场的历史定位，此碑堪称是梵净山的山川绝唱。

赐敕碑
The Pillar of Heavenly Decree

敕赐梵净山重建金顶序

伏以四海名山，九州巨镇，十方净土，众生福田。故东岱、西华、南衡、北常，悉帝王封禅之所；而玄寺、缁庐、青鸳、白马，皆佛子接引之区。水上闻香，始辟漕溪法界；空中飞锡，因开潜麓化城。山以仙名，地关人杰。窃见梵净山壁立黔南之境，轴连楚蜀之间。仙洞灵台，咸棋布而胪列；奇峰古刹，俱凤翥而鸾翔。天心池、金沙池、九龙池、倒泻银河，无异临海之桂鹤；太子石、青阳石、金子石，高标玉笋，不让陈仓之鸣鸡。独红云金顶为最奇，宜白莲社之茂建。雪消六月千溪涨，洪溢江源；日转双峦万壑阴，崇（此处缺三字）。翻经台下，时看百鸟衔花；选佛场中，更有群龙荫树。何奈羊肠荆棘，遂会虎观丘墟。九年之璧既颓，百神之觞安寄！宁惟游人断白芒之响，抑且景物负赤诚之霞。而请曰肆今宇内提衡方岳者，佥谓两间之巨镇，所以立天地而不毁，冠古今而独隆者，无如四大名山。而不知此黔中间之胜地有古佛道场，名曰梵净山者，则又天下众名岳之宗也！

旧说者，以弥勒、释迦二祖分管世界，用金刀劈破红云金顶，于是一山分为二山。是山也者，上之穹隆接天，而三十三天不为玄渺；下之厚重住地，而九十九京不为幽蓼。虬螭结蟠，林木郁苍；剑气横天，仙梯接斗。叠经台、炼丹台，层峦耸翠；献果山、凤凰山，飞彩流丹。四时有不谢之花，缤缤然蓬莱三岛；八节有长生之景，炳炳兮阆苑瑶池。霞光万道笼金鼎，普天圣真如云集；紫辉千丈罩玉门，率土明神似雨临。至若九十九溪一溪不知之说，尤见此山之广大。宝藏兴，货财殖，囊括天地之万有以为储。且也，崇岭崔巍以示其险，默令进香鼎礼者履险如夷；巉巉岩岩以恶其势，阴使敬重三宝者率蒙善报。所谓大地乾坤，无边法界，极乐天宫乎！盖自开辟迄今，海内信奉而奔趋，不啻若云而若水；王公大人之钦谒，恒见月盛而日新。久已灵驰于两京，倾动于十三布政，劳旌于抚安，烦顾于道府，诸侯莫不期以魂交黄帝而梦接安期。古来得道成真，又莫不于斯凝神，于斯蜕颖。他若仙迹所遗，标题所载，种种灿著难以殚述。既自播乱之后，传闻四方，往来朝睹人稀，非复旧盛，倘亦佛老运数之厄使然！第此山之灵异，千载一日也。窃计世道之兴隆，佛神司命；而山岳之显爽，多自修培。幸际仁明在位，泽遍八方，恩施还定，百神是依，千载奇遇。以故天哀名山之颓，而赐以钦命妙玄重建金顶正殿，足为万圣临銮。蒙钦命，抚、按、道、府各衙门，作兴允议然。而山连四府，当与国运俱隆；玉简金书，伫见与人文并烂。山灵，谨序。

赐进（士）第北京户部郎中李之彦谨题

大明万历戊午岁仲春吉旦

太后娘娘李，太府太师常乐，太监王，国子监林，礼部尚书张，户部郎中李。

钦差巡抚贵州重门张、郭，巡按监察御史杨，钦差总镇都督邓、龙，贵州布政使谢；钦差分巡抚苗道刘、高，铜仁府知府陈、陈，推官张，思州府知府赵，石阡府知府鲁，思南府知府舒、强坐营司周。

钦差平头守备刘，印江守备赵，印江知县郑，铜仁知县丘。

应天府居士朱，同缘陈氏，男孟林，汪氏。

乡官：任、周、刘、罗、田、杨。

朗溪司任、田，提溪司杨、张，乌罗司杨，平头司田，省溪司杨。

赐进士乡官：喻、萧、徐。

举人：田、鲁、姚、杨、陈。

生员：周登，盛正阳，

九皇洞、九皇殿、三清殿、圆通殿、弥勒殿、释迦殿、通明殿。

法徒：真清、圆容、圆真、圆普，圆洪、圆显、圆贤、圆水、圆名、圆清、圆圣、圆镜、圆庭、圆惠、圆观、圆霞、圆满、圆德、圆坤、圆宗、圆善、如清、圆会、真祥、圆登、海源、明通、明然、明登、性海。

化主：圆通、海聪、圆盟、圆松、法空、圆成、明进。

信善：文理通，刘可富。

头目：杨光国、王界臣、王海云；平头把总谭，界牌把总刘，胜把总王，凯文把总田，滑石营把总吴。

诸天烛一藏，金刚尊经一藏。

各方僧道、各府官长、各司土官、各洞里老、平民人等，一切诸人，起心不善，坏吾此山，领受此愿，犯者即还。

承恩寺常住田米二石；施田：杨胜松、李胜已、李胜枝；

天庆寺；

朝天寺常住田七斗；

天林寺常住田八斗。

天池寺。

东南至平省司，东至乌罗司为界，西至提溪司为界，北至眠溪司为界。

石匠：僧真香、胡贵。

赐敕碑

The Pillar of Heavenly Decree

承恩寺
Cheng'en Temple

四大皇庵之承恩寺

承恩寺始建于明初，原名上茶殿，梵净山四大皇庵之首，明万历二十七年（1599）毁于播州（今遵义）战火。明万历四十六年（1618），敕赐为金顶正殿，由钦命僧妙玄重修，并颁给镇山印信。据《下茶殿碑》记载，相传明万历皇帝朱翊钧的母亲李太后曾修行于此，“肉身成圣，白日飞升”“因之修庙宇，满塑佛像，建立四大脚庵，凿开五方道路，敕赐镇山印号为古茶殿”。数百年间，香烟鼎盛，善男信女，“时往时来，若城市然”。清道光十二年（1832）重修。清咸丰五年（1855），红号军赵子龙部以梵净山为根据地与清军相抗，山上诸寺皆毁于战火，僧寮星散，一派凋零。清同治九年（1870）乾参和尚住持此山，四方募化，修复了回香坪、报恩寺。清光绪元年（1875），“黑地大王”刘满盘踞梵净山与清兵周旋。贵州巡抚岑毓英亲临督剿，山上寺院再度毁于战火。

清光绪六年（1880）战争平息后，为了梵净山的长治久安，岑毓英奏请朝廷，在环山要隘安设八汛，分兵驻防。其中，设置在山顶的称镇山汛，以承恩寺旧址的前院为驻军营房。在平息刘满的整个战役中，隆参和尚曾经参与了一系列的谋划工作，并亲自带领50名团勇为向导，沿山搜剿。战争平息后，隆参和尚被保奏为“五属都纲”，综理铜仁、思南、松桃二府一厅佛教事务，“特开千古未有之奇”，成为梵净山区有史以来功能最大的一位都纲。之后，为了扫除战乱阴影，抚平战争创伤，超度无所归依的亡魂，隆参和尚重新募化，创修镇国、水源、明珠等寺，修复回香坪、月镜山各庵，新开老金顶，重整新金顶、九皇洞各殿。梵净山的佛教再度辉煌，香火更加鼎盛。

承恩寺位于金顶与月镜山之间的开阔处，普度广场旁是天王殿，天王殿中间供奉天冠弥勒佛，背后是护法尊天菩萨韦驮，左右两边是四大天王，穿过天王殿后是广场，左边是鼓楼，供奉伽蓝菩萨，右边是地藏王菩萨；走上小广场后看到一座恢宏的建筑——大雄宝殿，牌匾由中国佛教协会会长传印长老手书，苍劲有力，气势非凡。

大雄宝殿中间供奉的是三世（释）佛，造型是取于明永乐年间古佛原型，大方、庄重、古朴，分别是释迦牟尼佛、药师佛、阿弥陀佛。大殿两旁是十八罗汉，栩栩如生，神态各异，该殿中间供奉着一尊从尼泊尔请回的太子佛。太子佛的来历还有个神奇的传说：佛出家之前是古印度迦毗罗卫国的太子，出生后东西南北各走七步，步步生莲花，一手指天一手指地说：“天上地下，唯我独尊，三世皆苦，吾当安知。”

2014年4月下旬，在承恩寺住持灵普大师的率领下，一行六人从北京出发，前往尼泊尔佛陀的诞生地蓝毗尼恭迎太子佛回梵净山。尼泊尔政府十分重视，派出了十二国的法师前来参加恭送太子佛的盛典。历时五天将太子佛请到了梵净山承恩寺，供奉在大雄宝殿中间，为梵净山深厚的佛教文化添上浓重的一笔。

大雄宝殿后面是一堵明朝万历年间修建的围墙，在门洞上方还保留着当年皇帝的题字“敕赐圣旨承恩寺”，是承恩寺作为梵净山四大皇庵之首的最好佐证。

承恩寺遗址大门，门额竖嵌碑一块，上书“敕赐圣旨承恩寺”
The gate of Cheng'en Temple. There is a stone setting in the doorway, with carving of "Imperial Edict Granted to Cheng'en Temple"

菩提树

耸立于承恩寺旁，整棵树呈伞形，苍劲有力，翠绿的树叶显得生机勃勃。据说这树生长极慢，十年才长 1 厘米。相传是梵净山佛教第五代传人明然如泰大和尚亲手所栽。

当年，明然如泰和尚为了专心修行，弘扬佛法，以表心志而种下这棵菩提树。这棵树历经沧桑依然挺拔，充满着生命的绿色！令人感叹生命之神奇伟大。

六祖慧能作佛偈：

菩提本无树，明镜亦非台。
本来无一物，何处惹尘埃。

菩提树
Bodhi tree

金顶旁的承恩寺
Next to Golden Peak here is Cheng'en Temple

心境

[宋]草堂清禅师

不是风幡不是心，
迢迢一路绝追寻。
白云本自无遗迹，
飞落断崖深更深。

梵净山僧人
Monk of Fanjing Mountain

梵净山僧人
Monk of Fanjing Mountain

题梵净山

启功

梵呗传三界，
潮音净六根。
众山眼底小，
南国此峰尊。

梵净山僧人
Monk of Fanjing Mountain

承恩寺新春燃灯祈福法会
New year lamp lighting Dharma Assembly Gathering in Cheng’en Temple

点满莲花灯的大雄宝殿
The main shrine hall with full of lotus lantern

悟

［唐］孟浩然

义公习禅寂，结宇依空林。
户外一峰秀，阶前众壑深。
夕阳连雨足，空翠落庭阴。
看取莲花净，应知不染心。

瀑布坐禅
Waterfall meditation

虔诚

〔唐〕寒山

吾心似秋月，
碧潭清皎洁。
列物堪比伦，
教我如何说。

上香
Place of Lighting incense

承恩古寺灵普大和尚晋院升座大典

梵净山佛法欣逢盛世，承恩寺重光天人同庆。2016 年 7 月 11 日，梵净山承恩寺隆重举行“灵普法师荣膺承恩寺方丈晋院升座暨寺院佛像开光庆典法会”。这是梵净山承恩寺自清末至今，寺院屡毁屡建后第一次举行佛门盛事，是梵净山地区佛教文化重放异彩的里程碑，它标志着古佛道场的重新崛起。本次晋院升座以及大雄宝殿佛像开光大典，必将载入梵净山悠久的佛教历史史册，流传万代。

灵普法师，1995 年于上海惟一法师处剃度出家，1998 年于辽宁营口楞严禅寺圆山老和尚座下受具足戒，1998 年常住北京广济寺。出家后持戒精严，解行并进，此次荣膺承恩寺方丈，实属龙天推出，与弥勒道场佛缘深厚，众望所归。

承恩寺原名上茶殿，建于明初，由明高僧妙玄长老开山，至今已有五百余年历史。万历皇帝的母亲李太后曾修行于此，“肉体成圣，白日飞升”。清朝时由隆参法师重修，光绪帝封为“敕赐承恩寺”，后因兵燹等年久失修。2009 年在原址上重建，上、下茶殿合二为一。灵普法师率众重修，复建道场。

当日上午 9 时，云雾笼罩的天空慢慢露出蓝天，居士与义工早已在天王殿前摆好香案、座椅，殿前站立着一众法师和仪仗队，一众观礼的嘉宾肃立两旁，众人脸上洋溢微笑，为能参加这样的佛门盛事感到荣幸。随着主礼僧人的一声佛号，升座晋院大典正式开始。依照升座仪轨，承恩寺四方佛子以及常驻僧众迎请诸山长老、大德法师至山门前参加灵普法师升座仪式。由江苏省惟一长老为新任灵普大和尚送授祖衣，贵州省佛教协会会长、贵阳弘福寺方丈心照大和尚授挂珠，山西省佛教协会副会长、五台山佛教协会会长昌善大和尚授钵，安徽省九华山佛教协会副会长果卓大和尚授锡杖，内蒙古自治区包头市观音寺义乐大和尚授拄杖，湖南省长沙洗心寺方丈悟胜大和尚授卧具，广西壮族自治区佛教协会副会长兼秘书长湛空大和尚授拂尘，中国佛教协会驻会副会长、北京广济寺方丈演觉大和尚授如意。

升座仪式如理如法，现场信众法喜充满。寺院执事代表寺两序大众手捧升座牌开道，沿途信众手持鲜花，纷纷鞠躬、合掌致敬。灵普法师于天王殿、大雄宝殿、藏经楼、法堂等依次上香说法。中国佛教协会驻会副会长、北京广济寺方丈演觉大和尚于大雄宝殿送位，中国佛教协会副会长、湖南省佛教协会会长圣辉大和尚于法堂送座。

灵普法师登法座，三秉拂尘、拈香说法，现场诸山大德及四方佛子齐诵经文，祈愿风调雨顺，国泰民安，世界和平。这时一条彩虹横跨天际，带来了佛祖的祝福，升座法会在一片祥和的气氛中圆满完成。

佛泽
Buddha's grace

灵普法师升座大典
The enthronement ceremony of Master Lingpu

灵普法师升座大典

The enthronement ceremony of Master Lingpu

升座大典来宾合影
Group photo of guests at enthronement ceremony

灵普法师升座大典
The enthronement ceremony of Master Lingpu

灵普法师迎接莅临升座大典的众位高僧大德

Master Lingpu welcomes all the eminent monks to the enthronement ceremony

四大皇庵之护国寺

护国禅寺位于梵净山西北麓，距金顶 11 千米，是西面上山的必经之寺，历史上又称天池院、天池堂。寺院占地约 45 333 平方米，始建时间不详。明万历四十六年（1618）敕赐为皇庵，成为梵净山四大皇庵之一，有明然如泰等高僧住锡，承传临济宗法系。康熙年间，有海阔慧惺等禅师住锡，香火甚旺。同治三年（1864），天池院毁于兵火。同治十二年（1873）重修，更名天池堂。光绪元年至六年（1875—1880），刘满盘踞梵净山，号称黑地大王。贵州巡抚岑毓英自统兵征剿，天池堂再度毁于兵火。战争平息后岑毓英认为贵州“边要则莫如梵净山”，于是奏请朝廷，“移松桃协都司以下八汛镇守梵净山环山要隘”，以保障梵净山区的长治久安。其中，都司营署移驻天池堂旧址左侧，名曰“梵净山护国汛”。在很长一段时间里，护国汛成为梵净山真正的镇山衙门，建有营房 50 余间，右侧建有练兵场、跑马场等。护国汛的建立为光绪年间梵净山佛教的再度振兴发挥了极其关键的作用。此后，在护国营署长官吴月楼等的支持下重建寺宇，并更名为护国寺。

护国寺位于海拔 1400 米处，地势高旷，视野开阔，坐南朝北，背靠象鼻山，东西两侧为大小狮子岩，有“象鼻烘托”“双狮拜象”之状。寺宇建筑规模宏伟，规制完整，布局考究，有大堂正殿三重，客房数百间。雕梁画栋，工艺精湛，寺内外古树幽深，朝夕钟声悠扬。寺后有两股清泉，纡绕于寺侧，甚为清冽。护国寺署官兵和寺僧经常组织梵净山诗会及有关法会活动，骚人墨客，善男信女，熙来攘往，热闹非凡。

寺内题咏及楹联颇多，有《梵净山诗会集韵》等传世。保存有“黔山第一”“明正宽和”“黔山领袖”三块匾额和一副长联。三匾分别悬挂于护国寺山门和护国营署，笔画凝重，布白出神，实为梵净山重要墨宝。其中，“黔山第一”匾额系清末著名书法家严寅亮所书，高 1.55 米，宽 4.15 米，厚 0.45 米，每字约 0.31 平方米，已收入《中国名匾》中，现珍藏于印江民族陈列馆。

1985—1990 年，当地信众集资在原址复木结构庙宇 3 间。1992 年，贵州省佛教协会资助修建木房 6 间。1998 年夏，辽宁高僧释佛友率弟子慕名前来梵净山，发愿修复护国寺。2002 年 10 月，大雄宝殿落成；2003 年，护国禅寺落成。全寺建筑占地 16 950 平方米，其中大雄宝殿占地 1271 平方米，东西厢房各 36 间，有山门、天王殿、放生池等。殿内佛像庄严，金幡宝幢等一应俱全。供有佛像 44 尊，其中玉佛 6 尊，并有文物陈列室、书法陈列室、藏经室等。94 岁高龄的书法家魏宇平为护国寺题写了“护国禅寺”匾额。2004 年 9 月 23 日，铜仁地区佛教协会在护国寺举办了“中国梵净山佛教文化研讨会暨大雄宝殿佛像开光大典”。中国佛教协会和贵州省佛教协会的 100 多位大德高僧、专家学者齐聚梵净山，研讨梵净山的佛教文化。中国佛教协会相关领导亲临护国寺给大雄宝殿佛像开光，并在开幕式上说：“梵净山是全国著名的弥勒菩萨道场，是与山西五台山文殊菩萨道场，四川峨眉山普贤菩萨道场，安徽九华山地藏菩萨道场，浙江普陀山观音菩萨道场齐名的中国佛教名山。”2006 年 9 月 18 日，在全国政治协商会议全国委员会的组织下，中国佛教协会原副会长圣辉大和尚以及其他领导和专家学者到梵净山考察。圣辉大和尚在护国寺为僧众居士升坛开示，并祝梵净山佛光普照，香火兴隆。

护国寺
Huguo Temple

护国寺正门
The main gate of Huguo Temple

护国寺外观
The appearance of Huguo Temple

钟楼
Bell Tower

藏经阁
Sutra depositary

华严阁
Huayan Hall

心灵净土

Pure land of heart

过客

〔唐〕朱放

岁月人间促，
烟霞此地多。
殷勤竹林寺，
能得几回过。

护国寺
Huguo Temple

护国寺水陆大法会

水陆法会，全称“法界圣凡水陆普度大斋胜会”，简称为“水陆会”，又称为“水陆道场”“悲济会”，是汉传佛教的一种修持法，也是汉传佛教中最盛大且最隆重的法会。

水陆法会起源于南北朝时的梁武帝，经唐朝密教的充实发展，经宋、元、明朝成熟定型，流传至今，并得以继续发展。

水陆法会以上供十方诸佛、圣贤，无遮普施斋食为基础，救拔诸六道众生，并广设坛场，使与会众生得以其因缘与根器，至各坛听经闻法。在法会中所供养、救度的众生，范围广泛，集合了消灾、普度、上供、下施诸多不可思议、殊胜功德。

启建一场水陆法会，需动员的人力、物力颇巨，需要七昼夜才能功德圆满。七昼夜中，唱诵经典作法超度。水陆法会乃是一堂整体的佛事，每一坛同等重要。每日分三时，至总回向坛宣读文疏，昭告十方法界，将每日所诵经典功德回向。因此，水陆是内坛、外坛紧密结合的，大众随发心共同成就此一法会，就是最大功德。

水陆法会分为内坛佛事与外坛佛事，共设七个坛场。内坛是整个法会与四圣六凡交流的枢纽，普同供养法界一切有缘含识神灵，发愿度化一切有情，普利冥阳；外坛用于接引修行各种不同法门、根基的修行者。

内坛布置：内坛正中供奉毗卢遮那佛、释迦牟尼佛、阿弥陀佛三像；下置供桌，罗列香花、灯烛、果品供物。供桌前置四张长方台，台上放铜磬、斗鼓、铙钹、手铃及仪轨，分别为主法、正表、副表、斋主四人所用。内坛分隔成三间，为“地方界”“方隅界”“虚空界”，明确规划出坛场用地。内坛两侧分别悬挂上堂、下堂各十幅水陆画像（此乃《水陆仪轨》在旧制基础上增订而成）。上堂十幅为：十方常住一切诸佛、十方常住一切尊法、十方常住一切诸菩萨僧等；下堂十幅为：十方法界、四空四禅、六欲天、天曹圣众、五岳四渎福德诸神等。上堂画像下方列插牌竿，详细记录每位圣凡的名称。牌上画有宝盖，下面画莲花，中间用黄纸连接；下堂则用红纸，以示区别。

外坛布置：外坛依行持分设六个坛场。其分别为：大坛、法华坛、净土坛、诸经坛、楞严坛、华严坛。

2016 年 4 月护国寺水陆大法会暨释法皈大和尚圆寂周年祭奠
In April 2016, the dharma assembly of Huguo Temple and the anniversary of Shi Fagui monk’s death

2016 年 4 月护国寺水陆大法会暨释法皈大和尚圆寂周年祭奠

In April 2016, the dharma assembly of Huguo Temple and the anniversary of Shi Fagui monk's death

护国寺百岁老方丈释佛友
Shi Foyou,100-year-old Buddhist abbot in Huguo Temple

2016 年 5 月 2 日，梵净山棉絮岭拜佛台自明清以来第一次近百名高僧大德朝拜万米睡佛

On May 2, 2016, for the first time since the Ming and Qing dynasties, nearly a hundred eminent monks worship the Sleeping Buddha at the Mianxu Mountain of Fanjing Mountain

朝拜万米睡佛
Ten-thousand-meter long sleeping buddha worship

四大皇庵之天庆寺

天庆寺位于印江土家族苗族自治县木黄镇金星村，又名天庆堂、天庆寺院，距金顶 12.5 千米，是北上梵净山朝山的必经之寺。始建于唐贞观年间，为歌颂盛唐德泽，取“普天同庆”之意。相传初建在金花溪畔，规模不大，开山祖师自号“一钵和尚”，在木黄一带宣扬佛教。一钵和尚一边宣传佛法，一边治病救人。他进山采药时发现九台山上风景优美，是块宝地，于是在九台山腰选址建寺，原金花溪畔的寺庙保留为脚庵。天庆寺迁建九台山后，香火日益旺盛，于明万历四十六年（1618）被敕封为皇庵，成为梵净山四大皇庵之一。

明末清初，更名为天庆堂，大方和尚住持其间。清朝顺治年间，一翰林学士到天庆堂拜大方和尚为师，削发为僧，法名深持，成为“天庆堂传临济正宗第三十五世”。清康熙元年（1662），思南总兵官王平捐银 360 两给深持和尚买置山场，扩建寺宇。扩建后的寺宇，规制完整，布局宏伟，共有九重殿堂，蔚为壮观。其中，大佛殿长 7 间，其余八重均为长 5 间，共有大小殿堂僧房 45 间。山门有联曰：“云海深藏僧寺立，梵音广播法源清。”山脚原有牌楼式山门，联曰：“於照于天，仗兹佛力宏深，普度群民离苦海；欢然有庆，愿汝灵根不昧，大家一道上慈航。”清康熙二年（1663），深持和尚将天庆寺西侧相传九皇娘娘住过的茅庵拆除，改建为九皇观，共分三进，第一进供皇太子，二进殿供李国舅，三进殿供九皇娘娘。

清乾隆七年（1742），楚人涌进天庆寺山场内滥采金矿，庙宇佛事深受其害，寺内僧众联名上表。清乾隆十年（1745）十月十五日，住持僧圆昌和尚在当时各级地方政府官员的支持下，共同重新勘定天庆寺山场四至界线，重申天庆寺是明万历四十六年（1618）敕封的皇庵，不许楚人在界内开挖金矿，以免伤庙祀，并竖立大界碑一通和小界碑六通。清咸丰、同治年间，红号军事起，梵净山区域战乱频繁，天庆寺的大部分建筑毁于兵火，天庆寺开始走向衰落。清光绪元年至

天庆寺界碑
Boundary monument of Tianqing Temple

深持和尚墓塔
Shenchi monk’s tomb tower

推磨和尚墓
Tuimo monk’s tomb

六年（1875—1880），梵净山烽烟再起，天庆寺再度被毁，寺院经济入不敷出，寺僧卖田卖地，江河日下。直至新中国成立前夕，天庆寺仅存正殿 3 间，往日辉煌的殿宇大部分已成废墟。20 世纪 50 年代，仅存的 3 间正殿也被拆毁，代之以简陋的七柱六瓜木房延续香火。20 世纪 60 年代，又将七柱六瓜木房拆毁，匾额碑序等毁之殆尽。20 世纪 60 年代，僧万容（俗名田青容）到天庆寺青灯伴佛，试图清理这片废墟，不久，被赶下山。直到 20 世纪六七十年代中后期，僧万容再上天庆寺，重新清理颓废的寺院，续其香火。20 世纪 80 年代初，僧古清（俗名田彩云）到天庆寺继承僧万容的衣钵，四方募化，惨淡经营，在原大雄宝殿旧址修建木房 5 间（即现在的寺庙）。

天庆寺位于海拔 1400 米处，背靠九台坡，面向金花溪，峰峦起伏，风光旖旎。最兴盛的时期，是深持和尚住持的时期，宰官护法，高僧云集，寺庙经济极其繁荣，山林土地数万亩，庄农佃户数十家，尤其以盛产豆子出名，世有“天庆寺的豆子”的美称。

俯瞰天庆寺
Plan view of Tianqing Temple

天庆寺传说

天庆寺位列梵净山四大皇庵之一，自然有着不一样的传奇色彩和独特的文化内涵。古时候，要在深山中修建一座宏伟的寺庙，几乎是不可能完成的任务，但天庆寺方丈深持大师做到了。作为大方和尚的衣钵传人，临济正宗第三十五世传人，深持大师的能力让他蒙上了一层神秘的色彩，在梵净山地区至今还代代传说他当年运用神通，指挥韦陀及天兵神将帮助修建佛殿的故事。因为韦陀菩萨出力最多，深持大师便礼敬他座位，这就是天庆寺一反常规，让韦陀菩萨一人可以独坐的来源。

在天庆寺的左边有一水洞，洞中泉水不断，水质甘洌清甜，洞小而狭窄，人身不能入。当地的老人回忆据说当年深持大师请众神修建天庆寺时就是通过这一水洞从山外运送材料，后人把水洞称为“来木泉”。

来木泉
Laimu spring

后来寺里用此泉水配上寺庙附近村庄产出的黄豆酿造的豆腐十分鲜嫩可口、色泽金黄，俗称“金豆腐”。朝山的信众都以能吃到天庆寺的金豆腐为口福。出产的豆子被称为“天庆寺的豆子”，名声远播，与“坝梅寺的谷子”“朝天寺的银子”“水源寺的女子”，合称为梵净山的四大特产。

深持大师圆寂后，葬于离寺庙左边约 500 米处，立有五层佛塔一座，碑文三块。20 世纪六七十年代，墓葬、铭塔被红卫兵全部炸毁。据当时亲历者传述，当墓、塔炸飞时，墓穴内有红、白二蛇现身，瞬时化为青烟一缕，飞天而去，疑为深持大师守墓神灵。

从寺庙后上山约 1 千米处就是大方和尚的墓地，墓上立五层佛塔一座，显得庄重、肃穆。大方和尚是深持和尚的师傅，他们师徒二人都是在佛教文化里修为极高之人，深受梵净山一带信众的拥戴，故他们圆寂后，都以五级佛塔立于墓上。佛教里以七级佛塔为最高级别，佛塔也称为“浮屠”，故佛教有“救人一命，胜造七级浮屠”之说，这在梵净山众多的和尚墓地中十分罕见，也是梵净山地区唯一发现及尚存的佛塔，是梵净山佛教发展与兴衰的重要证物。而在大方和尚墓不远处，葬的是“临济正宗第三十八世”传人虚堂和尚，由于虚堂和尚以推磨为修行方式（六祖慧能以舂碓为修行方式），持续了数十年，在广大僧众中颇有影响力，获得了“推磨和尚”的美名，这或许与天庆寺的石磨豆腐有关联。其墓碑被后人做成石磨形状，是为了让后人容易辨认和纪念之用。当我们站在大方和尚墓与虚堂和尚墓祭拜之时，一直被大雾笼罩的天空突然透开，从云层中射出一束阳光照在墓地上，甚为神奇，令人惊讶，仿佛两位高僧地下有灵，我们慨叹灵山之神奇。

大方和尚墓塔
Dafang monk's tomb tower

天庆寺厢房重建

对天庆寺来说，2016年10月24日是个特殊的日子。寺庙自清咸丰、同治、光绪年间数次毁于兵灾，一直未能重建，距今已有160余年。自现任住持释学亮入驻天庆寺，住持天庆寺的短短几年之间，恢复香火，持戒精进，广开佛缘，大力四方募化，苦心经营，渐渐起色；2015年政府修通了通往天庆寺的乡村旅游公路，大大方便了游客、香客前来天庆寺旅游、朝山、休闲。

今天，是天庆寺重建的重要日子，可载入史册且具有里程碑式的意义。在天庆寺原大殿的左边修建木结构的厢房，上下共两层，用于接待香客和法师。凌晨五点左右，前来帮忙的法师和居士已经起来准备第一场法会。天还没亮，四周一片漆黑，大家穿戴整齐集中到大殿中举行祈福法会，祈愿天庆寺重建顺利，香火旺盛。法会在一片诵经声中持续近40分钟才告一段落。这时候天已经开始亮起来，从寺前远眺，山脚下一片云海，蔚为壮观，像是来庆祝厢房重建成功。八九点钟，从山下附近的村子赶来帮忙的村民陆陆续续来到天庆寺，还有印江县城赶来的信众近700人，一时间，天庆寺显得热闹非凡，人声沸腾。上午十点整，木匠祭拜祖师鲁班后，立厢房正式开始。在木匠的指挥下，众人抬木料、拉杆、抡木锤、拿木锯，各司其职，齐心合力，先立中间的柱子，再立两边的柱子。这时候，天也露出了蓝天白云，为大伙加油。随着一声声呐喊，众人紧张而有条不紊地施工，厢房的骨架一步步呈现在众人眼前。下午两点左右，整个厢房的架子已经完全立好了。厢房建造采用了中国传统工艺，不用一颗铁钉，利用一榫一卯之间、一转一折之际，让每根柱子与柱子之间、梁与梁之间都用楔钉榫吻合连接，天衣无缝，充分体现传统木工工艺高超的技术，令人叹为观止。榫卯工艺堪称能与京剧媲美的中国国粹，用此工艺建造的建筑不仅外形精致唯美，而且遵循力学原理，实用性极强，不易锈蚀又方便拆卸。榫卯工艺是充满中国古人大智慧的一种非物质文化遗产，体现了一阴一阳、一盈一亏、互补共生、缺一不可的特点。当今天庆寺住持释学亮采用传统工艺重建寺院，让其重塑古风、重振寺威，可不谓不用心良苦，此心日月可鉴，实属功德无量、慈心大愿。如此诚然，则梵净山净土重振佛教文化指日可待。

天庆寺厢房重建现场
Reconstruction Site of side rooms in Tianqing Temple

天庆寺僧众与前来帮忙的民众
Mor ks in Tianqing Temple with the masses coming to help

施工现场
Construction site

开工前举行祈福法会
Dharma Assembly before the construction start

俯瞰施工现场
Overlook place of construction

四大皇庵之朝天寺

朝天寺是梵净山四大皇庵之一，位于梵净山东南麓三角庄山顶的一块平地（海拔 1680 米）上。从承恩寺远眺三角庄山顶，其外形极像佛祖的莲花宝座，一片片花瓣清晰可辨，不愧为佛家圣地。该寺始建于明永乐年间，当时有三座四合院，呈三角状分布在三个小山包上，占地面积约 8000 平方米。《敕赐碑》记载：“三角庄前，一片祥光拥护，九皇洞外，几重瑞气回肠。”所指的“祥光”是因为该寺坐西北向东南方，每当太阳升起时照在三角庄，与升起的云雾互相辉映，形成奇特的祥光，如梦如幻。

朝天寺原有山林上万亩，田产 200 余亩，曾是梵净山古刹中最富裕的寺庙之一，有“朝天寺的银子”的美称。

为了完整地记录、拍摄梵净山著名的四大皇庵、四十八脚庵，我一直计划徒步到三角庄去考察、拍摄记录朝天寺，无奈机缘未到，留下一丝遗憾与不甘。

2019 年 4 月 8 日，我夫妻二人与铜仁户外探险专家、好友杨会敏先生（曾多年多次进入梵净山腹地科考探险）、铜仁学者赵幼立先生（今年已 65 岁，曾多年多次对梵净山的佛教文化进行挖掘、整理）相约铜仁，一起商讨徒步考察三角庄朝天寺事宜，在大家分析下，决定第二天上山进行考察。

4 月 9 日，我们一行四人，带着简单的装备从鱼坳开始爬山到 1000 步的小亭子，站在亭子中间，往左是上金顶的万步云梯，往右是三角庄。稍做休息后我们开始朝三角庄方向进发，走进密林，发现与我想象中的朝山古道完全不一样。由于近百年来极少有香客从该线朝山，原有古道已找不到任何痕迹。我们在杨会敏先生的带领下，沿着山脊一路翻山越岭，披荆斩棘，途中偶尔会看到三五米长的古道台阶，之后再无形迹可寻，还好杨会敏先生的野外生存经验十分丰富，一路带领我们翻山越岭。忍受着山蚂蟥的疯狂叮咬，艰难前行。途中攀行了 6 个小时，赵幼立先生已经体力不支，我们也累得够呛，互相鼓励一下，继续前行，攀行了 8 个小时左右，终于在太阳落山前找到了朝天寺遗址。大家松了一口气，因为爬了六七个小时山坡，还没看到朝天寺遗址，心里都没底了，虽然史料记载有这么一座寺庙，但还没有人去实地考察拍摄过。

拍摄完朝天寺遗址，天色渐黑，来不及仔细观察，急匆匆从遗址前面找下山的路。山上手机信号不好，而且我们都没来过，没带过夜的装备，只穿了单衣，大家心里一急，马上开始往山下撤。没走多远，天就完全黑了，在原始森林里更是伸手不见五指。我们四个人，只带了三支手电筒，水早已喝完，干粮也只剩一点，所以大家只想尽快下山。黑夜里，我们完全没有方向感，如无头苍蝇般四处乱窜，往哪走都会遇到悬崖，在山里走了两三个小时，我们始终找不到下山的路，早已筋疲力尽。突然，赵幼立先生一脚踩空，往悬崖边滚下去，千钧一发之际，刚好我太太陈雪芳在前面挡住了，两人一起撞到树才停下来，惊魂一幕，想想都后怕。为了保存体力，我们只好决定在山上露宿一夜，天亮再找路下山。好不容易找到一株大树旁的一条水沟，靠近水源，终于解决了喝水问题。大家拿起空矿泉水瓶，装满后美美地喝上一大口，此时的山泉水犹如琼浆玉液。为了抵御山间的寒冷，我们几个人背靠背挤在一起取暖，否则会被冻僵。开始下小雨了，看时间才知道已是晚上十点多，远处不时传来不知是什么动物的叫声，但我们不怕，因为有电筒照亮，野兽不敢靠近。杨会敏先生在旁边搭起一个简陋的窝棚，方便避雨，随着夜越来越深，雨越来越大，山上的温度也越来越低，单衣已经不能御寒了，只能

三角庄
Sanjiaozhuang

靠近互相利用体温取暖。由于太冷了，无法睡眠，大家强打精神，在雨中颤抖，盼望着天快点亮，从来没觉得夜晚如此漫长。

黑夜终于过去了，我们就打起精神，向着东南方向慢慢下山。完全没有路，我们慢慢横斜绕着下山，穿过无数的悬崖绝壁，茂密的箭竹林，途中也是惊险连连。经过 5 个多小时的穿越，终于碰到一条不知名的山沟，沟里布满了大小不一的石头，两边是郁郁葱葱的植被，沟旁开满各种颜色的小花，一派春光明媚。突然杨会敏先生指着沟里的一泓清水说，这里有野生娃娃鱼，果不其然，久闻梵净山的野生娃娃鱼，今日终于一睹其真面目。娃娃鱼的生长对环境、水质要求极其苛刻，梵净山的生态环境完全满足这一要求。我用水下摄影机拍下了这一珍贵场景。一直沿着水沟前行了近 3 千米，终于来到梵净山环山公路，我们四人终于安全归来，不禁庆幸万分，冥冥之中，我们又对灵山多了几分亲近与敬畏。

朝天寺是梵净山五条朝山路线中最为艰险的必经之路，古人在那个时期能够凭着一股信仰和精神，完成上金顶朝山的壮举，让人钦佩万分，也为后人留下了珍贵的文化符号。

根据现场目测，朝天寺遗址宽 40—50 米，长约 100 米，四周靠悬崖边还有残墙，遗址中间到处有散落的石桥、灰瓦、破碗片，中间横卧一棵已经枯萎的大树，估计树龄超过百年，按此推算朝天寺被毁掉的实际时间可追溯到清咸丰年间。当年的红号军和号称“黑地大王”的“八弓漏网遗苗”刘满，占据广袤的梵净山与清朝军队殊死对抗十多年后失败，给梵净山的寺庙带来毁灭性的灾难，幸得当年铜仁东山寺住持隆参和尚以先师妙云为榜样，历尽艰辛，克服重重困难募化重修，才慢慢恢复一丝古佛道场的生机。

徒步前往朝天寺遗址
Hike to ruins of Chaotian Temple

穿越途中休息
Resting on the way

朝山古道
Pilgrimage road

朝天寺遗址
Ruins of Chaotian Temple

从三角庄远眺金顶
Overlooking the Golden Summit from Sanjiaozhuang

九龙寺遗址

九龙寺遗址位于梵净山海拔 2212 米处，始建时间不详。距新金顶约 1500 米处的高山周围山地的汇水区，有大量金发藓生长，沉积物以淤积层为主。第一层为黑色腐殖土 4—5 厘米；第二层为黄色砂质黏土 5—20 厘米；第三层为灰黑色亚黏土 20—50 厘米；第四层为灰黑色黏土 50—70 厘米；第五层为黑色黏土 70—100 厘米。综合九龙寺（池）地质特点，这一带的植物以常绿阔叶树为主的常绿落叶阔叶混交林，故林下蕨类较多，水生莎草很多。主要树木有栎、青冈栎、栲、栗、山毛榉、桦、榛、桤木、鹅耳枥、漆、山矾、枫香、胡桃、枫杨、榆、冬青等。

九龙寺遗址位于凤凰山与金顶的中部，刚好是睡佛的肚脐眼处，是景色绝佳之处，遗址处有九个高山湿地池子，极为珍稀。相传因梵净山护山的九大神龙在此修炼而得名。此处森林茂密，是各种野生动物出没之处，雨季之时，九龙池蓄满水后，恰似如梦如幻的瑶池仙境，成为野生动物的天堂。明朝有僧人在此建庙，规模宏大，香火鼎盛，后毁于战火，而今只能从断墙残壁，依稀可辨当年的辉煌，令人唏嘘。

九龙寺遗址
Ruins of Jiulong Temple

天恩古寺

天恩古寺遗址位于月镜山半山腰一绝壁的平台上，遗址现仅存几壁残墙，原石碑上刻的是“果然佛国”，俗称“果然古寺”，房顶早已荒废，里面供奉的是九皇娘娘像和土地公土地婆雕像。相传梵净山神兽经常出没天恩古寺一带，人们称之为“果然兽”，又称该寺为果然寺。相传该神兽是弥勒佛座下神兽，非常机警，只闻其声，不见其影，后经动物学家确认为国家一级保护动物——黔金丝猴。

天恩古寺石碑
Pillar in Tian’en ancient temple

天恩古寺遗址
Ruins of Tian'en ancient temple

释迦殿与弥勒殿

释迦殿位于金顶山顶。上分两峰，中隔金刀峡，壁如斧削。释迦殿居左（南），弥勒殿居右（北），二殿建于明万历年间，屡毁屡建，从未间断。1982 年，文物部门组织按旧制修复。两殿建筑格局基本相同，宽 5.4 米，长 5.5 米，略呈正方形。殿前各有一照壁，殿后各有一突兀巨石。左为叠经台，右为炼丹台。由于风高气肃，屋顶皆盖铁瓦，每块重 8 千克。殿内原有明万历年间所铸释迦、弥勒铜像各一尊，由皇帝钦命云南督臣铸造。弥勒佛像于清道光二十年（1840）因战乱遗失。清咸丰二年（1852），信士彭业贤等又铸铜质弥勒、观音像各一尊。弥勒佛供于弥勒殿，观音像供于山腰观音殿。金顶两殿之间有天仙桥相连。天仙桥宽 1.86 米，长 5.41 米，凌空跨度 5 米。始建时间与两殿相同，桥石皆由僧人和信众背负攀升而来。后经多次维修，至今仍在使用，为金顶一名胜。

释迦殿门口对联：“时观雷雨生峰底，欲摘星辰在掌中。”

弥勒殿门口对联：“风景这边独好，江山如此多娇。”

释迦殿
Sakya Hall

弥勒殿
Maitreya Hall

灵山日出

Sunrise on Lingshan

叠经台与炼丹台

据明万历四十六年（1618）立于梵净山顶的《敕赐碑》碑文记载：

梵净山金顶之上分左右两座庙殿，左边为释迦殿，右边为弥勒殿，庙殿后面各一块巨石，颇为奇特。弥勒殿后面的巨石顶上较为平整，据说是弥勒佛晾晒经书之处，故被称为“叠经台”。

释迦殿后面的巨石上凹凸不平，中间有一两处隆起如石墩，相传是张三丰在万山采集朱砂炼丹之处，因此被称为“炼丹台”。

由于叠经台、炼丹台位于金顶之巅，奇异而神秘，被誉为“奇观中的奇观”，不禁让人感叹大自然的鬼斧神工。

叠经台
Resting Scrolls platform

炼丹台
Alchemy platform

观音殿

位于金顶半山腰，异常险峻，相传在清雍正六年（1728）由信士向文洲等捐资修建。在绝壁上凿一石穴与前面的凹陷处相连，形成一间约 20 平方米的悬空石屋，里面供奉黑面观音菩萨像。民间传说此处观音菩萨非常灵验，有送子观音之说，朝山者莫不顶礼膜拜。石屋外是万丈深渊，每当下午阳光从石屋外射进观音洞时，洞中熠熠生辉，神秘之极，仿佛观音菩萨亲临……

观音殿
The Avalok_tesvara Buddhisatra Hall

金刀峡

位于金顶正中，中间有一像刀削一样的峡谷，仅容一人通过，两边是光滑平整的石壁。峡谷顶部有座天桥连接释迦殿和弥勒殿。相传释迦佛和弥勒佛都看中了金顶这块修炼宝地，释迦佛、弥勒佛各占一边，形成了金顶独特的风景。

当初升的太阳把第一缕光线铺在金刀峡上，整个金刀峡都变成了金色，成了名副其实的金刀峡。

金刀峡
Golden Knife gorge

月镜山燃灯殿

在月镜山的山顶上有座小房子，那就是燃灯殿。原来是道教的三清殿，后人改为燃灯殿。殿里供奉的是燃灯古佛，即过去佛。佛家讲究因果关系，认为世间万物皆有定律，分为过去、现在、未来。凡来梵净山朝拜的香客都要到燃灯殿礼拜燃灯古佛。

燃灯殿与金顶、凤凰山遥遥相望，蔚为壮观。

在燃灯殿观日出
Sunrise at the Randeng Hall

建在月镜山绝壁上的燃灯殿
Randeng Hall, built on the cliff of Yuejing Mountain

九皇洞

九皇洞位于梵净山蘑菇石右下方（海拔高度 2250 米），始建于明万历年间，洞的面积约 20 平方米，洞顶可观日月星辰，门墙用块石砌成，现完好无损。古往今来，朝山进香的信徒，都会到此祈福礼拜。

相传万历年间，神宗皇帝尊为慈圣皇太后的生母李太后在梵净山之巅修成正果，在九皇洞升仙而去。据下茶殿碑记载“肉身成圣，白日飞升”。李太后生前笃信佛教，行善积德，为“九莲菩萨”转世人间，后人称为“九皇娘娘”。洞内有九皇娘娘的雕像，香火袅袅，显得庄严肃穆。每当太阳升起的时候，第一束金光射进九皇洞，洞中就会出现金光闪闪，神奇无比，犹如九皇娘娘显灵一样，令人心生敬仰、无不膜拜。

《敕赐碑》记载：“九皇洞外，几重瑞气回环。”

九皇洞
Nine Emperors cave

九皇洞
Nine Emperors cave

万明洞

位于月镜山半山腰，拜佛台上方80米处一个石洞内。洞内供奉的是傩公傩母雕像，和梵净山其他庙宇不一样。因梵净山一带少数民族村民自古以来都有请傩公傩母祈福消灾的习俗，后演变为现在梵净山地区的傩文化，逢年过节，人们都要跳上一两段傩舞、演几场傩戏来助兴。而今在铜仁市建有傩文化博览馆，作为非物质文化遗产传承下去……

万明洞
Infinite Light cave

明然和尚墓塔

墓塔位于梵净山金顶下海拔 2150 米处，是梵净山地区迄今为止所发现的海拔最高的一座坟墓。墓塔坐东北向西南，通高 4 米，塔基三级，呈正四边形，底边宽 3.15 米，塔身五层，短檐翘角，是五层六角攒尖顶式石塔。墓塔正面正中刻“宝藏”二字；右面题头：“皇清康熙伍拾伍年岁次丙申孟秋吉日。香林寺嗣法远悟、远空。比丘佛宝。”左面落款：“传妙玄祖第七世嗣法孙海澄”及其他十五个僧人的法号。

塔旁有碑一通，额题《脉源宗谱碑记》，碑题《梵净山护国寺明然尊宿塔铭》，竖于康熙二十八年（1689），碑高 1.7 米，宽 1.03 米，圆首素面，楷书竖向阴刻。碑文分序文和附文两个部分。碑文对明然和尚的修行特点做了简明扼要的概括：“尊宿生性朴素，多闻不务巧异，不趋势，不衔名，一味守正持中，从容自得，冷坐岩谷，煮藿餐藜。朝则枕白云于松头，夜则采明月于溪畔。相与猿俦鹤侣，不复问人间事。”这种苦行有可能是明然和尚个人的性格特点，也可能是妙玄和尚留存下来的传统修行方式。

明然和尚墓塔

Mingran Monk's tomb tower

观音台

梵净山观音台位于万宝岩上方 100 米的悬崖下，有由虔诚的信徒用汉白玉雕刻而成的一座白色的观音菩萨座像。该座像端庄、大方、慈脸。该台是登上金顶的必经之路，每逢观音菩萨殊胜日，众多的信徒都来朝拜。

该观音台用汉白玉雕刻而成，端坐在莲台上的观音菩萨法相庄严，雕像工艺精湛，匠心独运精心琢磨，栩栩如生，尤其是观音菩萨的眼睛，慈祥中透出一泓精光，仿佛能看透人心，令人敬畏，焚香膜拜。

观音台
Guanyin platform

弥勒道场牌坊

弥勒道场牌坊位于黑湾河畔，与寨沙侗寨隔河相望。整座牌坊造型磅礴，气吞山河，体现了佛门圣地的庄严肃穆。牌坊远处是绵绵巍峨的梵净山。牌坊上由中国佛教协会原名誉会长一诚长老所题“弥勒道场”四个苍劲有力的大字，彰显了梵净山作为中国佛教五大名山之一的地位。

弥勒道场牌坊
Memorial gateway at Matreya dojo

大金佛寺

大金佛寺坐落在梵净山南麓黑湾河畔的佛教文化苑内，2007年重建。整个佛教文化苑占地面积7.2万平方米，分寺庙区、僧侣居士居住区、商业服务区、莲花广场等。大金佛寺的金殿（弥勒净土兜率天宫）位于整个苑区的制高点，金瓦、金柱，四面环水，背靠山峦，面向太平河，坐落于三层汉白玉雕琢的须弥座之上，气势恢宏，神圣庄严。2010年5月落成，殿内供奉世界最大的天冠金玉弥勒佛像。金玉弥勒佛像总高5米，由佛光、金身、千叶宝莲、木雕须弥座四个部分组成，用250千克黄金和3000多颗宝石历经三载精心敬造而成。大殿内侧墙壁佛龛中供有一万尊小金佛。

2010年8月28日，“2010年中国梦·梵净山佛教文化系列活动开幕式暨梵净山大金佛寺金玉弥勒圣像开光大法会”在大金佛寺隆重举行。原国家宗教事务局副局长蒋坚永，贵州省政协原副主席陈海峰等领导；中国佛教协会副会长、广东省佛教协会会长明生法师，中国佛教协会副会长、四川省佛教协会会长永寿法师，中国佛教协会常务理事、贵州省佛教协会会长心照法师，香港佛教僧伽联合会会长绍根长老，五台山佛教协会秘书妙荣法师，五台山佛教协会副秘书长义轮法师，普陀山佛教协会副会长门肃法师，普陀山佛教协会副秘书长觉如法师，九华山佛教协会副会长果卓法师，铜仁市佛教协会会长释佛友法师等佛界人士；中国人民大学方立天教授，北京大学楼宇烈教授，中国社会科学院杨曾文教授等专家学者共同出席了梵净山佛教文化系列活动。

开光大会由中国五大佛教名山在内的18位高僧大德共同主法，由大相国寺50名僧人组成的佛乐团奏响梵音，100名僧人组成护法团及维法僧众。明生法师、永寿法师、心照法师、绍根长老等高僧大德为金玉弥勒佛像主法开光，加持大悲水，为大众普降甘霖。在场的各位高僧大德、十方信众，以及社会各界知名人士2000多位来宾共同见证了这一规模空前的佛教盛事。梵净山“古佛道场”重放异彩，金顶、金殿、金佛光耀禅林。

大金佛寺大雄宝殿
The hall of ceremonies in Grand Golden Buddhist Temple

金玉弥勒佛像——位于梵净山麓黑湾河畔的大金佛寺金殿内，其原型源于梵净山金顶的弥勒佛像，是目前世界上最大最华贵的金玉弥勒佛像。佛像总高 5 米，金玉弥勒佛善跏趺坐于木雕须弥座上，足踏白玉莲台。身后雕刻有九条龙环绕，佛光外环装饰有 108 尊小佛和飞天图案。头顶佛祖舍利塔，头戴五佛宝冠，佛冠上分别用五种不同颜色的宝石雕刻而成。面形圆润作冥想状。眉心中间镶嵌有 6 克拉的钻石。下身着裙，上身挂天衣、璎珞，衣裙及身后光环上镶有珍珠、玛瑙、珊瑚、松石等奇珍异宝；臂镯、手镯及脚链上镶嵌有红、蓝宝石及钻石。衣裙及飘带錾刻有宝相花、祥云及祥龙等图案。整座佛像造型自然优美，端正殊妙，肌体袒露较多，并表现出弹性和质感，堪称当代佛像造像的精品。

大金佛寺金殿
The golden shrine of the Grand Golden Buddhist Temple

金玉弥勒佛像
Golden Jade Maitreya budda statue

金殿内景

Inside of the golden shrine

開启未来之门

开光大典盛况

Grand occasion of consecration ceremony

开光大典
Consecration ceremony

开光大典
Consecration ceremony

大金佛寺观音诞

中国民间庆祝观音诞的日子有多个，最重要的是农历二月十九日是观音的生日，农历六月十九日是观音出家之日，农历九月十九日是观音成道之日。

观音即观世音菩萨，佛家称“大慈大悲救苦救难观世音菩萨”，是佛教中最重要的菩萨之一，其道场是浙江普陀山。因普陀山位于东南方向海边舟山群岛，被称为“南海观音”。佛教认为，一般人的耳根是向外分别声音，受外界赞叹或诽谤所动，所以生起烦恼并促成恶业，从而受轮转生死的苦报。而观察分析世间音声的虚妄不实，能不受所动，达到“如如不动”大解脱境。《楞严经》中，观世音菩萨自述了得名的原因，他说自己正是因为达到了“观世音”的修行境界，被当时的如来所赞叹并赐名“观世音”。

观世音菩萨具有平等无私的广大悲愿，当众生遇到任何困难和苦痛时，如能至诚称念观世音菩萨，就会得到菩萨的护佑。而且，观世音菩萨最能适应众生的要求，对不同的众生便现化不同的身相，说不同的法门。在佛教的众多菩萨中，观世音菩萨也最为民间所熟知和信仰。在中国的江苏、浙江、福建、广州、台湾，以及南洋华侨间，观音信仰极为普及，所谓“家家阿弥陀，户户观世音”。浙江的舟山群岛，自古以来也一直被视为观世音菩萨应化的道场。

观世音菩萨的诞期又称为“观音开库”，意为这一天观音会将福气等借出去，保佑信众子民们所要所求之事都能如愿，到了九月份诞期或年尾时，要还愿。是日，各大寺庵凡供奉有观音的，都会举行隆重的佛事活动，祈福、诵经、点莲花灯、放生等。

点燃莲花灯

The lighting of the lotus lamp

大金佛寺盂兰盆节

2016 年 8 月 16 日傍晚，梵净山脚下太平河畔的大金佛寺住持灵普大和尚率弟子七人、居士一人首次举行盂兰盆会，这是灵普大和尚入驻大金佛寺后举行第一次法会。晚上七点，夜幕降临，信众们聚集到大雄宝殿，在灵普大和尚的第一声佛号中，法会正式开始。住持大和尚向佛祖敬香、礼拜，接着，响起了庄严的诵经声、佛号及木鱼声、钟声，诵经过后，由一名法师手捧托盘、香炉领头从大雄宝殿缓缓走出，灵普大和尚殿后。蓝色的夜幕下，既神秘，又真实，一轮明月高挂夜空，旁边几颗星星若隐若现，湛蓝的天空更显静谧，偶尔传来几声蛙鸣，像是与众法师的梵唱和声。法师们在夜幕下更显神圣、肃穆，正是“佛法在世间，不离世间觉”。

法师们一路诵经，一路洒圣水，慢慢地绕寺一周，回到大雄宝殿，整个法会才宣告结束，功德圆满，充满法喜。

盂兰盆节（农历七月十五日）在于供僧，其精神在于孝亲报恩，这天是众僧经过三个月的结夏安居，前来见佛陀报告修行成绩的日子。佛陀听了弟子们修行有进步，生欢喜心，所以也叫“佛欢喜日”。若在佛欢喜日供僧（即供食品、衣布、药品等），可仗众僧神威之力而得无量功德。

传说佛的一位弟子——“神通第一”的目犍连尊者，也在这天设盂兰盆供，供养十万僧众，回向给其已往生的母亲。

这其中还有一段感人肺腑的故事，即男女老少皆知的“目连救母”。这故事传进中国后，在南北朝梁武帝的提倡下，盂兰盆会盛极一时，流传至今。

绕寺一周
Make the round of the temple

点燃莲花灯

The lighting of the lotus lamp

在历史中的盂兰盆会，佛陀时代，印度就经常兴办盂兰盆会。据《大盆净土经》载：印度频婆娑罗王、须达长者和末莉夫人等皆曾依《佛说盂兰盆经》，造五百金盆供养佛及众僧，以灭除七世父母的罪业。而在中国，《佛说盂兰盆经》在西晋时由竺法护译出后，因强调藉由供养十方自恣僧，以报答双亲养育之恩，乃至度脱七世父母的思想，与中国崇尚孝道的伦理传统相符，因此得到中国历代帝王的提倡而盛行不衰。

佛教翻译“盂兰”为“解倒悬”，是极苦的意思。这是一种比喻，即人死后堕落于三恶道中，如饿鬼道中的众生，腹大如鼓，喉细如针，饥饿难堪，如被倒悬着一样，极为痛苦。“盆”是盛载食物的容器，就是说用这盆器盛着各种珍贵美食，恭敬奉献佛僧，承仗三宝不可思议福田之力以解救其“倒悬”之痛苦，故称为“盂兰盆会”，即为解救先亡倒悬之苦，而盛设种种供养，奉施三宝之法会。

《佛说盂兰盆经》又称《盂兰经》，属方等部经典，收于《大正新修大藏经》第 16 册。内容记述佛陀之弟子目连，因不忍其母堕饿鬼道受倒悬之苦，乃问法于佛，佛示之于七月十五日众僧自恣日，用百味饭食五果等供养十方佛僧，即可令其母脱离苦难。依本经之说所行之“盂兰盆会”，已普遍流行于我国民间，而有益于民间之孝行。宗密之《盂兰盆经疏》，即强调本经特具孝子报恩之思想，与中国传统“孝”文化吻合。

绕寺一周
Walk a lap around the temple

灵普法师向佛祖敬香、礼拜

Master Lingpu offers incense and worshiping buddha

龙泉寺

龙泉寺以前称观音阁，因阁楼堂中有一清泉而得名。位于梵净山南麓黑湾河畔，始建时间不详。1991年重建，仍称观音阁。2001年再次重建，更名为龙泉寺。该寺位于山谷溪畔，殿宇建筑只能依山就势，顺河排列，有大雄宝殿、圣水观音殿、禅房、藏经楼、钟鼓楼、僧寮房等。

在龙泉寺广场的中间修建有一座露天巨大的弥勒佛座像，高20多米。弥勒佛像笑容可掬，满面红光，露出大肚皮，左手拿着一串念珠，右手放在右腿的膝盖上，一副悠闲的样子，全身金光灿灿、闪闪发光。莲花座下上写“龙泉禅寺”四个大字，龙飞凤舞，苍劲有力，十分讨人欢喜，像是欢迎着来梵净山的游客。

寺庙的前面是黑湾河支流，从九龙壁一带的山泉慢慢汇聚到龙泉寺前小溪，然后流向黑湾河。小溪里的水清澈见底，可看见小鱼在水中游来游去，逍遥自在。溪水中间筑起一座坝子，坝上修建了一个巨大的龙头，恰与寺名相呼应。清亮的泉水缓缓从坝上淌下，汇成涓涓细流，奔向远处的黑湾河。

小溪两岸古木参天，郁郁葱葱，深邃幽静，宛如世外桃源，不时，悠扬的钟声从寺中传出……诗云：“不知龙泉寺，数星入云峰。古木无人径，深山何处钟。”

龙泉寺因梵净山而得名，因梵净山而充满灵气。正如古人云：“山不在高，有仙则名，水不在深，有龙则灵。”

龙泉寺
Longquan Temple

龙泉寺
Longquan Temple

四十八脚庵之坝梅寺

坝梅寺，又名承恩堂、承恩寺，位于江口县德旺乡境内的坝梅坡，是梵净山四十八脚庵之一，始建时间不详，重建于清康熙四十九年（1710）。明万历二十八年（1600），贵州巡抚郭子章平定“播州之乱”时，战火蔓延到梵净山地区。坝梅寺毁于兵火。明万历四十六年（1618），神宗皇帝朱翊钧之母李太后倡修梵净山诸寺，坝梅寺被敕封为梵净山四大皇庵之一。明崇祯十年（1637），寺僧杨首宜用银买坝梅山地，将坝梅寺扩建成梵净山区建筑规模最大的寺庙之一。寺院主体建筑占地面积6667平方米，有正殿7间，僧寮房数10间，四周围墙分内墙、外墙两层，有常住僧50余人。田、地、山林等寺产遍及周围15千米，田多地广，兴盛时有2000多挑稻谷（习惯上6挑1亩），有“坝梅寺的谷子”之美称。

据现居坝梅寺旧址的田景荣老人回忆：新中国成立初期，坝梅寺主体院落是1个大四合院，前排7间，右排4间，左厢3间。有大钟1口，钟口直径1.33米。1958年，学生勤工俭学寄住寺内，不慎失火，殿宇房屋化为灰烬，大钟也被两分钱一斤卖掉。现仅剩下残墙、屋基遗址和山门银杏、麻柳等古树十余株。

坝梅寺为梵净山金顶常住脚庵之一。入冬后，金顶大雪封山，香客绝迹，山上僧人除少数轮流住守外，有数月聚集在此寺，参禅讲经、著书弘法。不少高僧大德圆寂后，葬于此寺附近。据20世纪80年代中期江口县文物部门调查统计，有墓塔及遗址13座。现多数被毁，仅存坝梅寺侧月意禅师塔、密空和尚塔和印落寺严兴和尚塔，寺庙后山0.5千米处的山坡上有清道光十年（1830）临济正宗第四十世修善老和尚寿生铭塔。从残存的僧人墓塔碑文中获悉，坝梅寺主要传承临济宗破山海明一系。僧塔墓群多为历代宗脉的陵墓，记载着寺僧墓主的生平事迹以及法派、世系、文章、偈、赞、诗、词、对联等，对研究梵净山临济宗的传承有极重要的参考价值。

据当地居民田景荣回忆，1958年十月初八，一场突如其来的大火难以控制，袭击了坝梅寺，寺里的和尚来不及收拾财物、文物，仓促逃出来，眼睁睁看着寺庙毁于大火。原来的坝梅寺规模相当大，整个建筑物呈正方形，横向有七间厢房，正中央是大雄宝殿。在新中国成立初期，当地的农业中学就设在坝梅寺，每年进山摘茶的茶农、收茶的商人也会落脚于坝梅寺，人气比较旺，达到鼎盛时期。

现在坝梅寺的遗址由几户田姓人家修了房子居住，其中一住户叫田景荣，已73岁，当过兵，打过仗，属二等伤残，是县里文物保护员，保护坝梅寺遗留的文物，以便日后重建之用。

坝梅寺遗址
Ruins of Bamei Temple

国家保护树种

坝梅寺遗址
Ruins of Bamei Temple

四十八脚庵之白云寺

白云寺原名天恩寺，又名接引殿，位于梵净山东北麓松桃苗族自治县桃花源村境内，岩高坪上方，为黔金丝猴栖息核心区。坐西向东，距离县城约 60 千米，距离金顶约 10 千米。据载，该寺始建于元大德六年（1302），明洪武十九年（1386）重建，明万历四十六年（1618）敕建，清道光八年（1828）又重建。白云寺坐落于梵净山东北山脊高处（海拔 2153 米），属梵净山区内海拔仅次于金顶寺庙群的高山寺院。

白云寺虽地处高山，崎岖险峻，但地势开阔，刚好修建在两座山坳之间，避风条件较好，向来为梵净山历代住持、长老所看重，清朝慧发和尚也曾任此寺住持。因此，它是著名的净土宗道场，也是梵净山著名的四十八脚庵之一，一直是松桃方向香客朝圣的必经之路，故从古到近代香火一直不断。新中国成立初期由于国民党残余部队与土匪盘踞，导致白云寺毁于兵灾，至今尚未重建，仅存断墙残垣，依稀仍可见昔日辉煌。

从承恩寺出发，爬上蘑菇石，翻过九皇洞，在思过崖后有一条羊肠小径，两边是高山杜鹃林和其他杂木。一路翻山越岭爬过薄刀岭，在薄刀岭一带都是成片的冷杉。观察发现冷杉都长在背风处，因为冷杉的枝干容易被风吹断，所以多长在背风的山坡。经过 4 个小时的徒步，终于到达白云寺遗址。白云寺遗址旁边散落的石板、栋梁、石灶等依稀可辨。整个遗址占地约 1333 平方米，这一带围绕着白云古寺生长着一片红豆杉，甚是神奇，而且是当年东线松桃朝山的必经之处，需走两天的路程才能到达白云寺。当年白云寺香火鼎盛，香客络绎不绝，而今只剩下断墙残壁，令人唏嘘。

白云寺遗址
Ruins of Baiyun Temple

四十八脚庵之江口朝阳寺

朝阳寺位于江口县德旺乡杨柳村（曾统称德旺村）朝阳山，从杨柳村委会旁的小道上山出发到朝阳寺有 3 千米，途中要翻越三座山、两条沟才到达朝阳寺，道路狭窄崎岖难行，该寺由年过七旬的居士徐碧娥负责日常管理十余年，另有一位年近八十的居士戴芸芝（来朝阳寺 6 年）协管。每年农历二月十九、六月十九、九月十九，附近的村民和慕名而来的香客前来朝拜。

朝阳寺的首创人是浩然和尚，明末清初人，由于当年道路崎岖难行，十分不便，浩然和尚发宏愿，一定要修建朝阳寺，福荫一方百姓，为此他付出常人难以想象的艰辛，终于建成朝阳寺。目前，朝阳寺是梵净山地区保存最完好的明清寺院建筑，寺院坐东向西，有“太阳升起的地方”之意，是天气晴朗时观赏日出的好地方，朝阳寺周围古木参天，深邃寂静，十分适合修行。原寺曾于咸同年间毁于战乱，清光绪七年至十五年（1881—1889）重建，立有一通石碑为证，正殿的主梁刻有“大清光绪七年十月七日重修”，落款“梓人胡里月，龙正奎，住持僧心宫”字样，另一通刻有“帝道遐昌”四字。寺为四合院结构，正殿五间，进深 9.1 米，通面阔 19.11 米，前堂两层五间，左右厢房各两层两开间，四周有青砖封火墙围绕，对研究梵净山佛教文化、建筑历史具有极为重要的参考价值，是梵净山四十八脚庵之一，寺内还保存有“谁其嗣之”“示不长也”古碑两通和“帝别有天”“慈航普度”两块光绪年间留下的匾额。寺后侧有僧尼墓群 30 余座，记载有雍正以来临济宗三十六、三十七、三十八等世系。

古碑
Ancient stele

居士徐碧娥
Lay Buddhist Xu Bi'e

明清时期的牌匾与题字
Plaques and inscriptions during Ming and Qing Dynasties

正殿主梁
The main girder of main hall

四十八脚庵之印江太平寺

太平寺位于印江土家族苗族自治县木黄镇金厂河畔，又名太平禅院。始建于明初，是梵净山四十八脚庵之一。清初里人杨国彦改扩建，副总兵杨光谦勒石。据《锦江禅灯》和《黔南会灯录》载，临济宗三十三世著名高僧天隐道宗禅师及其嗣法弟子大凡昌宗禅师曾住锡太平禅院。清道光五年（1825），思南知府张元俊檄委朗溪长官田兴德清厘寺院财产。清道光七年（1827）添建观音堂。清道光十一年（1831）重建正殿、厢房、下殿、墙垣等。层山环拱，树木阴森，极丛林之胜。之后，又历经多次重建和维修。抗日战争时期，太平寺发展到极盛，寺内尼众一面拜佛诵经，一面从事农桑编织，好一派繁荣景象。1953 年寺内尚有比丘尼 20 人。1958 年太平寺大部分被拆毁，仅剩比丘尼 5 人。同年，正殿、耳房被拆除。1972 年，大佛殿及左右厢房被拆毁，仅存观音堂和厢房各三间。寺前有清光绪二十二年（1896）立的“永垂不朽”碑一通，记录了重建太平寺的情况。寺后有和尚墓多处，其中一处是僧宗达和僧达圆师徒的合葬墓，在梵净山僧墓中极为少见。

1985 年，慧松尼师重新住持太平寺，并当选为贵州省佛教协会副会长。1988 年在全国政协副主席、中国佛教协会会长赵朴初的支持下，重修了大雄宝殿及两厢，并成为改革开放以来境内开放最早的寺庙。现全寺占地面积 1300 平方米，建筑占地 864 平方米。大雄宝殿通面阔 15.8 米，进深 12.6 米。门上悬挂著名书法家王峙苍题书的“大雄宝殿”匾额，大殿门廊两侧有王峙苍题写的木制长联，联曰：

寺当梵净矗天层峦拥护之中殿古林深如入仙境红尘无阻世虑全消只觉太平景象；

山本思邛属地历史记载可证钟灵毓秀启人翰墨流芳百世名贤辈出频添印邑光辉。

太平寺自清道光后，多数时间为比丘尼住持。寺尼善长女红，尤工于织线毯，图案优美，绣工精细，远近闻名，有“太平寺的女子”雅称。

现任住持释照齐比丘尼，1980 年七月初六来到太平寺，出家前是印江土家族苗族自治县木黄镇高峰村人。

太平寺坐落于梵净山金厂河畔的山坡上，现仅存一间大雄宝殿。大雄宝殿中间供奉的是释迦牟尼佛，左右两侧是十八罗汉，后边是文殊菩萨、普贤菩萨。逢年过节时，附近的村民都会来烧香拜佛。

明清时期的朝山香客从四川的酉阳、秀山、黔江、彭水等县远道而来朝礼梵净山，皆先在此寺中进香，食宿一晚，次日黎明方出发到皇庵天庆寺，再翻山越岭直至金顶，朝礼结束返回又到太平寺中歇宿，次日下山。

太平寺
Taip ng Temple

现任住持释照齐比丘尼
Current ab bot

坐禅
Place of Meditation

大殿外柱础
Plinth outside the main hall

大殿
The main hall

四十八脚庵之天马寺

天马寺位于松桃苗族自治县乌罗镇毛溪村，原名永兴寺、永兴堂，始建于明洪武六年（1373）。明永乐十一年（1413）废除思州，思南二宣慰司建乌罗府时，境内发生骚乱，寺庙曾一度毁于兵火。明万历四十六年（1618）重修，被敕赐为皇庵，为梵净山四大皇庵之一。康熙年间，寺庙香火十分旺盛，一度成为当地和邻近府、县香客的礼佛朝圣之地。

20世纪50年代“土地改革”时，寺院土地、客房、财物被分割给附近群众村民，后来当地村民信众集资捐物重修天马寺，建成木屋佛堂三间，玉皇阁楼一座，有大小神佛83尊。

20世纪60年代末期，寺院由当地村民李团（现年近九旬）居士负责日常管理。寺院目前尚存古钵一口，铸于明万历元年（1573）；石香炉一座，制于清康熙四十五年（1706）；碑一通和残碑两通；“关云长千里走单骑”透雕花窗一幅，长70.5厘米，宽28.0厘米；僧墓两座。这些文物古迹是研究梵净山佛教历史的重要参考。

天马寺是明清、民国期间由东面上梵净山的必经之路，被称为“东西北线”朝圣之路，主要是湖南省、贵州松桃苗族自治县一带的香客从寨英古镇到罗马府、天马寺、桃花源、天庆寺上山，穿白云寺、薄刀岭、烂茶顶到老金顶，这一路上可谓是艰险重重，翻山越岭，风尘仆仆。因此天马寺成为重要的中转驿站，为上梵净山的物资、香客提供了中转之所。寺庙后面是连绵不断的竹海，附近山上古木参天，村庄错落其中，环境甚为雅致，自古便有“天马寺的竹子”美称。雪中的天马寺与寺后的竹林交相辉映，宛如一幅水墨画呈现眼前。阵阵竹涛，悠悠钟声，青灯古佛相伴，不失为一大乐事。

古碑
Ancient stele

古石墩
Ancient stone seat

天马寺遗址
Ruins of Tianma Temple

古钟
Ancient bell

寺内供奉各种造像
Statues in the temple

天马寺遗址
Ruins of Tianma Temple

四十八脚庵之印江钟灵寺

印江钟灵寺，始建于明永乐十六年（1418），是梵净山四十八脚庵之一，位于梵净山西线山门上山约4千米处，也是江口德旺从坝梅村上山到坝梅寺后入印江山境路线的交汇点。昔日朝山时香火特盛，经由两线上山的香客均在此小憩，庙内常驻僧人，朝山期间为食客备有临时食宿。原有正殿一栋，左右厢房各一间，据说当年有一口清泉流经庙前，水质清澈甘洌，供僧人和香客饮用。现仅存遗址。

钟灵寺遗址上长满了郁郁葱葱的竹子，经过无人机观察拍摄，附近一带都没有竹林，唯独整个遗址长满了茂密的竹子，甚为神奇。我从路边的斜坡翻下去，小心翼翼地走进竹林，发现到处都是散落的石墩、石块，还有小片围墙。据当地老人回忆，钟灵寺毁于20世纪六七十年代。从遗址往前方远眺，前面有座像狮子的山头，人称“狮子山”，守护着钟灵寺。从护国寺出发，沿着羊肠小道一路攀爬，约两个小时方到达钟灵寺，香客们大多在此小憩后陆续前往拜佛台、棉絮岭、金顶……

香客们到金顶、承恩寺朝拜完后就原路返回，步行约5个小时，在下山时路过钟灵寺，休息一番然后陆续下山到护国寺……

钟灵寺风光旖旎，庙后傍山，形如龙椅围护，庙前视野开阔，怪石嶙峋。春观山花烂漫，夏赏四围翠竹丛拥，秋看满山红叶斑斓，冬如翠玉遍地晶莹剔透。

钟灵寺遗址上散落的石墩、石块
Stone seats at the ruins of the Zhongling Temple

狮子山
Lion Mountain

钟灵寺遗址俯瞰

Overlook of the ruins of Zhongling Temple

四十八脚庵之印江洞德寺

洞德寺位于印江土家族苗族自治县永义乡张家坝村月亮坝，距护国寺 4 千米。始建于明宣德二年（1427），重建于清中期。原寺中轴线有正殿、厢房、后殿、天井、僧房等建筑，系砖、木、石结构古建筑，规模宏大，布局合理。自梵净山开辟为弥勒道场以来，洞德寺就是西上梵净山必经之处，是梵净山四十八脚庵之一，游客及朝山拜佛者多在此进香和住宿。咸同以来，多次烧毁和重建。1956 年，殿宇拆毁。20 世纪 80 年代初，居士在原址修建木房一间。90 年代公路修通后，人们便不再通过洞德寺上梵净山。现洞德寺仅存基址，遗址内仍残存大量石碑残块和基础石料。

传说原洞德寺旁有户人家，与寺中和尚往来甚密，互相帮助，房主为当地的阴阳先生，经常外出。寺中老和尚去世后托梦给阴阳先生，问他想要什么，他说想要田土，老和尚就让他天黑时趁月色一直往前走，走多远你的田土就有多宽。于是在一个有月色的夜晚，阴阳先生从家中往前走，当他停下来之后，他的周围围成了一个坝子，全是田土，从此人们便将这个地方称为月亮坝。

洞德寺残留的石碑和石料
Remaining stones and aggregated rocks at Dongde Temple

洞德寺遗址
The ruins of Dongde Temple

四十八脚庵之江口香山寺

香山寺位于江口县城，始建年代不详，重建于清道光二十二年（1842）。正殿分前、后两进，两边有厢房多栋数十间，占地面积约 11 000 平方米，是个寺庙建筑群。第一进为大佛殿，连三间大木房，面阔 15.3 米，每间 5.1 米，进深 13 米。中堂两列为五柱十一瓜借瓜冲顶，两山两列为八柱八瓜。中央殿堂主要供奉释迦佛、弥勒佛、观音菩萨像，殿堂两边是四大天王、八大金刚、护法神将，是僧尼从事佛事法会的场所；第二进和两厢房为禅房，是僧尼平时读经和生活的地方。整个香山寺以 6 米多高的封火砖围墙围绕，形成一个大院落，围墙的左右两侧开有便门。围墙的背后曾建有五层砖塔，是一位杨姓住持僧的骨灰塔，被毁于新中国成立初期。香山寺门前的洼地是一片约 6667 平方米的良田，多数皆属庙产。现已没有和尚驻持，后改为老年活动中心，是梵净山四十八脚庵之一。

香山寺遗址
Ruins of Xiangshan Temple

四十八脚庵之松桃朝阳寺

朝阳寺位于松桃苗族自治县大路乡田坝村半山腰处，是梵净山四十八脚庵之一，也是梵净山朝山古道——东西北线的必经之处。尚存石碑一通，上刻“光绪三十三年二月十九日”，碑顶上刻“日月同休”。石门石墙一堵，大殿一间，厢房两间，原大门厢房一间，顶梁上书：“朝阳寺住持僧尶常海首人戴人纯，三门清静佛法常造修，皇上宣统元年圣月初七日未时，木口李代全立监，佛曰增辉法”。天井中间竖立一座万人碑，碑记写于1998年，上刻捐款居士名字，于1998年6月19日重修落成。老庙毁于20世纪六七十年代。

由居士张应斌（70多岁）、李昌兰（70多岁）、杨勤英（70多岁）三人从1998年开始负责该寺的日常管理工作，距今已20年。香火最旺盛的时间是农历的二月十九日、六月十九日、九月十九日。香客最多时达五六百人，来自附近乡镇及乌罗、冷水、孟溪、大坝、松桃的香客居多。

寺旁有个天然溶洞——白马洞，洞中可通往后山原始森林和外面村庄。洞中有洞，走在洞中可听到地下河的流水声。洞中还有个饮水池，水池旁布满马蹄印与仙人脚印，传说是神马与仙人留下来的。

白马洞还有个神奇的传说：传说有匹神马跑到重庆的酉阳去吃稻谷，导致当地的稻田连续五年无谷可收。村民只看到马蹄印，却没看到马，后来村民请来先生作法，才知是匹神马出没，难以发现其踪迹。先生吩咐村民在稻田的周围撒上石灰，只要神马出现在稻田旁，人们就可以顺着石灰上留下的马蹄印追踪，一直到松桃苗族自治县大路乡田坝村朝阳寺的白马洞口，神马脚印突然消失，于是人们打起火把走进洞中寻找，看到神马和仙人硕大的脚印。后来人们请来先生开坛作法，方知是神马的休息之处，之后请高人在洞口写上“白马洞”三个大字，并作法封住洞口，不让神马出来捣毁农作物，并在洞口旁修建朝阳寺，镇住神马。后来不少僧人慕名而来，最高时达20多个僧人，一时香火旺盛。新中国成立前，朝阳寺还是当年松桃党组织进行秘密会议之处。离朝阳寺约500米的山顶有一小天池终年不干，是寺庙的饮用水源。

居士张应斌说，朝阳寺旁边200米内的松林在夏天之时，菌子生长特别多，但却有毒性，不可食用，但在200米以外其他地方生长的菌子均无毒，可食用，甚为神奇。当年该寺的大门正对着山下叫“老园子”的小村组，村里不断发生怪异之事，狗不会叫，猪、人会莫名其妙地死亡，村里请来的先生说：“寺的大门对着村里，村子承受不了如此大的佛家恩泽，大门须改开侧面方能化解。”后来，寺里把大门开到侧面之后，村里一切遂恢复正常。

据山下戴家村的《戴氏族谱》记载：朝阳寺在戴家村肖家坡山腰之古硐口后，名其硐曰“和尚”，寺曰“朝阳”。隆武二年，我天成祖施业，住防红兵营千总吴阳义捐银同建。乾隆四十年，我佐祖撤居室三间换修。清道光十五年九月二十一日，祖文藻，族祖文明，族兄大宏、大光、大让，住持僧香净、香铭，妥而大之改修上殿。清咸丰七年十月十四日，住持僧天容、香铭，复广基址，重修下殿及两厢。规模阔大，足壮观瞻旁，开古硐悬岩，与佛阁齐辉，遍展清阴，翠竹和虬松并茂。此中真别有天地，非寻常寺院比也。白马硐在朝阳寺右，俗名“和尚硐”是也。清光绪十七年冬月，明炀监工，升瀛写字，雇石工刻名颜硐。杨秉光有记刊碑其下，纯亦有跋附后。硐幽深宏广别有天地，每登临间，便觉洗去俗尘数斛。相传有白马游憩其中，或往或来，时隐时见，信为神物非偶然矣。后建寺院于前，招僧奉香火，俗以“和尚”名其硐。

丙戌夏，与和亭戴君玩此，以其硐名之弗雅也，久欲易之，商于余。因思名者实之符也，以故白龙紫燕，未闻别著其名，化鹤呼猿，亦只直存其实，宜即以“白马”名之。戴君曰“善”。于是赘数语以镌于壁，且至不朽云。戴锡之诗《朝阳寺》：

庐峰劈剑自何年，古硐横开半壁天。
佛向巉岩缺处立，灯于老树丛中然。
隐环乌兔双江水，远接松梅万岭烟。
多少眼前名利客，谁知此地即神仙。

寺庙旁的白马洞
The White Horse Cave beside the temple

寺庙内的清朝碑刻
The inscriptions of Qing Dynasty in the temple

寺庙外观
The appearance of the temple from the outside

慈悲喜捨度群倫
仙緣有份勝地同登顯佛場

朝阳寺
Chaoyang Temple

四十八脚庵之江口观音寺

观音寺位于江口县德旺乡交界河村瓦寨组观音山的半山坡上，当地村民称为“观音寺”，是梵净山四十八脚庵之一。目前完整保存着一间大殿两间厢房，这是在继江口朝阳寺之外，保护完整的第二间清朝建筑风格寺庙，庙里还保留着两块残碑，其中一块上刻“大清乾隆三十八年重修”，另一块残碑上刻“大清光绪七年重修”。从两块碑文上的文字说明看，观音寺在清朝时期曾重修两次，碑文上记载有僧人驻锡——“住持僧性朝，徒道全，徒孙戒福立”字样，据居士杨文芬回忆（74岁，从49岁开始管理观音寺），上一辈老人说，当时观音寺规模较大，大殿前有口很大的天井，左边有棵1000多年的古银杏，可惜在20世纪六七十年代被毁。由于碑文只记载重修的事迹，始建年份不详，但推断起来，该寺可能建于明末清初，香客多为附近村民，旺季是每年的农历二月十二日、六月十九日、九月十九日，还有初一、十五这两天。

观音寺
Guanyin Temple

寺庙内腐朽的木质墙柱
Rotting wooden wall pillars in the temple

寺庙残碑
Remnant stones at the temple

四十八脚庵之江口水源寺

水源寺位于梵净山东麓太平乡快场村村口右边的小溪旁，是梵净山四十八脚庵之一。寺庙修建在小溪旁的田坝与山边半坡，寺后有片青翠的楠竹林与古树，环境优雅，树木郁葱，森林植被极好，是坐禅修行的好地方。

咸丰年间，水源寺的建筑规模相当辉煌，有前后两进大院、厢房数十间，四周有围墙，后毁于兵灾。之后再重建，规模比原来要小得多。据八旬老人张长友回忆，水源寺于 1962 年正月毁于大火。

水源寺因坐落在黔东古道进马槽河的要道口，历史上的每年农历六月十九日前后，前来朝拜的香客络绎不绝，香火十分旺盛。梵净山古碑记载的“若城市然”就是当年看到的景象。又因原寺驻锡的都是尼姑，又有“水源寺的女子”之美誉。新中国成立后改为“快场小学”，2009 年由香港顺德联谊总会捐款重修，目前小学里还有一棵老桂花树，高约 6 米，据说是当年的住持所种，距今已有 300 多年的树龄，树下有遗留“石擂钵”，其他物件已无踪影，寺庙痕迹无处可寻，令人唏嘘，期待有缘人重修水源寺，使其重见光明，恢复香火……

水源寺门前的百年桂花树
One-hundred years Osmanthus Tree in front of Shuiyuan Temple

四十八脚庵之江口法华寺

江口法华寺位于江口县黑湾河梵净山景区大门右侧山坡上，是梵净山四十八脚庵之一，也是当年梵净山东线朝山古道的必经之处。目前，寺庙遗址上已长满了高大的楠竹，郁郁葱葱，只留下两堵老墙面和三座孤零零、长满野草的和尚坟，坟上没有墓碑，无从考证是哪代哪位高僧长眠于此，让人唏嘘不已。从寺庙遗址上俯瞰，景区大门一览无遗。

法华寺，原名大兴寺，始建于明天启二年（1622），由皇帝敕建，坐北向南，原有房屋数栋 20 余间，组成两个四合院，占地面积约 2000 平方米，规模宏大，毁于兵燹。历经清康熙、乾隆、嘉庆朝三次重修，是南线上山的主要脚庵。法华寺名称的由来，因康熙年间重修该寺时的住持是来自浙江天台山天台宗（也称法华宗，中国佛教宗派之一。因创始人智常住浙江台州的天台山而得名。其教义主要依据《妙法莲华经》，故亦也称法华宗）的和尚。

法华寺兴盛时曾有山林数千亩，田上百亩。嘉庆年间房屋再度被毁，庵产被寨沙一夏姓大户人家出资购买，夏姓大户在现在的路边重修一栋木房，从此变为夏姓私庵，请一俗姓陈的和尚及两位尼姑看庵。1951 年后僧、尼还俗，房屋撤毁，至今尚未恢复。

法华寺遗址
Ruins of Fahua Temple

四十八脚庵之回香坪寺

回香坪寺位于梵净山万步云梯中段约 4500 步的地方，是梵净山四十八脚庵之一，目前修建了一栋两层水流结构的房子，供喜欢爬山的香客、游客歇息。由于缆车的开通，大部分的游客、香客都选择乘坐缆车，免却爬山之累。回香坪寺的遗址就在茴香坪房子面前，原寺毁于 20 世纪六七十年代，而今只剩下一片废墟，长满了各种杂木，难以辨认。回香坪寺作为梵净山香客休息之用，香客从金顶下来，感恩佛祖，在回香坪寺再烧完一炷香拜佛祖，称为“回香”，又因此处叫茴香坪，茴与回同音， 故名“回香坪寺”。

回香坪寺遗址
Ruins of Huixiangping Temple

四十八脚庵之江口罗江寺

罗江寺又称罗蒋寺、永兴院，位于梵净山下江口县闵孝镇高峰村丁家坪聚圣山半山腰，坐东向西。据载该寺始建于清康熙三十三年（1694），距今已有300余年的历史。相传，罗蒋寺之名由皇帝所赐，因此前来朝拜的香客特别多，是梵净山南线朝山的重要脚庵，也是梵净山四十八脚庵之一。

我们从闵孝镇提红村“提溪土司城”右转行车七八千米，除四驱车外，只能步行，沿着一条清澈的小溪前行，走过一座小桥爬山向罗蒋寺前进，两边古木参天，松涛阵阵，不时传来鸟啼，令人心旷神怡。随行带路的村干部何宗胜告诉我们，要到罗蒋寺还得走七八千米路。走了2个小时，何宗胜说：“到了，前面就是罗蒋寺了。”这时我们已经有点累了，口干舌燥，三步两步来到老乡的房前水管用瓜瓢舀水，一口气喝了一大瓢。接着来到了罗蒋寺遗址，目前尚存现有大殿一栋，厢房两间，都是后来的居士捐款修建。年逾八旬的王洪香负责罗蒋寺日常管理已20年了。据老人家讲述，罗蒋寺香火最旺的那一天还是农历六月十九日，朝山拜佛者达三四百人之众。罗蒋寺附近还零零星星分布有25户人家，人口110多人，都是汉族。

从遗址上看，当年的罗蒋寺规模巨大，寺前的大门石阶用大青石板铺建成，残墙遗留的排水系统十分先进、讲究。寺的右边和后山是一片葱葱郁郁的楠竹林，清风徐徐，为古寺增添几分幽静雅致。竹林下有口泉水，出水量大，清凉可口，专供寺里日常饮用，足见当时人气之旺盛。据年逾八旬的杨光表（寺旁的住户）回忆，当时罗蒋寺规模巨大，光佃户就有48户，每年收谷子几千担，平时寺里驻三四个和尚，可惜寺庙于20世纪六七十年代被毁，现在的大殿和厢房是后来当地老百姓、居士捐资重修，佛教雕像是重庆秀山县一姓姚居士捐资塑造。

罗蒋寺的寺名由来与当朝皇帝颇有渊源。罗蒋寺的地理位置十分独特，从远处看，丁家坪罗蒋寺背靠大山，左右前方都有连绵往下的山岭，左右两边有两条清澈溪流，真有“二龙戏珠”之美。时任住持僧的临济宗高僧说：“此地可成福佑一方的佛门圣地，凡民不能独享……”此言一出，当地老百姓求福行善心切，纷纷捐钱捐物捐地，支持修建寺庙。当地最富裕的杨氏家族，有两位主持家政的罗氏、蒋氏是年轻的贞节寡妇，家产殷实富裕，捐出的土地、山林最多，深受信众敬仰。寺庙建成后，常宗大师将此事申奏朝廷，皇帝为嘉奖两位贞节寡妇的功德事迹，下旨命此寺为“罗蒋寺”，使其芳名流传百世。目前寺内尚存清光绪二十八年（1902）“西方圣人”牌匾一幅，寺址石级、残墙、天井、水井等，还有寺庙山后和尚墓碑近百块，其中一块墓碑上刻“临济正宗三十五世上弘下宗字元祖老和尚之墓”，另一块刻有“临济正宗三十九世上月下清，海明老和尚之墓”。可见当时罗蒋寺之兴旺。

罗江寺遗址

Ruins of Luojiang Temple

负责罗江寺日常管理的王洪香居士

Wang Hongxiang,a lay Buddhist with a recluse lift in charge of the daily management of Loujiang Temple.

罗江寺旁刻有临济正宗第三十五、三十九、四十二世传人字样的和尚墓碑

The monk's tomb with engraved inscription as "Heirs of the 35th, 39th and 42nd generations of the Linjizong family" beside the Luojiang Temple

罗江寺遗址
Ruins of Luojiang Temple

四十八脚庵之江口回龙寺

回龙寺，是梵净山四十八脚庵之一，位于江口县双江镇，即江口县城太平河边。该寺右边为卓山路，对面是回龙路，坐落在幽深的太平河弯道岸边，现仅存遗址，遗址已被改建成果园。

回龙寺遗址
Ruins of Huilong Temple

四十八脚庵之云落寺

云落寺坐落在松桃苗族自治县城南云落屯半山腰，是梵净山四十八脚庵之一，始建时间不详，初名云落屯念佛堂，1999年更名为云落寺。曾有诗云："归去天灵双鞭巧，赶来梵净一山寺。"云落屯山形奇特，头尾高，中部低，顶平，四周石壁高数十米，其势巍峨。清道光年间《松桃志》称云落屯形如天马。屯南似马头回首、九龙群峰，又有青松茂林，松江曲水，旖旎团圆，令人心旷神怡。屯东古洞可容百人，冬暖夏凉，誉为"蓼皋八景之一，名云落耸翠"。穿过林荫小道，来到寺门前，即见一副对联："进宝寺身临佛地仙境，登云落心赏圣水神山"。

走进大雄宝殿，两边柱子上书："听声声木鱼，更觉天宽地阔；瞻栩栩金身，顿感名淡利轻。"殿门前也有一副对联："救苦救难望佛大发慈悲宏开觉路，度人度世愿众生勤加磨砺解脱迷津。"

摩崖佛像石刻
Cliff inscriptions of Buddha

大雄宝殿
The Great Buddha's Hall

寺庙外观
The erterior of the temple

祈福
Praying

云落屯远景
A distant view of Yunluo Village

四十八脚庵之江口青龙寺（祠）

青龙寺位于江口县登梵净山古道鱼坳下方约500步处，是梵净山四十八脚庵之一，始建时间不详，香火旺盛时，从东线上山朝圣的香客多会从鱼坳下来，一睹其风采。目前在遗址旁修建了一座小门楼，登山路从中穿过，青瓦仿古风格，古色古香，上书“青龙祠”三个大字，灵动飘逸，门楼左右是一幅篆字对联。

青龙寺遗址旁的门楼
Arch beside the ruins of Qinglong Temple

四十八脚庵之印江鱼泉寺

鱼泉寺始建于清雍正二年（1724），是梵净山四十八脚庵之一。

年近八旬的刘望秀，从2002年管理该寺至今已有18年，鱼泉寺位于木黄燕子岩村后山的小山坡上。现存大殿一间，厢房一间，大殿现存六根大柱子，都是马桑木料做成。寺里供奉着佛教、道教等造像。

鱼泉寺旁边有一眼泉水——鱼泉洞，终年不干，洞内生长多种鱼类，故称“鱼泉寺”。该泉水亦是寺庙的饮用水源，泉口长着一种翠绿水草，青翠欲滴，该水草对水质要求极高，若水质差则无法生长，亦是鱼类最喜欢的草类之一。

鱼泉寺大殿
The main hall of Yuquan Temple

寺内留存的柱础
The remaining stone foundations in the temple

寺内留存的石墩
The remaining stone piers in the temple

鱼泉洞
Fish Springs cave

鱼泉寺
Yuquan Temple

四十八脚庵之印江兴隆寺

据碑文记载，兴隆寺位于印江土家族苗族自治县木黄镇落坳村，建于清雍正四年（1726），是梵净山四十八脚庵之一。

《重修兴隆寺工程碑序》：

兴隆寺建于清朝，原址在庙林，曾三易庙基，才是今天的兴隆寺，因何三易庙基呢？内中有段历史插曲。落坳原名木坳，是一大片原始森林。明洪武七年(1408)，吴姓祖先从常州卸职后隐居于此，在这片处女地上开基创业，经过五代人的艰苦奋斗开成了上、中、下落坳大片良田，不忆田成而谷不丰，时人用众筹到新场的茶罗去请杨都惠先生来祭风神，事情巧合，凡是祭一年风神，这年的五谷就丰登，见其杨手艺精湛决意挽留杨姓定居落坳，吴姓愿将中落坳上坝的田无偿给杨姓并签订协议文书明确上堰灌区定名为杨家堰，从此年年丰收，杨姓亦乐意扎根于此。年年祭风神没有一定的场所有失庄严，吴、杨二姓共商建一座风神庙，庙基选在庙林。庙林这块地方占地约 1 万平方米，是前人开发时特意留下的，风景林边最为适当，而且这里的山水田路坝全是人们游玩的最佳境地。谁知，事与愿违，一到冬天，风雪冰冻交加，冻断的树根树干正好掉在庙房上面，庙宇严重损坏，两年维修费用超过新建投资。于是人们迅速将风神庙搬到沙坝，认为沙坝无大树影响而且向山壮观，没想到沙坝极当北风，一到冬天北风劲吹，庙宇的岑角常被吹翻吹掉，此地亦非长久之计。

兴隆寺隶属皇庵护国寺脚庵之一，大清道光初年，护国寺指定在此建修本寺，亦将沙坝风神庙搬迁于此，合并成现在的兴隆寺，这次搬迁修建的全部费用均由天庆寺和护国寺供给。

兴隆寺第一任住持大兴和尚就是由护国寺分派来的住持僧，一直代代相传至 2002 年的老禅师汪翠莲为止从未间断过。兴隆寺两次搬迁耗费社会上人、财、物力，前人还是乐意，他们认为凡是有人群的地方，如果没有一座庙宇就没有向人们宣扬忠奸善

兴隆寺寺内石碑
Stone pillars in Xinglong Temple

兴隆寺

Xinglong Temple

恶的场所，有了一座庙宇，人们会不约而同地集中受到社会的义务教育，感化人们讲忠孝、明善恶、伸正义、走正道、存良心、塑道德等，以辅助国家在民间进行道德法制的宣传教育，可见前人的居心何其细致入微。兴隆寺历来香火旺盛，在民国年间庙里长住僧尼 4 人，周边朝山进香的善男信女往来络绎不绝，每逢农历初一、十五，在这里食宿的香客约十来桌。可惜兴隆寺既遭破四旧的浩劫，又遭 1966 年的一场大火，对于它的历史资料和历次建修的碑记已孑然无存，虽存残碑两块也实难说明它的历史演变真相。此时的兴隆寺除有两间旧厢房和一位老和尚健在外，一片空白。自党的十一届三中全会国家实行改革开放政策以后，各地庙宇逐渐复兴，以老禅师汪翠莲为主体的僧尼向护国寺递交重修兴隆寺的报告，此报告得到印江土家族苗族自治县梵净山护国寺的批复：予以大力支持。后由楼冠僧右荣落坳吴廷耕主持修建中的一切事宜，在周边群众自愿投工献料的热潮下，于 2000 年秋建成了砖木结构的一楼一底三间大殿，2001 年又建成木质厢房两间。在政府和社会的大力资助下又于2012 建成百步阶梯，硬化天井坝和走廊，2013 年完成山门建设。柳暗花明又一村，兴隆寺在当代居士们的主持下经过各方面的努力又开始复苏了，为纪念重修兴隆寺投资投劳的人们，垂碑以流芳百世。

寺内供奉各种造像
Statues in the temple

兴隆寺
Xinglong Temple

四十八脚庵之印江过江寺

过江寺始建于清乾隆六年（1741），位于印江土家族苗族自治县木黄镇木黄广场，仅存遗址，是梵净山四十八脚庵之一。目前已改建为木黄镇市民的休闲广场，广场上修建了凉亭和当年红军战斗故事的浮雕。

在过江寺遗址上改建的木黄广场

Muhuang square built on the ruin of Guojiang Temple

四十八脚庵之印江回龙寺

回龙寺位于印江土家族苗族自治县木黄镇木良村55号后山竹林旁。寺庙于近年重修，从外观上已看不出寺庙当年的外形特征，门口有一座三层化钱炉和一口井，是梵净山四十八脚庵之一。

重修过的回龙寺
The Renovated Huilong Temple

四十八脚庵之印江觉华寺

觉华寺建于明正德六年（1511），现存遗址，是梵净山四十八脚庵之一。

觉华寺位于印江土家族苗族自治县木黄镇锅厂村村委会旁边，即今锅厂小学，原寺庙已不复存在。当年寺庙台阶较高，寺旁有十多棵老松树和楠木，后毁于 20 世纪六七十年代，1980 年在原址上修建小学。

在觉华寺遗址上修建的锅厂小学
Guochang elementary school built on the ruins of Juehua Temple

觉华寺遗留的石料
Remaining aggregated rock materials at Juehua Temple

四十八脚庵之印江岗口寺

岗口寺建于清顺治二年（1645），现存遗址，是梵净山四十八脚庵之一。

岗口寺位于印江土家族苗族自治县木黄镇锅厂村酒厂养猪场旁边，梵净山环山路穿遗址而过，在遗址上已找不到原寺庙的相关物件。

岗口寺遗址

Ruins of Gangkou Temple

四十八脚庵之印江新庵寺

印江新庵寺是梵净山四十八脚庵之一。现存清朝古碑四通，庙门口《古佛碑记》文载：

新庵寺原名崇岳山，始建于光绪七年八月，开山首人张兴万。后又屡建屡毁，继一九八二年重修之僧佛利刘仲等贤明人，再为释迦佛，地母，送子观音，土地等普度众生之神，雕刻真身装点佛教名山，美化崇岳，风景功至当代，泽及子孙，兹将策刘首人及各位捐资人附录于此，供后人纪念。

姚华昌 姜仲娥 王老东 周宏林 周示保 罗老刘 陈永华 姚立农 陈本固 田云芝 李瑞昌 三文德 田景金 魏祖平……

古佛碑记
Inscriptions of ancient buddha

寺内供奉各种造像
Statues in the temple

新庵寺旁的佛龛
Buddhist shrine besides the Xin'an Temple

新庵寺现存石碑
Remaining stone pillars at Xin'an Temple

新庵寺
Xin'an Temple

四十八脚庵之印江海马寺

海马寺建于清同治十三年（1874），现存遗址，是梵净山四十八脚庵之一。

平时由本地十三四位七八十岁的老人家负责日常管理工作，原仅存正殿一间，厢房三间。从路边拾级而上，台阶边上立有功德碑、山神、灵官等，正殿供奉佛教造像，左右修有一座文昌阁，一座凉亭。

负责海马寺日常管理的居士

Live in buddhists in charge of the daily management of Haima Temple

四十八脚庵之印江青微寺

青微寺位于印江土家族苗族自治县木黄镇落坳村后的半坡上，始建于清顺治十八年（1661），现为开放寺庙，是梵净山四十八脚庵之一。目前保存石碑两通，木结构厢房两间，大殿一间。

1945 年生的戴佳秀，20 多岁时因体弱多病，前来寺庙帮忙挑水做饭，当年有一老和尚驻锡，在 30 多年前圆寂后，由她和杨秀容一起管理寺庙日常至今。碑文记载清微寺是梵净山脚庵之一，是当年西线湖北、湖南香客的朝山必经寺庙之一。

重修碑文：

昔为文德皇后□慈恩寺登之者四海七层指为闻风其景无不昭然矣他如破山香积樽房花木数里雪峰互□官松柏一□上阁星月满天岳庙之辉煌光增俯仰古今来□□□天南海北安 诸佛之神清微寺上宗梵净下接楚相山□□而□饶水□□□□环□无悦为空人之势歆树喷云泄雾之巍拎是与土木之功□□其缺陷以□后居子大 佛殿而壮观瞻则□□

青微寺厢房
Side rooms of Qingwei Temple

重修碑
Rebuilt stone pillars

寺庙后门
The back door of this temple

石舂
Stone pound

青微寺厢房
Side rooms of Qingwei Temple

大殿正门
The formal gate of the main hall

寺内供奉各种造像
Statues in the temple

四十八脚庵之印江灵应寺

灵应寺位于印江土家族苗族自治县罗场乡两河村大官庄组，是梵净山四十八脚庵之一。目前保存左右两侧厢房、大殿各一间。门口的石刻雕塑“化钱炉”保存完好，旁边有一石雕香炉，上刻“金炉”两字，旁边有一排小字写道“大清道光二十年疾书”字样，另一旁写“佛、神”等字，由于风雨侵蚀，有些模糊不清。正殿大梁上写“田士儒”三字。左右厢房的窗户上雕刻了精美的图案，而且采用了罕见的镂空工艺，这是在梵净山地区众多的寺庙中第一次发现。

灵应寺平时由几位70多岁的老人负责日常管理工作。当年朝山香客从该寺出发往郎溪古镇，途经圆通寺，穿过古镇往合水方向上梵净山。

灵应寺阁楼底部的彩绘图画
The color painting at the bottom of in the Lingying Temple.

寺庙厢房上镂空雕刻的窗花
Window carvings on the wing-room of the temple

寺内供奉各种造像
Statues in the temple

化钱炉
Money melting stove

化钱炉
Money melting stove

雕香炉
Carved Incense Pot

灵应寺
Lingying Temple

寺庙门口的照壁，上书《灵应寺序》
The wall at the entrance of the temple with "Preface to Lingying Temple" written onto the wall

灵应寺序

灵应寺位于梵净山西麓，坐落在大官庄寨侧的一支小山丘上，面向东北，背西南，四周群山环抱，春来花香鸟语、燕语莺歌。几棵□□□□□□□□□□，更加衬托着寺容庙貌的美好风光。

灵应寺创建于明末嘉靖年间，原址在现存的古枫木处，清中叶迁来此地并在庙前增建□□名曰“拥壁”的砖墙，坚似铜墙，固如铁壁，至今犹存。展望这座巍峨壮观的古庙，倍思我们建□□的前人，是他们聪明智慧的写照，朴质善良的体现，勤劳勇敢的象征。

灵应寺的整体建筑为砖木结构，建筑面积总计340平方米，正方形体上下左右构成一个四合天井，内有供诸佛菩萨塑像的正殿，下有戏台，两侧厢房的花窗间有奇花异草、飞禽走兽雕刻，是印江现存的基本完整的一座较大规模的古庙。

灵应寺自始建以来，相□有僧元昌僧孝向妹五田老四等（还有很多僧尼已名记不清），幼出家常住本寺为和尚尼姑使之年年香烟不断、岁岁纸烛长明，香客往来络绎不绝，实有灵应寺神灵有应之感。诚然，却被糟蹋得不堪一视，神像雕刻花卉墙壁乃至一些庙史记载均受到严重破坏。□□□□断石残砖庙镜呈现出一派荒凉景象。

十一届三中全会如春风吹拂山南海北，改革开放似雨露遍洒，城市农村一□□，善心人众慷慨解囊，献计捐资，一番努力，□□貌残缺又渐而得到恢复，庙内现有雕刻神像三十余尊，金光闪耀，神祇神采招展，又添置了日常生活中各种所需之用品，人来客往，周流不息，从此灵应寺又重添光彩，再现辉煌。

灵应寺古老巍峨，建造精美，保护古老文物的遗存，继承先辈的劳动成果，弘扬民间悠久的灿烂文化是我们中华民族的优良传统和美德，创建美好幸福的家园，建成小康是我们的梦想，承先启后，继往开来，团结奋进，人民欢乐是我们代代之向往。

谨序

阿弥陀佛

公元二零一三年岁次癸巳　季秋月

四十八脚庵之印江诸天庙

诸天庙位于印江土家族苗族自治县木黄镇李家沟猫猫塘半山坡古道上，建于清康熙二年（1663），是梵净山四十八脚庵之一。寺庙前面有座山峰，古木参天，三面绝壁陡峭，风光无限，从天堂往木黄上梵净山的古道穿庙而过，新修诸佛大殿一间，原古庙遗留的门楼一座，佛堂一间，厢房一间，石刻化纸炉一座，石香炉一座，铁磬一个，寝凳一张（长约 2.8 米，高约 50 厘米，凳子脚上雕刻精美图案）。

生于 1955 年的张金华，管理该庙 30 多年。原有老和尚驻锡，法号释道壁（2004 年圆寂）、释玉琴。

诸天庙
Zhutian Temple

朝山古道
Pilgrimage road

诸天庙神台
The shrine of Zhutian Temple

诸天庙
Zhutian Temple

四十八脚庵之印江行祠庙

行祠庙位于印江土家族苗族自治县木黄镇岑阳村旁半山坡上，是梵净山四十八脚庵之一，当年朝山香客从此庙翻山向前就到达诸天庙，从诸天庙向前翻山到达木黄镇。该庙建于清道光六年（1826），距今约 200 年。现有厢房三间，大殿一间。寺庙背后有一座碉堡，高三层，由青石板堆砌而成，厚度约 30 厘米，坚固异常，可抵御一般的炮弹，是当年作观察哨以防范土匪的地方。寺庙门口有座古老的化钱炉，呈方形，四周有精美的石刻图案，侧门有座土地庙，金石雕刻，非常精美、细腻，年代久远，古朴沧桑。寺庙柏树林旁有座和尚墓，墓碑载有和尚圆寂后葬于此处。

目前由村中几位居士老人负责该庙的日常管理工作，其中一位 80 多岁的女居士万美三，管理该庙宇 20 多年，对庙宇的一切了如指掌，感情深厚。

行祠庙
Xingci Temple

行祠庙
Xingci Temple

寺庙后的碉堡
Block fortress behind the temple

土地庙
Local Land Temple

和尚墓
Monk's tomb

四十八脚庵之印江行司庙

行司庙位于印江土家族苗族自治县木黄镇金厂村金厂河边，建于清雍正元年（1723），是梵净山四十八脚庵之一。

据当地村民回忆，该庙毁于民国时期，现存遗址。目前该庙下游正在修建水库，建成蓄水后该庙遗址将被完全淹没。

行司庙内供奉各种造像
Statues in the Xingsi Temple

行司庙遗址
The Ruins of Xingsi Temple

四十八脚庵之印江迎恩寺

迎恩寺始建于明永乐元年（1403），现仅存遗址，是梵净山四十八脚庵之一。

据当地70多岁的守庙老人任民桂回忆，迎恩寺被当地人叫作“关帝庙”。老人家一生信奉佛教，与人为善，每天早晚去庙里烧香，虔诚满满，从儿时起，该寺庙就一直在，且香火不断。后因历史因素，关帝庙毁，后又重建，目前还有一堵照壁，一个瓦钵、香炉、木鼓、石擂钵，原寺庙有正殿，左右厢房两间，有戏台一座，门口是木黄河，戏台前面还有一座阁楼。寺庙旁边有数棵大枫香树，20世纪60年代末期被砍伐。寺庙后面有三座和尚墓，其中一座刻有墓碑，据说其中一座和尚墓所葬之人是郎溪合水镇普子村人。

迎恩寺内供奉各种造像
Statues in the Ying'en Temple

迎恩寺
Ying'en Temple

四十八脚庵之印江落佑寺

落佑寺位于印江土家族苗族自治县木黄河边的公路旁，离洛右村约500米。据守庙的两位老人张明秀（77岁）、王三（87岁）回忆，落佑寺因洛右村而得名，后称文昌庙，是梵净山四十八脚庵之一。原来有三间观音堂，一座七层楼的阁楼，始建时间不详，现在看到的文昌庙，为20世纪70年代初期重修。

清清的河水，潺潺地流淌于梵净山麓，就像仙女身上美丽的飘带，路过太平禅寺，漂过木黄，穿过落佑寺，经印江河欢快地走向乌江，奔向大海。

落佑寺内留存的老物件
Remaant objects in the Luoyou Temple

寺旁的和尚墓
Monk's tomb beside the temple

落佑寺
Luoyou Temple

寺内供奉各种造像
Statues in the temple

寺内留存的法器
Remnant artifact in the temple

四十八脚庵之印江龙王庙

龙王庙始建于清顺治元年（1644），现仅存遗址，是梵净山四十八脚庵之一。

该庙位于印江土家族苗族自治县石万村四沟塘水库旁，四周松木环抱，青翠欲滴。据当地年近八旬的王正江老人说，龙王庙有个传说，这里原来是一条水沟，后山像狮子，叫狮子云磐，前面修建三间水碾房，村民都来此碾米。水车一转，如珍珠出世，引来狮子夺珠，张口一咬，吞下的水珠吐出后形成了四沟塘，面积约两万平方米，犹如一颗明珠镶嵌在石万村的后山腰，四沟塘对面一个叫灯的地方住着一条龙，龙看到四沟塘山清水秀、地灵人杰，遂飞到四沟塘安居下来，护佑石万村风调雨顺，人民安居乐业。后有来此云游的和尚在四沟塘旁边修建了一座寺庙来纪念龙王，称为“龙王庙”，因在石万村后面，又叫“石万庙”。

龙王庙内供奉各种造像
Statues in the Longwang Temple

龙王庙
Dragon King Temple

四十八脚庵之印江太平寺

太平寺位于印江土家族苗族自治县朗溪镇坪阳村水塘组半山腰一处平地上，始建时间不详，根据村中老人回忆，此庙是梵净山四十八脚庵之一，原住持幼时便出家为尼，一直到圆寂，后葬在庙旁，俗名田学真，是本村人士。

太平寺内供奉造像
Buddha statue in the Taiping Temple

原太平寺住持墓
Tomb of the former abbot of Taiping Temple

太平寺
Taiping Temple

四十八脚庵之印江圆通寺

圆通寺始建于明永乐三年（1405），现仅存遗址，是梵净山四十八脚庵之一。

根据当地年近八旬的任达英老人描述，真正的圆通寺位于印江土家族苗族自治县朗溪镇后山往坪柳方向峡谷半山腰的绝壁下。我翻过巴山溪河的水泥桥，沿着石阶一路往上爬，虽然陡而险，但还算好走，爬了约半个小时，终于来到绝壁下的一个天然山洞。洞口砌了堵围墙，左边开了一扇门，穿过石门，步入拱形的天然溶洞，信众在洞的中间搭起案台，上面供奉着佛教的观音菩萨、道教的玉皇大帝等。溶洞右边是条地下河，终年不干，甚为神奇，亦为修行的和尚提供了必需的生活用水。但当年的和尚如何发现并修建成天然的寺庙，询问当地百姓，亦无从知晓，至今仍是个谜。

为了方便年纪大的信众烧香，后来将洞里面的菩萨造像迁到现在的观音寺。

朝山古道
Pilgrimage road

圆通寺
Yuantong Temple

圆通寺
Yuantong Temple

寺内供奉各神造像

Statues in the temple

建在天然溶洞内的圆通寺
Yuantong Temple built in naturally weldedcave

四十八脚庵之印江回龙寺

回龙寺始建于明隆庆三年（1569），是梵净山四十八脚庵之一。

回龙寺位于印江土家族苗族自治县郎溪河畔的小山坡，属孟关村组。从河边小路走上来，首先看到的是一壁写有“爱国爱教”的墙壁，右边是供奉土地神和韦陀菩萨的小屋，寺庙的正门左右有两头石狮守护，拱门上写“回龙寺”三个大字，背面上写“南无本师释迦牟尼佛”，中间是香炉和弥勒佛，大殿供奉观音菩萨、十八罗汉、各种佛教造像，玉皇殿供奉的是道教的玉皇大帝。20 世纪六七十年代被拆除，1995 年开始重建，现有正殿一间，左右厢房各一间，占地约 1333 平方米，70 多岁的吴云金居士管理该寺已 10 年。

从空中看回龙寺，寺旁连绵不绝的小山包像一块块金元宝似的，又名“二龙捉宝”，而清澈的郎溪河从寺庙脚下缓缓淌过，一派风光旖旎。

回龙寺内墙柱、古钟
Wall pillars and ancient bell in the Huilong Temple

寺内供奉各种造像
Statues in the temple

回龙寺
Huilong Temple

回龙寺正门
The main gate of Huilong Temple

回龙寺大殿

The main hall of Huilong Temple

回龙寺旁的土地庙

The land temple beside the Huilong Temple

四十八脚庵之印江莲花寺

新莲村建于清道光年间，距印江土家族苗族自治县城20千米，距合水镇人民政府1千米，与合水村、坪峨村、高寨村、水转村毗邻。莲花寺是梵净山四十八脚庵之一，是西线上梵净山起点，该寺往北是木黄镇走太平寺、天庆寺。

新莲村，又名莲花穴，为什么称莲花穴呢？因为村庄坐落的地理位置，传说从空中俯瞰，是一朵巨大的莲花。据传运气好的人每隔三年五载突然会看到“莲花”盛开一分钟左右消失，故得美名——莲花穴。

在古代，这个村很有名气，村里的民族有土家族、苗族，和睦相处，同时也热情好客。多年以来村里人才辈出，涌现出许许多多的国家栋梁人才。

村里主要居住有田、熊、吴、石、杨、欧、喻等姓氏，其中田氏占全村人口的80%。田氏有位祖公叫田丰（也称田大丰），在明朝年间是位土司官，很有名气，去世后安葬于官坟沟。据说，当时安葬这位祖公时是大雾天气，为了迷惑外人，发丧时用了九层丧，分别安葬在山上的各个位置，至今后人都不知道真坟在哪里。这20多年来盗墓贼把满山都挖遍了，至今未得逞。

莲花寺遗址

Ruins of Lianhua Temple

四十八脚庵之印江镇江寺

镇江寺始建于明建文二年（1400），重建于清康熙元年（1662），是梵净山四十八脚庵之一。该寺位于印江土家族苗族自治县永义乡幕龙村下寨组长滩河一绝壁上，原址已改建为镇龙寺小学，现在仅存下殿。一层供奉的是如来佛祖、南海观音、燃灯古佛、药王菩萨，二层供奉玉皇大帝、王母、雷公、地藏王、火闪菩萨等人物。寺庙的日常管理由附近村民冯安花、田如群、田春秋、戴传立、陈奇香、杨昌玉负责，他们最小的 76 岁，最大的 82 岁，从 1978 年开始管理至今，已有 40 多年了。他们始终坚持传承佛教文化，团结乡邻，与人为善。

传说在幕龙村附近山上有两个天然溶洞，住着两条神龙，山上长着一种倒钩藤，一般的钩是顺长，倒钩藤的钩是往下弯着长，越长越长。据幕龙村戴泽然介绍，镇江寺原址是一块宝地，曰“五龙抢宝”，大殿的正门正对着梵净山，与金顶遥遥相望，在风轻云淡之日可清楚看见金顶。明朝一位来自外地的香客在朝山时看见这块风水宝地，第二年他把过世老父亲的骨灰带上，携小儿子来到了镇江寺。有天晚上，这位香客偷偷把他父亲的骨灰撒在洗脸水里，然后趁寺里住持不注意时把水倒在大殿中，又把儿子打哭，造成把父亲下葬哭丧的事实，这位香客第二天就带着儿子离开了镇江寺前往金顶。当天晚上寺里方丈正在做功课时，突然感到心神不宁，掐指一算发现镇江寺的风水被外人侵占，定睛一看，大殿中间的土里慢慢隆起一块像坟头形状的土包。于是方丈马上召集全寺弟子，开坛做法事，对亡灵进行超度，然后把坟土一层层铲掉。铲到最底下的时候，发现里面长出一块似肉包的东西，和尚们把肉包状的东西铲出来，丢到河里，大殿才恢复原状。

幕龙村历来有段神话传说，“幕”是当地土家的方言，指双方对望。大鱼泉河两岸一边是燕子阡，另一边是老虎洞，两边都住着一条龙，燕子阡住着雌龙，老虎洞住着雄龙。因为全泉河出产一种四腮鱼，味道肉质非常鲜美，是进贡皇帝的贡品，两条龙为了争夺鱼泉河的四腮鱼，经常争斗施法，把燕子阡洞淹垮，争来斗去，两条龙日久生情，最后结成神仙伴侣，遨游灵山，护佑一方平安，风调雨顺，后来它们化身为一对石像，伫立在悬崖边，栩栩如生。

镇江寺
Zhenjiang Temple

四十八脚庵之印江大坳寺

大坳寺建于清顺治十年（1653），位于印江土家族苗族自治县永义乡张家坝袁家林村小组的半山坡上，是梵净山四十八脚庵之一。该寺始建时间不详，目前仅存遗址。由于修建栗子园水库，遗址旁的农户都已搬迁到了永义乡，现改为紫薇镇，由镇人民政府在街上统一安置。从原进山的小路蹚过山下的一条小溪，爬了十分钟左右即到遗址，遗址上早已长满杂草，面目全非，若没有当地村民带路，根本不知道这是当年著名的脚庵。我们在旁边搜寻了半天，也没发现一丝遗留的寺庙物件或碑文，可能是损毁得太彻底，颇为遗憾；昔日的辉煌荡然无存，令人唏嘘。

俯瞰大坳寺遗址
Plan view of the ruins of Daao Temple

四十八脚庵之印江地母庙

地母庙位于印江土家族苗族自治县永义乡大园子村苏家坡朝山古道旁，是西线去梵净山朝圣的必经之处，也是梵净山四十八脚庵之一，始建时间不详，毁于20世纪六七十年代。我们在大园子村党支部书记田如海的带领下，穿过一条杂草丛生的羊肠小道，来到了地母庙的遗址。遗址是一块约60平方米的平地，由于年久无人维护而长满了杂草及小灌木。已看不到一点庙的痕迹，若非有当地人指点，很难找到。

前往地母庙的小路已长满杂草
The path to Dimu temple overgrown with weeds and shrubs

四十八脚庵之印江观音阁

观音阁位于印江土家族苗族自治县佐坪村，建于清光绪六年（1880），1997 年重修，是梵净山四十八脚庵之一。从观音阁一路向东翻山越岭，直达团龙土家村上山朝圣。2015 年，居士梅荣光来到观音阁管理日常事务至今。

观音阁

Guanyin Pavilion

远眺观音阁
Overlooking Guanyin Pavilion

寺内供奉各种造像
Statues in the temple

寺内老物件
Old artifacts in the temple

寺庙旁的天然石洞
Natural stone cave beside the temple

四十八脚庵之印江大兴寺

大兴寺位于印江土家族苗族自治县新寨乡乐洋村大坪染行组海拔 599 米处。2012 年 5 月，印江土家族苗族自治县人民政府公布大兴寺为第三批县级文物保护单位。

该寺始建于清中叶，重建于清光绪四年（1878），再建于民国十六年（1927），是梵净山四十八脚庵之一。寺庙坐北向南，占地面积 500 平方米，建筑占地 378 平方米。

现存建筑有前殿、两厢、正殿、天井等。前殿五间，通面阔 18 米，通进深 6.7 米。东西厢房各两间，通面阔 8 米，通进深 5 米。天井长 13 米，宽 9 米。正殿三间，通面阔 16 米，通进深 10 米，大梁题记书“皇图现固，民国拾陆年仝月中浣吉旦”及承建人等姓名、落款。正殿屋顶正中建楼阁状轿子顶，高 6 米。该建筑历经多次改修，失去了原有的寺庙风格，余皆保存完好。其碑文：

大兴寺外观
Exterior of Daxing Temple

大兴寺内景
Interior of Daxing Temple

万古永垂

咸丰甲寅之冬，设宣讲于罗牙之大兴寺。桓侯张大帝独殷殷然，以孝弟忠信礼仪，以廉耻谆谆劝化愚顽，盖有以祖训孙之至情，冯维时听，宣讲者莫不沛然协从，幡然悔悟因遵八镇，垣土神之命，立宣讲会约近百千，置产收谷，以期又迟，不料铜匪窜入，善事难行，大帝以“宣讲会”复命改为“文昌会”，前秋，于总理此会张公讳宏炳之长子治清，经□□□□□□□□□□而言曰：此会不可虺颓不如俗。二元宫创修兹阁，上塑 文帝不失先年诸君子向善之本；下塑 三官尤不失当年请君子报赛之模，然犹不可没此。桓侯大帝矣，盖此会赏为桓侯而起，既不能振复前徽以鸣，圣朝之雍化亦可容，并其真而没之也。治清曰：是因为之序。

张学栫沐手敬书。

首士张治清、张治潮　协修张学范、珖

大清光绪四年二月上浣□□□□立

1949年前，每年农历六月十九日是寺庙朝拜日。1951年，庙内开办小学。

1959—1966年，寺庙改设供销社和粮管所的仓库。20世纪六七十年代设为指挥部，以后废弃。2005年，经信士募化功德和群众筹资，恢复寺庙菩萨，开始拜佛活动。

大兴寺正门
The main Gate of Daxing Temple

寺内供奉各种造像
Statues in the temple

寺庙旁的老树
Old tree beside the temple

寺内柱础
Plinth foundation in the temple

四十八脚庵之印江龙津寺

龙津寺位于印江土家族苗族自治县城甲山新寨村民组，始建于明嘉靖四十年（1561），20 世纪 70 年代被拆除，现仅存遗址，是梵净山四十八脚庵之一。

在从小就生活在龙津寺旁边的戴保生记忆里，20 世纪 60 年代末、70 年代初，为了修建印江县粮站，拓宽道路方便交通，龙津寺被迫拆掉。后来粮站搬迁，但龙津寺至今未能恢复，仅留遗址，令人惋惜。

戴保生
Dai Baosheng

龙津寺遗址
Ruins of Longjin Temple

四十八脚庵之印江西岩古寺

西岩古寺位于印江土家族苗族自治县城郊峨岭镇甲山村一绝壁上，该寺始建于宋，明嘉靖七年（1528）重建，后又毁于兵灾。清康熙十九年（1680）重建，是梵净山四十八脚庵之一。当时庙宇巍峨堂皇，古木参天，庭院幽雅，为一方胜景，众多文人墨客常驻足于此览胜。20 世纪 50 年代末，寺庙被拆毁，80 年代重建了三间简陋的佛堂，里面主要供奉有释迦牟尼佛、燃灯古佛、二十四诸天、观音、济公等佛教造像。寺前的一块巨石下是广超和尚塔墓一座和摩崖两处，碑两通，是梵净山区域佛教兴衰的重要物证。相传明朝著名道人、太极创始人张三丰曾云游于此，用手指以太极神功镌刻“山水嘉汇”于石壁，至今犹存。

西岩寺碑
Xiyan Temple monument

古道沧桑
Ancient path

广超和尚墓塔
Guangchao monk's tomb

四十八脚庵之印江玉泉寺

观音沟玉泉寺建于清道光九年（1829），现仅存遗址，位于印江土家族苗族自治县南郊 2 千米处的玉泉山上，是梵净山四十八脚庵之一。

玉泉寺因在寺旁有飞流而下的泉水得名。原由坪兴村黄氏先祖修建于道光年间，坐东南向西北，是砖、木、石结构古建筑，中轴线上有石阶、门墙、两厢、正殿等建筑。20 世纪 60 年代，因建设印江小学的需要，被毁的玉泉寺留下的木料、石料被征用，故现遗址上仅存两个石柱基础。

玉泉寺遗址
Ruins of Yuquan Temple

玉泉寺遗址旁的飞泉流瀑
Waterfall beside the ruins of Yuquan Temple

四十八脚庵之印江中山寺

中山寺始建于清康熙元年（1662），位于印江土家族苗族自治县城往桶溪村路边中山组右上侧，是梵净山四十八脚庵之一，现仅存遗址，已被平为橘子地和竹林。

在寺庙旁边村子出生，至今仍在遗址旁边居住且年近花甲的龙世兵回忆，一直没见过寺庙。据上一辈的老人回忆，80岁以上的老人依稀有当年寺庙的印象。

中山寺遗址
Ruins of Zhongshan Temple

中山寺遗址
Ruins of Zhongshan Temple

四十八脚庵之印江天池寺

天池寺始建于明正德年间，清光绪二十七年（1901）重建，是梵净山四十八脚庵之一。

印江柳氏《威远谱志·毅忠公志》［明洪武二年(1403) 至 1997 年］载，天池寺在明朝正德十六年已初具规模，目前只剩下遗址，还有当时庙宇的石墩，后人在原址上重修了一间小瓦房，里面供奉部分佛教造像。原庙宇大雄宝殿遗址上有户柳姓人家修建房屋居住至今。

柳氏族人柳伏珍因抗婚成神，成神第二年，柳壁追念女儿之志，不践前言，并拿出 300 两银子和寺僧宗洁为她修了一座宫殿，寺内有圆周 4 米的皮鼓，有口径 1 米的大钟。明嘉靖十九年（1540），柳壁舍田土山林一副（约今 0.5 平方千米）以供寺僧之用。从此寺富僧诚，每月初一、十五，寺内钟鼓之声绵绵不断，久荡群山。

明嘉靖末年，柳壁殁，其弟柳实与胞侄伏溶、伏清等又筹建了两遍侧殿和下殿。建成了四合大院，竖起了 100 多尊菩萨，大院正中建一座 4 米多高的化钱塔。塔中香火不断，因念其伏珍死后露面时，天降祥雨，故更名为天池寺，清光绪中期，柳氏首人与寺内首僧等又筹建上殿和高达七层的玉皇阁，增塑了上殿的菩萨。旷达雄宫壮刹的天池寺已成了黔东名山。

民国十年后，柳氏首人与寺内毛修贞被判刑，尼众被解散。有的还尘结婚，有的返娘家终生为尼。20 世纪六七十年代时砍光了寺内参天古木，拆掉了庙宇和碉堡。

这座在大片参天古木中的三殿古刹在历时了 450 多年后竟成了一片黄土。

痴翁僧谜兴帼寺，
糊汉盲勇毁古秋！

从前，思南到印江的老路必须从新寨都村路过，车程约 40 分钟，近 30 千米，其中有段被当地人称为“九大湾”的路，险峻、坡大、弯急，也是明清时期梵净山香客朝山的必经之路。

寺庙留存的石墩
Remaining stone piers in the temple

天池寺遗址
Ruins of Tianchi Temple

四十八脚庵之印江青云寺

青云寺初名天云寺，始建时间不详，位于印江土家族苗族自治县新寮乡，距印江县城 4 千米，坐北向南，在高山小盆地的群山环抱之中。该庙占地面积 2600 平方米，是从前思南往梵净山朝山的必经之处，也是四十八脚庵之一。

明初，西岩寺住持僧秉宽大师重修脚庵，建有一殿两厢，有僧尼四人管理，住持僧为定布大师，香火特别旺盛，直隶思南宣慰司。明永乐十一年（1413），思南宣慰司被废除后，天云寺隶属思南府。

青云寺作为西岩寺南脚庵一直延续到明朝天启年间，当地青家、肖家、邹家、何家、陈家、张家、冉家等姓联合募化三年，明天启六年（1626）重修。哪个姓氏出钱最多，姓氏列之新庙之首。据当地《杨氏宗谱》和《肖氏田契文书资料》所载，当时出资最多的为青姓（即当地杨姓），其次为肖重望之长孙肖其盛、次孙肖其朗。原庙地仅 800 平方米，青氏除捐银以外，还捐地 1333 平方米，用于扩修庙宇之用，于是天云寺改为青云寺。现所存的正殿、上殿、两厢、石基围墙、石院坝、石板走廊皆为明天启六年（1626）所建；院内外有桂树数株，两人不能合围，开花时飘香数里。青云寺下殿于 1974 年全民办学时被拆，上殿两厢和原庙基础仍保持明朝原样，是目前城郊保持最为完好的明朝庙宇。目前改为幼儿园，已失去了往日的兴旺。

青云寺遗址
Ruins of Qingyun Temple

铜仁市碧江区回龙寺

回龙寺位于碧江区城西文笔洞，为明万历四十年（1612）都督邓钟建，题“青莲界”。《铜仁府志》载邓钟“因其地辟兰若，置田给寺僧奉香火”，侧边还曾建有“银箔庵”“准提阁”等，20 世纪六七十年代被毁。1992 年重修，现有佛堂一间，斋堂两间，僧寮房三间，客堂六间，斋善房一间。山腰有洞，名文笔洞，洞内有摩崖石刻 30 多处。山顶有塔，名文笔塔。回龙寺既是人们朝山拜佛的重要场所，又是铜仁城区休闲观光的好去处。

回龙寺大雄宝殿
The hall of ceremonies in Huilong Temple

寺内供奉各种造像
Statues in the temple

铜仁市碧江区东山寺

东山寺位于碧江区城区东山，既是寺名，也是古建筑群名，始建于明朝。最初，铜仁长官司曾在山麓建有飞山祠。明正德十年（1515），守潮分守铜仁，见东山临江壁立，古木参天，风景绝异，遂于山巅辟建“澄江楼”“川上亭”和“东山寺”，以观赏江流之胜景，并题为“舞雩遐思”。明嘉靖二十二年（1543），知府李资坤增建“大观楼”，“规划宽敞，甲于黔中”，贵州提学佥事吴国伦有诗云：

东山突兀云为巅，
百雉参差双练悬。
入寺浑迷上下界，
倚楼欲进西南关。

从明朝以来，东山是“铜仁八景”之一。文人墨客、宰官史士、善男信女络绎不绝，留下很多佳篇名记，成为铜仁城区重要的文化标志。

东山寺
Dongshan Temple

东山
Dongshan Mountain

东山寺僧人
Monks of Dongshan Temple

重修东山寺碑记
Inscriptions on pillars of Dongshan Temple rebuilding

寺内供奉佛像
Buddha statue in the temple

铜仁市碧江区莲池庵

莲池庵位于碧江区漾头镇六龙山脉东南端，属铜仁市灯塔街道管辖下的寨桂村一杨家村民组。距市区12千米，从锦江南岸的大明边城旁的一条乡村道路前行，走约6千米处三岔路口右转就是往莲池庵的乡村路，由于年久失修，这条只有几千米的山路极其难行，成了名副其实的“水泥路”。好不容易来到寨桂村杨家村民组，村子不大，零零星住着几户人家。高耸入云的大山，古木森森，涛声阵阵，确实是个修心的好地方。我们向村民打听莲池庵怎么走，热心的村民连指带划告诉上莲池庵的登山路。稍做准备后，我们沿着一条羊肠小道开始登山。上山没多久，遇上几个铜仁市来游览莲池庵下山的旅客，他们热情提醒我们，山上雨后路滑，注意不要跌倒，我们连忙道谢，双方别过。一路往上攀行走了约三分之一的路程，看到路上有座小庙，里面供奉的是山神，从建筑痕迹判断，是几年前建设的。拜过山神继续往上走，越走越陡峭，有处悬崖需手脚并用才能登上。之后看到一堵断墙，中间是一个门洞，墙上长满了青苔，显示年代久远，这是莲池庵的山门。穿过山门，往上走没多远就来到了一绝壁下，绝壁下是一堵门墙，墙上书“莲池”二字，庵宇在20世纪六七十年代被铲掉。这才终于爬到莲池庵了，走了近1个小时。

拜佛
Buddha worshipping

朝山古道
Pilgrimage road

莲池庵
Lianchi Temple

站在绝壁下仔细观察，山腰处形成一个天然洞穴，幽静深邃，浑然天成。其中出一泉而汇成池，四季不枯，水甜甘洌，甚为神奇。池形如莲花，与寺庙相映成趣，故称“莲池庵”。站在洞中远眺，远处群山叠峦，异峰突起，风光秀丽，是修身养性的好地方。

“雨过潭水腥，中藏蛟龙族”，前人传言“莲池”中有神龙潜修。据载，此地未开辟前，经常雷雨骤至，溪涛汹涌，当地人都感到奇怪，又猜测不出是什么原因。直到无相上人在此遁迹，静修一年多后，有天竟看见“有神物出游池中，红冠秃尾，长可丈许”。无相上人以礼相待，拈香祈祷，愿与神龙在这里“同修证道”，希望神龙千万不要损坏名山。又“因窥池峡邃深，杳不可测度”，担心一旦神龙破壁飞去，难免山崩地裂，陵谷变迁。无相上人在石厂前供奉释迦牟尼像以镇斯山，又塑南海观音菩萨像于洞口以防其患。

康熙元年（1662）夏天的一个夜晚，无相上人梦见神龙的化身前来拜别辞行，醒后果然“阴黑竟日”，到了晚上，风雨大作，池涨泛滥。无相上人焚香祝语，见神龙慢慢地缩小得像条蚯蚓，顺着引水的竹管蜿蜒流出，刚到岩口，顷刻间迅雷疾电，波卷涛翻，神龙兴云作雨而去，而山楼殿阁毫无崩坠。当时人们争相传诵此事，铜仁府县的官员们听到后都称异不已，认为这是“牟尼奠安此山，大士捍卫洞口”的结果。

莲池庵山门侧有一石峰，耸立百仞，酷似宝塔，上面镌刻“三昧塔”三字，不知刻于何时。从清道光三年（1823）铜仁知府敬文《春日游莲池庵》中的“绝壁耸浮屠，三昧西来悟”这句诗来看，最迟也在200年前。光绪《铜仁府志·方伎》载：“山门外有峰曰‘三昧塔’，耸立百仞。心碧于绝壁辟一径，级仅容趾，引与铁环。峰半有洞若天门，由右转左，始登绝顶。上建一刹。纵目而观，千里风烟，有若指掌，询胜概矣！”现在沿着三昧塔的山峰攀援而上，至金顶仍可见到心碧禅师所建的古庙。庙为前后两间，中部以石拱桥相连。靠里间的门楣上，至今仍留有一方高0.3米、宽0.6米的门额，上书“普度群生”，右题“咸丰癸丑年仲秋月”，左题“本山住持僧纲心碧、德智”。从落款中可知，心碧、德智禅师曾在清咸丰三年（1853）任过“僧纲”（“僧纲”本是清朝时期的府设机构僧纲司的简称，设正副都纲各一人，不入品级，仍服方外衣冠，从僧者中选精通经典、戒行端洁、朴实谨慎者担任，管理全府僧众庶务）。

历朝历代僧人的修建修缮使莲池在清朝时期香火鼎盛。“闻之者景慕，游览者接踵”“或羡为清凉佛地，或称为地上天宫”，四时游人不绝，故有俗语云：“到了莲池庵，只想当和尚，不想去做官”。

莲池庵摩崖石刻
Inscriptions on precipices of Lianchi Nunnery

铜仁市碧江区九龙洞佛堂 莲花寺

九龙洞佛堂位于碧江区九龙洞风景名胜区洞口第一大厅，建于清光绪初年，毁于 20 世纪六七十年代。在九龙洞口右侧竖立着两块石碑，其中一块写着：铜仁县重点文物保护单位莲花寺、九龙洞，落款是铜仁县人民政府。另一块石碑上写：永远存照，立碑时间是清光绪丁未年七月初四日，落款是贵刘秀桢叔侄等人。由创修住持沙门僧戒忠率徒弟定慧募化资财修建而成。

从九龙洞左侧的上山小径一路攀登约 1 千米，便来到了山顶绝壁下的莲花寺遗址，原寺毁于 20 世纪六七十年代，后由信徒搭建简陋的木棚供奉观音菩萨，每逢观音菩萨诞辰，附近香客络绎不绝前来朝拜。绝壁下有个巨大石洞，下宽上窄、异常险峻，从洞口往下可看到锦江，洞口旁边的小庙里供奉着送子娘娘，据说很灵验。

据当地老百姓介绍，九龙洞的这座山叫观音山，周围峰峦叠嶂，状若莲花，宛如观音菩萨的莲花宝座，因此老百姓又把寺庙称作“莲花寺”。在清末民初，香火极其鼎盛，可惜庙宇至今尚未恢复重建。

莲花寺内供奉佛像
Buddha statue in the Lianhua Temple

莲花寺碑
Pillar of the Lianhua Temple

莲花寺遗址
Ruins of Lianhua Temple

九龙洞
Jiulong Cave

江口秀峰寺

秀峰寺位于江口县民和乡龙宿村，三面环水，宛如一幅山水画卷。新中国成立后的土地改革时期，秀峰寺的土地房产被村民分割，现仅存正殿屋基、石阶以及九块和尚墓碑。碑文记载是临济宗第三十九世、四十世传人葬于此地。史料记载，应是清朝重庆名僧破山禅师门下弟子。破山禅师为临济宗第三十六代祖师，是明末清初重要的禅宗大师，是著名禅院双桂堂的开山祖师。破山禅师生于明万历二十五年（1597），其弟子遍布四川、云南、贵州等省。破山禅师精于书画、熟谙诗文，著有《双桂草》《破山语灵》等书传世，他兼佛门巨匠、僧人和诗人于一身，且颇有建树，堪称世界宗教历史人物，有小及释迦之称，推动西南地区佛教中兴，功不可没、影响深远。

秀峰寺位于原址后山约300米处，该处地势开阔，面向地落湖，视野极佳。相传省溪司长官家族中有一杨姓长者去世，委派先生四处寻找好墓地，五天后先生寻到此处，觉得地属上乘，十分满意，决定安葬于此。抬来灵柩之时，恰好有位和尚请来一尊佛像在此礼佛烧香，无奈杨长官只好另觅墓址安葬。附近金、游、李、甘、陈等五姓族人得知后愿心大开，共同出资修建了庙宇，请和尚驻锡于此，从此香火日盛。据当地村民张雷介绍，他从小就听他父亲说起当年的秀峰寺香火旺盛，每逢菩萨重大节日，思南府、石阡府等地的官员都会骑着马前来烧香拜佛。

遗址上尚存几块石碑，碑文刻录着临济正宗第三十九世圆寂恩师上月下华老和尚之墓，另一块碑文上刻临济正宗第三十九世大七立圆寂恩师上月下灿老和尚之墓，还有块碑文上刻传临济正宗第四十世圆寂恩师澈玉老和尚墓位。

秀峰寺遗址上的和尚墓
Monk’s tomb at the ruins of Xiufeng Temple

秀峰寺遗址上的和尚墓
Monk's tomb at the ruins of Xiufeng Temple

江口灵观寺 叫化坟

灵观寺位于梵净山下江口县德旺乡净河村岩门组，始建时间不详，据村中老人高祖珍（75 岁）回忆，距今有 200 多年历史。

当年灵观寺建在岩壁下，有和尚驻锡，香火鼎盛，后败落，而今由村中几个六七十岁的老人集资修复，门口供奉灵官菩萨，洞中供奉玉皇大帝、观音菩萨、财神、燃灯古佛等佛教造像，洞中顶上长成一块天钟状钟乳石。每逢初一、十五观音菩萨节庆时，四方香客前来朝拜，络绎不绝。

距灵观寺约 10 米处的崖壁下有座叫化坟，据当地老人回忆，甚为灵异。叫化坟位于江口县德旺乡净河村岩门组一处绝壁的山洞口，据说坟中埋葬的是从前乌江盐运的一盐运工人，由于山高路远，盐运工人流落异乡变成叫花子，不幸死于该岩壁洞口；后被蚂蚁衔来泥土埋葬，有只红螃蟹和叫花子一起埋进坟中。相传是梵净山上的弥勒佛化身为叫花子，下凡到此考验村民们的良知，后佛祖发现这带民风淳朴，乡里和睦，是值得弘扬佛法之地。后来附近村中有人来坟前许愿都得到保佑，于是，越来越多的人在大年初一开始前来祭拜，很多村民和其他地方的信徒前来认叫化坟主为干亲，祈祷平安，家庭和睦、幸福，求者无不成者，甚为灵验，于是越来越多的信徒前来朝拜，香火极为旺盛，成为当地一大景观。

灵观寺留存的石碑
Remaining stone pillars of Lingguan Temple

叫化坟
Beggars' Tomb

寺内供奉各种造像
Statues in the temple

江口大佛寺

大佛寺位于江口县城东龙井阁旁，原叫城隍庙，始建于清同治八年（1869），占地1097平方米，三进四合大院，四周砖墙围绕，极为庄严，有佛殿、禅房、僧寮房、戏台等建筑物。民国二十八年（1939）改为学校。新中国成立后曾作为驻军营房和物资仓库。20世纪80年代后恢复为宗教场所。1992年，通灵法师由缅甸请来三尊玉佛供奉其内；1994年，莲山法师再次修缮；2006年，祖德法师改建藏经楼。这里殿宇肃穆，佛像庄严，现由两位70多岁的女居士掮持，至今香火仍盛。

大佛寺内供奉各种造像
Statues in the Dafo Temple

大佛寺正门

Main gate of the Dafo Temple

思南永祥寺

永祥寺位于思南县思唐镇安化古街上，紧邻周家盐号古屋。始建于明弘治年间，原名圆通寺。明万历二年（1574）知府蔡应申重建，更名为永祥寺；明万历二十二年（1594）毁于水灾，知府赵恒倡导重建。现存建筑由西向东依次有过厅、照壁、正殿、围墙、天井等；后毁于战乱，仅存基址。

而今在各级政府支持下于原遗址上重建，让古寺重新焕发光彩。原寺建筑为小青瓦顶，抬梁穿斗混合结构，青石地坪，工艺精细，属贵州目前已知现存年代最早的建筑物之一，系全国重点文物保护单位。

永祥寺
Yongxiang Temple

永祥寺
Yongxiang Temple

思南华严寺

华严寺位于梵净山脚下思南县城中和山，始建于宋，原为思南田宣慰祝寿之所，后经历代高僧改造维修，直至现在规模，总占地面积8835平方米，建筑面积3000平方米。寺内观音殿始建于明嘉靖三十七年（1558），是华严寺内仅存的古建筑，现为省级文物保护单位。历史上，中和山古木参天、庄严肃穆，夏无酷暑，冬无严寒，享有“中和夏绿”盛名，属思南县城八景之一，也是一处清修的好地方。

观音阁藏经楼，明万历九年（1581）建，内贮藏经638函，计3335卷。明末因兵燹，损失48函。清康熙四年（1665），思南府经历陈援世拿出俸禄银，请寺僧了心和尚到江南补足之。

思南观音阁藏经，是梵净山区域记载比详细的一处。从所载函数看，可能是《北藏》。

华严寺在明清时期规模不断扩大，寺内建有观音菩萨阁、大雄殿、三元殿、寿福殿、准提殿、普济寺、藏经楼等。清光绪二十一年（1895），郡人盛朝相撰书《重修中和山金楼记》。

2002年启动华严寺全面修复工程，至2006年修复了大雄宝殿、四大天王殿、财神殿、玉佛殿、药王殿、地藏王殿、钟鼓楼、放生池、茶楼、僧房等建筑楼群，布局精巧，风格别致，气势恢宏，并重塑了释迦牟尼、双面立式观音、十八罗汉等佛像，使得中和山华严寺再现辉煌，香火日盛。

一层是天王殿，二层是观音殿，大雄宝殿供奉释迦牟尼佛，现任住持是38岁的东北人释常乐。

华严寺
Huayan Temple

铜仁市万山区中华山寺

中华山寺位于万山区敖寨乡中华山村后面的高山上，从山下步行上山约1个小时，渐行渐高。走了约40分钟则来到一堵古墙，墙门上书“中华山寺”，属明洪武年初修建。穿过山门上行几步，终于来到中华山寺的遗址，遗址上留下一堵墙和五块石碑，里面供奉的是释迦牟尼佛、观音菩萨等佛教塑像，每年的二月十九、六月十九、九月十九，附近的香客都来烧香拜佛，尤其是六月十九日，香火最盛。山顶原是金殿，可以远眺万山矿区，四周是绝壁，绝壁下前方有处叫“舍死桥”的小石柱，小石柱上面有块平地可以烧香，当年有和尚在此设立了土地庙，架块木板爬过去才能上香。山下年近八旬的居士杨再奎、万家顺从小就看到中华山寺的遗址，非常熟悉中华山的一草一木。据杨再奎回忆，当时只有中华山寺一位年轻和尚壮着胆子爬过去烧香，其余均无此胆量。后山有处观音洞，供奉着观音菩萨，附近的村民经常来求子祈福，颇为灵验。

寺内尚存碑碣14通。据碑碣记载，中华山寺始建于元朝。明洪武初年，在前山建正殿、玉皇阁、金顶，后山建副殿。清顺治五年（1648）兵变，古刹尽毁。乾隆十一年（1746），僧人智参、次桂重修中华山寺正殿。同治四年（1865），僧法亮住持挑能工巧匠，新建佛阁禅堂，泥塑木雕，栩栩如生，精工制作长达十年。光绪六年（1880），法亮又主持重修中华山金顶。民国初年，寺内僧人达100余人，建筑占地面积3000平方米，有庙田地产10多万平方米，森林20多万平方米。山门客额“中华山”三个楷书大字，遒劲有力，是清末铜仁府庠生杨纯昌写。

中华山寺大殿遗址
Ruins of the main hall of Zhonghuashan Temple

寺内供奉佛像
Buddha statue in the temple

中华山寺山门
The Gate of Zhonghuashan Temple

中华山寺遗存的残墙
The remains of Zhonghua Temple walls

中华山寺遗存的残墙
The remains of Zhonghua Temple walls

中华山寺遗存的石碑
The remains of Zhonghua Temple steles

铜仁市万山区仙人硐威宁寺

仙人硐威宁寺位于万山区朱砂古镇景区，原址在仙人洞边，后因洞口塌下来而搬迁到山顶上，每年二月二十九、六月十九、九月十九香火最为旺盛，平时是方居士管理，王久仙居士为主要负责人，从下面搬上来近 20 年。在原址的时候叫仙人硐寺，始建于明洪武年间，是英国人来采矿时为求顺利修建的寺庙，香火相当旺。自从修建寺庙后，这一带的采矿非常红火顺利。当时寺庙面对着仙人像。据当地居士姚明亮介绍，该像是观音菩萨化身，极像观音送子图，高达 20 余米，惟妙惟肖，栩栩如生，让观者赞叹不已，四方佛教信徒见之莫不膜拜、恭敬合十，默念阿弥陀佛。后山有一尊男仙人像，据传说男仙人化身小童男调戏女尼姑，被雷神把头劈掉，化身为无头石像。当地百姓经常来仙女像前许愿，保佑一方平安、风调雨顺、国泰民安。

礼佛的信众们
Followers of buddha worship

仙人像
Image of Celestial Being

石阡云峰寺（三昧禅院）

云峰寺坐落于石阡县城五老山一处海拔 1064 米的秀丽山峰上，四周松涛阵阵，群山环绕，尽揽一方胜景。相传在风轻云淡之日可遥望梵净山金顶，是梵净山著名的脚庵。

云峰寺占地面积约 800 平方米，建筑面积约 500 平方米。始建于明初，明末清初高僧敏树相如禅师住锡于此，徒众云集，香火鼎盛。寺前有片石林，千姿百态，称“云台石林”。后云峰寺历尽沧桑，几经损毁。目前，寺内尚存清光绪十七年（1891）石碑两通，其中一碑额曰“亘古不磨”，一碑额曰“永垂不朽”，记录了云峰寺的历史及信善功德，是明清时期云峰寺作为梵净山脚庵的重要佐证。

20 世纪 80 年代，由现已年近八旬的石阡人吴天芬居士重修云峰寺，有冯老太陪伴修持。当时条件艰苦，水源短缺，粮食匮乏，生活十分艰难，吴天芬凭着顽强的意志坚持下来，募捐重修云峰寺，而今颇具规模，有大雄宝殿、观音堂、玉皇殿和山神殿，供奉的佛教造像有燃灯古佛、释迦牟尼佛、弥勒佛、观音菩萨、送子娘娘、药王菩萨、地藏王菩萨、财神菩萨等。

云台石林
Yuntai stone forest

云峰寺保存立于清光绪十七年（1891）的两通古碑，一通额题“亘古不磨”，另一通额题“永垂不朽”，皆高 1.5 米，宽 0.8 米。“亘古不磨”碑记录了众信善筹资助修寺缘起、过程及支出的详细情况。其中东乡桂姓捐出山、土以作修造庙宇的基址，于是大家决定推桂姓为山主。

“永垂不朽”碑记录了 139 名助资者姓名及捐银钱数量，其中勒在首位者是石阡营练军黄锦昌，助银一封，是 139 人中最多的捐赠者。两碑记载的主要内容虽然是当时修葺云峰寺时善信捐助银两山林土地的功德，但碑文中同时明确：“我阡郡城东五老峰头挺拔特立者，有云台山焉，系梵净山脚庵也。”由此可知，梵净山的脚庵，有的离梵净主峰数百里之遥，并非仅在主峰之下，“亘古不磨”碑文如下：

我阡郡城东五老峰头挺拔特立者，有云台山焉，系梵净山脚庵也。迄今庙宇虽存而逐年焚献之资无出。近来朝拜多人而为祀神长久计者，卒鲜爰集同人，募化好善仁人君子，量力捐金，香灯绵远，俾得神所凭依，默为呵护，亿万姓功名富贵，皆能有成，千百年云裕子孙，长发不已，庶几哉神人欣喜，家国平康矣。然此必众人乐输，共襄力厥成。初非廾二人所能学也。东乡有桂姓者，特自行捐出山、土以作修造庙宇基址，嗣后各首口必须认桂姓为山主，不得借佛以占桂姓基业。其桂姓子孙只有培送自左手至观音堂下，余外不得妄自设立庙宇。至于各姓助功得（德）若干，以及庙内业产多少，均列于右，永勒贞珉，垂诸千秋，万世而不朽，以是为序。

买长安营凤凰嘴饶姓田九丘，价值一百二十千文，其田载龙底里之粮五合；修大佛殿木工钱二十八千文；付小工钱十三千文；付瓦钱二十千文；付平基石工钱十一千五百文；付打碑与零用钱五千文；付抬梁并用钱一千二百文。

云峰寺遗存的石碑
The remains of Yunfeng Temple steles

寺内供奉各种造像
Statues in the temple

云峰寺
Yunfeng Temple

石阡甘露寺

甘露寺原名青云寺，始建于清康熙二十四年（1685），位于石阡县城西洞沟，系民国时期石阡八景之“青云灵岩”。寺始建时，山清水秀，古木参天，溪水如玉，南北两山相交，仅留一阡隙仰观蓝天。壁间石穴内有钟乳石，状似观音头像屹立于青云，人来朝拜之，有求皆应，寺因此而得名。清末贡生夏观之曾赋诗赞曰：

灵岩屈曲径通幽，古柏森森春后秋；
怪石两山天一线，拓开云露任人游；
指点云梯入翠微，引行水曲更山巍；
春禽不管人来往，只傍桃花款款飞。

20 世纪六七十年代寺院被毁，岩壁间仅存隶书摩崖“啸云”二字，每字约 40 平方厘米，落款“戊午仲冬，松明山樵题”。“松明山樵”系清末贡生夏观之名号。

该寺于 1990 年重修，1999 年粗具规模。贵州省佛教协会会长慧海法师为之更名为“泰平寺”，了凡法师住持其间。2009 年，印煜法师担任住持，更名为甘露寺。

寺院占地面积约 1000 平方米，依山就势，建有大雄宝殿、观音殿、韦陀殿、药师殿、文殿、斋堂等。其中，大雄宝殿占地约 300 平方米，建筑面积约 840 平方米，三层仿清砖混建筑。一层殿正中供奉释迦牟尼佛，高 4 米，两旁为阿难尊者、迦叶尊者及文殊菩萨、普贤菩萨、十八罗汉像，高约两米，殿内宝盖、幢幡、花饰无数，香烟缭绕，极为庄严；二层为法堂，修学和讲经授课；三层为藏经楼。观音殿中供奉观音菩萨像，高约 4 米，左右为弥勒、善财、龙女并地藏菩萨、药师佛，殿内花饰幢幡无数。斋堂为两层建筑，占地 200 平方米，建筑 600 平方米，上层有客房、僧房十余间，下层是斋房。

寺里平日由三位居士负责日常管理，其中有位年近八旬的李云居士，已在甘露寺做了 19 年居士，逢每月初一、十五和菩萨节日共有 60 多人来协助，一年中香火最旺盛的是农历六月十九日，共有两三万人来朝拜，寺外的公路都挤得水泄不通。

甘露寺
Ganlu Temple

甘露寺内景
The interior view of Ganlu Temple

甘露寺摩崖石刻
Inscriptions on the precipices at Ganlu Temple

甘露寺的摩崖石刻“啸云”二字
Inscriptions on precipices of Ganlu Temple:Xiaoyun

德江永盛寺

永盛寺坐落于德江县合兴乡朝阳山腰，始建于明朝中后期，清朝香火鼎盛，远近闻名。道光《思南府•寺观》载：“永盛寺，在朝阳山，万历时，里人朱启建，后有古塔。”清乾隆五十一年（1786），僧智乘，徒惠真，徒孙清莲、清霞、清性等化缘补修。全寺有两个四合院，由上殿、中殿、下殿、厢房、山门构成，殿宇巍峨。山林、土地等寺产有4000平方米，均由当地朱、周、赵、杨、简等姓富户捐献。道光年间，据说僧人最多时有500余人，寺院有受戒资格，管理有48座分寺庙，极其富足，曾用凉席翻晒银子。后来，为方便周边居民子弟念书，永盛寺还开设有“朝阳文馆”。碑文《昭示来兹》载：“该处思南府安化县朝阳山庙岁收庙田租谷出僧人食焚献外，每年可余市石谷三十石，在于该庙设立义学，延师训课，以作束修之资……仰该处附近士民人等无力从师者，可赴朝阳义馆就学，务期师长尽心训课，勤习诗画于此地。日有裨益，本县有厚望也……”清咸同年间，毁于战乱，清光绪二年（1876）重修。

其实最初的永盛寺并不在此，而是在心死坡，也是当年罗罗兵攻打扶阳古城时全军覆没的地方。相传明朝时，费州有张、周两员外，两人都想死后能葬个好地穴，于是两家人都请来先生追龙脉看地。张家在先，先生从印江查到思南，在香炉山山脉至龙洞山下（永盛寺现住地）发现了一个特好的地穴，就用一个小钱放在此地盖上泥巴以作记号。周家在后，另一地理先生从德江武陵山脉查到香炉山，也在龙洞山下找到了好地穴，用一根铁针插入此地以作记号。后来两个员外同时归西，两家人都带着骨灰随着先生到此安葬，却为争地穴扯起了皮。张家的先生问周家的先生：“你说是你看的地，何以为凭？”答曰：“小针插在此。”反问之，答曰：“小钱放于斯。”于是两先生扒开泥土，大家都惊呆了，周家的小针正好插在张家的小钱正中的孔中。真乃好地穴也！正在双方争持不休的时候，天上电闪雷鸣，狂风四起，心死坡永盛寺内玉皇菩萨的红布盖头被狂风卷上了天，飘飘扬扬飞到了这儿，正好也盖在小钱的上面。两家的先生都说：“看来这儿地穴太好，菩萨也想住这儿，我们还是另寻宝地吧！”于是，永盛寺才从心死坡搬到了这儿。

20世纪六七十年代，“大炼钢铁”，滥砍滥伐，永盛寺周围古树被毁，只剩下民房式的上殿和厢房。1992年，住持僧圆周补修佛堂。1998年，复修中殿。现有砖混结构建筑物一间，木房一间，厢房一间。

大雄宝殿前栽的两株“粉团花”树，有100多年的树龄，每年农历三月中旬开花，花的颜色为纯白色，非常雅致。每年的农历六月十九日观音菩萨成道日为寺里香火最旺盛的一天，附近一带的村民近万人前来朝拜、上香。

新中国成立后当地政府把永盛寺改为小学，几十年下来，在永盛寺小学读书的学生有近万人，其中不乏考上博士研究生、硕士研究生的。其中有名学生叫杨旭，已40岁，是永盛寺朝阳村人，从小时候就在永盛寺里读小学，后担任老师，曾在寺里任教18年，对寺里的一草一木非常熟悉，充满着感情。

永盛寺仅存的大殿

The last hall of Yongsheng Temple

清朝古石碑

Ancient steles of Qing Dynasty

德江大龙阡寺

大龙阡寺位于德江县城南附近的一处山坡，是天然大溶洞，故有“龙洞飞云”之称。洞内深不可测，奇石乱飞，清泉一泓，是玉溪河的源头。洞壁有“大龙阡”“人海仙源”“虎啸龙吟”等明清和民国时期的摩崖石刻。寺庙建在洞内的左侧，清朝苏世望建，香火颇旺。20 世纪 50 年代后期被毁，80 年代有当地信众集资重建。整个寺庙依山就势，气势非凡，建筑面积约 300 平方米，寺内供奉有弥勒佛、观音菩萨、药王菩萨、玉皇大帝等。民国时期德江县县长刘洪涛有石刻记：“黔山多洞众争传，今观此洞更巍然。土人呼为大龙阡，我书三字于其巅。怪石嶙峋屋数椽，中国女士学岑禅。到此可以却俗缘，不渡蓬莱也是仙。洞中涌水灌民田，民歌大有乐年年。藉物渐为兹土主，愧我无如此水贤。”

大龙阡寺
Dalongqian Temple

沿河天缘寺

天缘寺是梵净山寺庙群迄今保存较为完好的明清寺庙建筑，位于沿河土家族自治县罗家村的一山坡上，山下是条小溪蜿蜒流过，寺的前后是苍翠的柏树林，树龄都在百年以上。在通往寺里的小径上建有座小山神庙，里面供奉的是山神塑像。来到天缘寺大门前，映入眼帘的是一副对联："缘起法起寺院兴起，天灵地灵菩萨显灵。"走进寺里，拾级而上，大雄宝殿两边也有一副对联："诚意三顶礼，信念一炷香。"寺里目前还保存古石碑六通，从模糊的字迹可看到"清光绪"等字样。据管理寺庙的居士介绍，寺里原来有一位湖南籍的和尚驻锡，后因身体原因回原籍了，现在的天缘寺由于年久失修，各厢房大殿已破落不堪，没有往日的辉煌……

据《重修天缘寺》碑载，始建于"大周"，据考证，此"大周"系康熙年间吴三桂所立之"大周"。当年寺内僧侣众多，香火鼎盛，朝佛者络绎不绝。

清光绪元年（1875），天缘寺不慎毁于大火；清光绪二十八年（1902），僧人常兴住持又重建了天缘寺；民国初在天缘寺设立初等小学，后又设立高等生部，1943 年改为中界乡中心小学。新中国成立后，小学搬迁至天缘寺前面的半坡上。

天缘寺内尚存的清朝、民国年间石碑
The steles of the Qing dynasty and the Republic of China in the Tianyuan Temple

天缘寺
Tianyuan Temple

沿河常乐寺

常乐寺又名福常寺、永佛寺，民间俗称大寺堂，位于沿河土家族自治县官舟镇黄龙村（原名卜龟坪），距县城30千米。始建于唐，是迄今为止发现的梵净山区域最早的寺院之一。

明嘉靖《思南府志寺观》载："常乐寺，唐为福常寺，宋敕赐中胜院，国朝改为常乐寺，年久圮废，惟遗一钟，刻碑一道。"民国《贵州通志古迹志》载："唐为福常寺，宋赐名中胜院，明改常乐寺……寺内铜像佛二，高九尺，罗汉九十四，钟磬皆千余年物，思属寺观，唯此最古。"

常乐寺相传为冉氏始祖冉安昌所建。冉安昌，巴东人，隋末、唐初"蛮"族首领。隋炀帝时，冉安昌据有巴东，为"蛮帅"。唐高祖武德四年（621），唐军讨伐萧铣，冉安昌率兵顺江而下，配合唐军进围江陵，高祖任其为招讨使。

据《冉氏家谱》记，常乐寺曾于宋绍兴四年（1134）得到朝廷的敕封。《冉氏家谱》中《仁俭述宗图衍庆记》载：冉再安的后裔冉万要因功被宋高宗赵构赐名守忠，并以果公主配之。"至宋绍兴四年（1134），命敕赐士城忠生院。创业为跟，以三代井田，供给景新寺常住，续嗣香火，毋令欺凌甘犯天宪。"至宋绍兴十九年（1149），据《敕赐铜钟为记》载：宋绍兴十九年（1149）正月，"通侍大夫宁军承宣使知思州兵马兼辖涿州南坪军沿边都训检仗义郎阁门宣赞酉阳知寨冉守忠，捧檄麾南征北伐讨皆省捷，发心命工铸造铜钟一口，重五百斤，永镇土城，使伽蓝晨昏扣系击警觉龙天，上祝圣寿无疆，下祝臣僚率，郡邑人民丰稔，瘟疫潜消，过往超生，枉冤解脱。"

大堂寺的后面长着一棵500多年的岩树，枝大叶茂，郁郁葱葱，见证了常乐寺的历史变迁，寺前原有的几棵老枫香树由于树心被白蚁掏空，前几年被大风刮倒，只剩空空的广场。寺前立碑五通，记载了常乐寺的历史变迁。每年农历七月初九至十二日，"七月半"前后三天，常乐寺都会举办水陆诵经法会。在现任居士龙法珍的住持下，众信徒自筹经费，邀请傩戏班表演，道士先生来诵经祭祖，然后摆下流水席，每天多达30桌，其中七月十一日那天最为热闹……

常乐寺内供奉各种造像
Statues in the Changle Temple

沿河白云寺

白云寺位于沿河土家族自治县谯家镇白石溪。据民国《沿河县志·寺观》载，白云寺在县南谯家铺。明洪武年间乡人公建，白云寺的前身叫“弥陀寺”，废弃较早，原庙中的石碑两通已不复存在，而今这一带的人叫张家祠堂，因为白石溪一带以张姓为主，还有部分方姓。寺旁至今还矗立的一棵参天古树，见证了白云寺的历史与兴衰。明永乐初是白云寺最兴旺时期，僧众 30 多人。因年久失修，大殿垮塌，部分梁柱被白蚁蛀空。

1934 年 7 月 21—22 日，“黔东特区第一次工农兵苏维埃代表大会”就在张家祠堂（白云寺）召开，大会确定了中国共产党在贵州高原上建立的第一个红色政权。目前，寺庙还立石碑作为纪念。期待有识之士重修寺庙，逐渐恢复往日的辉煌。

白云寺旁的古树
Ancient trees beside the Baiyun Temple

黔东特区第一次工农兵苏维埃代表大会会址——白云寺

Baiyun Temple, the site of the first Soviet Congress of Workers,Peasants,and Soldiers in Qiandong special zone

玉屏菩提寺

菩提寺位于玉屏侗族自治县城东南八仙岩的山顶上，建有观音堂、大雄宝殿、天王宫，20 世纪 80 年代初期重修。大雄宝殿有一对联：

天上天下无如佛十方世界亦无比，
世上所有我尽见一切无有如佛者。

八仙岩形如莲花初放，故名石莲峰。相传张三丰云游至平溪，曾在此炼丹，后来人们改称为“八仙岩”。寺院前有座和尚塔，2002 年迁葬于八仙岩，贵阳弘福寺圆寂高僧的骨灰迁葬于此，为菩提寺增添了佛教文化。原寺院住持俗名李衣营，2017 年去世，是菩提寺的出资重修者。70 多岁的姚源长居士负责寺里日常管理，另还有位居士，每人轮流值班半个月，原来有位和尚驻锡于寺，铜仁市籍。逢初一、十五和佛教圣诞日，香客都会前来烧香。

菩提寺
Puti Temple

玉屏佛光寺

佛光寺位于玉屏侗族自治县东南狮子岩山脚，面对溉阳河背朝南，始建于民国时期，为清末拔贡郑卓斋女儿的私庵。1987 年，信士李复南在原址修建佛光寺，设有天王殿、弥勒殿、大雄宝殿，供奉各佛教雕像。1992 年重修，有 10 多间厢房、玉皇殿、大雄宝殿、山门，整个庙宇依山而建，金碧辉煌，每月二月十九、六月十九、九月十九纪念观音菩萨时，四方香客、八方信徒前来朝拜，香火极为鼎盛。现由玉屏居士李国安、姚源海两人负责日常管理。

佛光寺内供奉佛像
Buddha statue in the Foguang Temple

法器
Artifact for Buddhists

木鱼
Wooden Prayer Artifact

佛光寺
Foguang Temple

玉屏飞凤山寺

飞凤山寺位于玉屏侗族自治县城西飞凤山。始建于明朝，当时由紫气山大师天佑住持本山宗圣。清雍正五年（1727），例贡生贺士弘撰文募修飞凤山庵，至乾隆时期曾有多位高僧、方士在此传教授徒、游览。寺院附近至今还有和尚圆寂后埋于此而立的几块石碑。传说张三丰云游到玉屏，曾到飞凤山采竹做箫。后毁于20世纪六七十年代。1979年由平溪镇野鸡坪村信士姚源成（73岁）、姚源祥（72岁）募捐重修，建有大雄宝殿、厢房，供奉佛教各种雕像，现由他们两人负责日常管理。逢二月十九、六月十九、九月十九，香客云集，络绎不绝，香火旺盛。

飞凤山寺内供奉各种造像
Statues in the Feifengshan Temple

飞凤山寺
Feifengshan Temple

松桃培风寺

培风寺位于松桃苗族自治县大路乡两河口，处于大路河与孟溪河交汇点。寺院建在半山腰，周围森林苍翠，古木参天。寺院门外有两座和尚墓，其中一座为刘和尚，另一座是姜和尚。刘和尚是原来的住持，姜和尚是刘和尚的徒弟。整个寺院有大雄宝殿，里面供奉是佛教的佛像，左右两边是厢房，天井竖一块纪念碑，立于清康熙年间，距今有 300 多年，碑文记载明万历年间建寺，于清道光年间重修，以及由李姓家族出资重修的情况。现在寺院于 20 世纪 80 年代末重修，十五六年前便由女居士释应晓负责日常维护管理工作。每年的六月十九日，四方香客云集，八面信徒前来朝圣……

重修碑
Rebuilt Stone Pillars

培风寺
Peifeng Temple

松桃金山寺

金山神奇古今传，历史悠久数百年。
又闻仙境何处有？世外桃源在此间。

金山寺位于松桃苗族自治县寨英古镇寨转村的一处小山坡上，山上树木郁郁葱葱，风光秀丽，清幽绝尘，正所谓“山不在高，有仙则名，水不在深，有龙则灵”。据载，它始建于明万历二十三年（1595），迄今已有400多年，曾列入《贵州通志》文物古迹之十三。

从山脚下步行上山，首先穿过一座门楼，门楼内供奉的是一尊笑容可掬的弥勒佛。参拜过弥勒佛后，拾级信步登山，一会儿就来到另一座小门楼，门楼上书“金山寺”。门楼后面是气象万千、形态各异的奇石林立两旁，像护法门神一样列队欢迎前来朝拜的信众。再往上走就来到了大殿，里面供奉的是释迦牟尼等佛教造像，大殿旁的偏殿里供奉的是玉皇大帝等神仙造像。金山寺曾毁于20世纪六七十年代，1994年由众居士集资捐款重建，当年牵头筹建的八位居士已有多人去世，而今只剩下84岁高龄的杨寨启。居士杨通能负责对外事务，日常管理由其他六七位居士负责。

经过多年的扩建和不断修缮，现已有大殿两栋，厢房两间，居士住房三间，厨房一间，凉亭三座，供奉雕塑佛像九尊，古塔一座，基本上恢复了古寺原貌。每年元月十九观音菩萨出家日，是一年之中香火最旺的时候，山后面的坡上有座7层佛塔，这是在梵净山地区发现的唯一一座级别最高的佛塔（佛塔在佛教里称为“浮屠”，俗话说：“救人一命，胜造七级浮屠。”佛塔是高僧大德圆寂后，弟子用修佛塔的形式来纪念先师，非一般僧侣能享此殊荣）。该塔为圆锥形，墓塔真面有楷书竖行阴刻文字，正中是“临济正宗第三十四世”字样，落款为“康熙五十四年孟”字样，其他字迹由于遭到严重破坏，无法辨认。据说是第一任方丈乃贞贵大和尚，但尚待考证，因此至今不知埋葬的是哪一位高僧大德，甚为可惜。

俯瞰金山寺

Jinshan Temple overview spot

目前梵净山地区发现的唯一一座7层佛塔
The only seven-story pagoda found in Fanjing Mountain

金山寺门楼
Arch of Jinshan Temple

梵净山僧人
Monk of Fanjing Mountain

第八章

梵净风

玉屏箫笛——天籁之音

明万历十三年（1585），平溪卫（今玉屏）郑氏家族子弟郑维藩考中举人，在家中静候佳音，等待做官。数月已过，未有消息传来，心情极度烦闷，遂告别妻子乘舟而上，来到了镇远的祝圣桥边。看到青龙洞古木参天，依崖而建，端的是鬼斧神工，㵲阳河碧波荡漾，不觉心情大好，于是徒步走到青龙洞前，偶见路边闲坐一位有些邋遢但鹤发童颜、双目炯炯有神、眉宇间透出一股英气、身披麻布大衣、仙风道骨的道人。顿时，郑维藩心生敬意，上前作揖施礼，主动攀谈，一见如故，十分投缘，便携手游遍了青龙洞一带的名胜，两人越游越感叹，都感到遇到生平罕见的知己，嗟叹相见恨晚，郑维藩便邀请道人到平溪家中小居。道人推辞一番，但在郑维藩热情执着的邀请下，来到了郑维藩家中。此道长不是别人，正是名闻天下的张三丰。

一天，两人来到了平溪卫八景之一的“石莲漾月”山下，忽然一阵悠扬的箫笛声从山顶传来，婉转袅袅，如诉如慕，沁人心脾，仿佛仙乐一般，两人听得如痴如醉。略通音律的郑维藩从未听过如此美妙的旋律，断定非凡人所为，回头一看，张三丰含笑点头，一副心中有数的神态。因天太黑，难寻上山路，只好作罢。第二天天一亮，郑维藩拉着道人爬上山顶来，看到山顶的岩上放着一支竹箫，上面刻着“韩”字。张三丰说，这是八仙之一韩湘子的爱物。郑维藩拿起一吹，音色悠扬动听，和昨晚的箫笛声如出一辙，无师自通。张三丰笑着说：“八仙中的韩湘子擅长吹箫，你看，箫头指向飞凤山，暗示我们制箫的竹子长在此山中，留下实物让我们砍竹制箫，传给后人。”于是两人飞奔城西飞凤山，来到飞凤山寺附近，找到了水竹、紫竹，各砍了部分带回家。在张三丰的指点下，照着韩湘子的箫笛的模样造了一雌一雄扁箫。郑维藩拿起来吹了一曲，发现竟与韩湘子的竹箫如出一辙，音色清韵，宛如鸾凤和鸣，清丽悠扬。于是两人来到县城的钟鼓楼上，合奏一曲“高山流水遇知音”，雌雄汇声、鸾凤和鸣，悠扬的箫声穿过大街小巷，大家赞叹不已，无异天宫仙乐。

后来张三丰云游到京城，一天夜里皇宫中的皇帝听到张三丰吹奏箫笛，悠扬的箫笛声传遍京城的上空，皇帝被如丝如风、如此飘逸的箫笛声打动，感叹：“此曲只应天上有，人间难得几回闻，何方天仙韶乐，速速寻来。”侍从几经波折打听追寻，终于在夜郎腹地平溪卫，再次听到美妙的箫笛声，于是下令郑氏家族制作箫笛为“贡物”，上贡朝廷，从此就有了平箫和贡笛的两个名字。

民国文人郑卓斋诗曰：“仙到玉屏留古调，客从海外访知音。”

直到1915年，贵州的茅台酒、玉屏箫笛、大方漆器同时参加美国巴拿马万国博览会，同时获得金奖，名扬海内外。

2006年5月，玉屏箫笛制作工艺通过文化部认定，初列为第一批中国非物质文化遗产。2007年6月，该县的刘泽松、姚茂禄被文化部确定为玉屏箫笛文化遗产项目代表性传承人，并被列入第一批国家级非物质文化项目226名代表性传承人名单。2008年10月，玉屏箫笛在国家工商总局商标局成功注册，成为全国首个以地理标志为高标的乐器类产品。

溈阳河
Wuyang River

玉屏箫笛制作工艺

玉屏箫亦称“平箫”，又称为“龙凤箫”，单管竖吹。品种分为特制平箫、甲级平箫、洞箫；规格有大八尺、小八尺、曲箫等；箫身多为5孔、6孔、8孔等，箫身刻有诗、词、画、山水风光，呈本色或古铜色。吹奏时，其声轻柔婉转、悠扬动听。

玉屏笛亦称“玉笛”，品种繁多，有定调笛、调声笛、紫竹笛、套笛、梆笛、曲笛等，规格有30厘米、40厘米、50厘米不等，亦可根据个人喜好而定。笛子音调有A调、C调、F调等，笛身刻有花鸟龙凤，有紫色、古铜色、本色。演奏时，音色清脆明亮，表现力极为动人，有余音绕梁三日不绝之说。

玉屏箫笛的具体制作工艺如下：

1. 选料：一般严格选用玉屏当地生长三到五年且厚度均匀、竹节和重量都达到一定要求的紫竹做箫、苦竹做笛子。采竹时间只限于每年入冬后的两个月，因为这段时期竹子所含的水分和糖分较少，成品后可预防虫蛀、不易变形等。

2. 烤直压扁：做箫笛的竹子取回来后用柴火烤干至直或压扁，以达到制作箫笛的要求，分类再放到仓库存放至三五年，让水分自然风干。

3. 尺寸选定。

4. 裁料。

5. 打孔：有六、八、九孔箫，根据客户要求、竹子的内径来决定打孔的数量。

6. 调音：根据调子来调音，定调后有磨和不打磨。

7. 雕刻：箫的外观雕刻各种图案，主要以龙凤为主，也根据客户要求实行个性定制。

8. 包装：上色，抛光，打蜡，上漆，再配用木盒或锦盒包装就可以出厂销售。

贵州省非物质文化遗产玉屏箫笛制作技艺传承人——吴继红先生精心制作箫笛工艺之：砍竹、刮皮、裁料、画线、钻孔、上色
Mr. Wu Jihong, inheritor of Yuping flute craftsmanship, intangible cultural heritage of Guizhou Province, carefully made Yuping flutes:
cutting bamboo shoots, scraping the paper skins, cutting materials, drawing lines, drilling holes and coloring

箫笛制作工艺之烤直
Flute craftsmanship: burning

国家级非物质文化遗产玉屏箫笛制作技艺第四代传承人——刘泽松精心制作箫笛
Liu Zesong, the fourth-generation inheritor of the Yuping flute craftsmanship, which is a national intangible cultural heritage

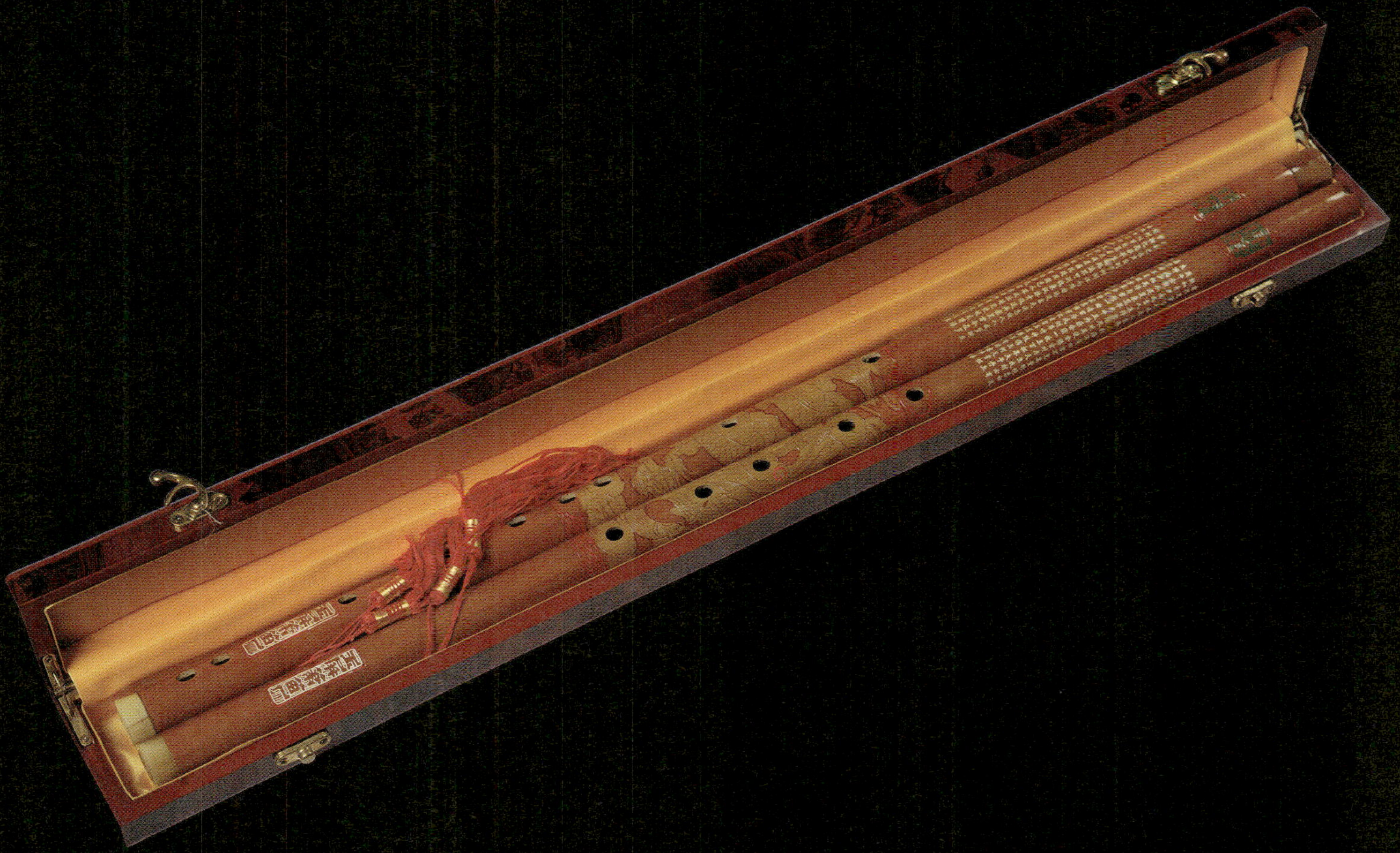

玉屏箫笛
Yuping flute

高山流水遇知音

玉屏箫笛从明永乐年间传承到现在已有600年的历史，其精良的制作工艺、清脆悠扬的音质深受海内外箫笛名家及爱好者的推崇和喜爱，名闻天下！

近年来，玉屏侗族自治县推进箫笛各方面的建设，尤其在原材料生产基地和人才培训基地建设方面取得了可喜的成绩。现在全县的中小学课堂都设有箫笛课程，大力培养后备人才，使这一国家级非特质文化遗产得以传承下去。

春秋时代一曲“高山流水”让俞伯牙和钟子期成为知音而名闻天下，而今漫步在玉屏的㵲阳河边、香樟树下，都能听到悠扬的箫笛声传出，箫笛已经是玉屏人生活中不可或缺的一部分，玉屏已成为名副其实的箫笛之乡。

闲时，邀约三五精通音律的知己，泛舟㵲阳河上，漫步八仙岩，面对明月清风，一壶清茗，一曲“高山流水”，此时远山隐隐约约，湖面绿波粼粼，瀑布流水淙淙，风鸣水声，恍如在梦中一样，真乃人生一大乐事也！

仿佛还听到钟子期的声音在说：“善哉，峨峨兮若泰山，志在高山，洋洋兮若江河，志在流水……”无论是志在高山还是志在流水，玉屏都尽占其中，清澈的㵲阳河环城而过，城背靠青山，山下的人们安居乐业、与世无争，日出而作、日落而归，充分体现了“天人合一”“物我两忘”的最高境界。

知音
Bosom friends

铜仁社饭——百善孝为先

关于什么是天清地明，即从冬至算起至第 108 天为清明，闰年闰月时，清明节前三天后四天都算清明。清明节经历 108 天的阴阳调节，阴阳和合，滋生太和之气，凡采到太和之气，本年度不沾染瘟疫。因此，先祖让子民于清明节踏青是为采太和之气，避免沾染瘟疫，和端午节挂蒿辟邪一样；因为年轻人血气方刚，锋芒太露，难以采到太和之气，于是先祖让人们祭祖，使人们的感恩心、慈悲心油然而生，对采太和之气入丹田大有帮助，从古至今，未曾间断，便于传承。而祭祖用的社饭，吃进肚子后，经过胃直入丹田，发挥功效，确保本年度不沾瘟疫，这是中华传统文化 5000 年来深入人心而不灭的有力佐证。

清光绪《铜仁府志》载，三月前后数日，剪白纸标，挂祖墓上，谓之挂社。若服未阙者，先于挂社扫墓，以野菜和饭祀之，谓之“社饭”。这是铜仁千年流传的习俗。

社饭是梵净山地区最具文化特色的传统美食。每年立春后的第五个戊日，是中国传统的春社日。全国各民族对社日的过法都不一样，而在梵净山地区却最有中国传统的韵味。自古以来，梵净山地区一直坚持“挂社”传统，在每年社日的前三后四日内，必须制作社饭给前三年的新坟祭扫，这与梵净山深厚的佛教文化颇有渊源。

铜仁社饭

Tongren festival food—She rice

居住在梵净山山麓下，黑湾河畔的何朝清的父亲刚去世不久，按照当地的“挂社”风俗，他家是今年第一次做社饭“挂社”，所以特别隆重。何朝清是当地有名的孝子，为了缅怀和感恩逝去的老父亲，他们一家人早早就开始准备了。

头天一大早，母亲怀着对丈夫的思念，提着竹篮来到河边的田野里采摘一大把野蒿菜回来。蒿菜是种野菜，只在春天才长出来，夏天已经变老，不能吃，闻起来气味特别香，吃起来有点苦。他们把采回的蒿菜、野葱和蒜清洗干净晾干。到了晚上，按一定比例把黏米与糯米分别放在水里泡一晚上。

第二天早上，他们一家人就开始忙起来，院子里早就垒起了几个土灶，架好几个大铁锅，先把切好的蒿菜炒一下，然后把蒿菜、野葱、蒜放在簸箕和米拌好，放在锅里用武火蒸，每锅蒸熟至少需要 2 个小时。因为亲朋好友来了不少，他们家一共泡了 50 千克米做社饭。从早上八点开始烧水，拌饭到蒸熟社饭时，已是下午一点多，他们把社饭装在箩筐里盖好，提着酒、水果、鞭炮，亲朋好友一起抬着上山到新坟前拜祭，点燃香烛，在坟前跪拜，放完鞭炮后，接着亲朋好友在坟前品尝香喷喷的社饭，社饭里拌有野葱、苦蒿菜，含有吃苦试青（思亲）之意。来宾中有老人、年轻人、小孩，大家一起缅怀先人，增进亲情，其乐融融！老人告诫后辈在缅怀先人的同时，一定不要忘记先人的养育之恩，感恩父母，教育子孙一定要孝顺。

俗语说“百善孝为先”，因此社饭又有“感恩饭”“孝饭”之说，它承载着我国独特的孝文化，为复兴华夏文明美德添上浓厚的一笔。

配料丰富的铜仁社饭制作完成后，到先人坟上祭拜
Tongren She Rice is used to be as sacrifices to the ancestor’s tomb

江口米豆腐——美味可口

江口米豆腐嫩黄鲜亮，晶莹剔透，可切成片、条、块或制成虾仁米豆腐，配以江口特制的油辣椒、醋辣椒等佐料，酸香麻辣、滑软可口，凉吃热煮均可，是江口老少皆宜的风味小吃之一，也是省内外有名的土特产之一。

江口米豆腐主要原料是梵净山贡米、稻草灰。首先将稻草灰加入适量的梵净山泉水浸泡，使其变成碱水。然后将梵净山贡米用碱水浸泡数小时后磨成浆，打熟芡，捏成个状和条状米豆腐，用大火蒸熟即成。

江口姚氏米豆腐（位于江口县城区区府苑45号），由其父传承到第二代传人姚全明（40多岁），从17岁开始跟父亲学做米豆腐，每天凌晨起床挑水蒸米豆腐，平均每天卖出七八百个，生意好的时候可以卖到1500个左右，逢年过节特别好卖。媳妇摆摊销售、丈夫负责制作，典型的家庭夫妻搭档。两个为1碗，1碗2元，配料有葱花、酱油、胡椒、辣椒、味精、鸡精。凡来江口的游客吃过米豆腐后都赞不绝口。

制作米豆腐
Rice tofu making

米豆腐成品
Finished rice tofu delight

铜仁绿豆粉——乡愁的味道

绿豆粉是铜仁市民最喜欢的小吃之一，原料是当地栽种的绿豆。绿豆成熟后收回来晒干，然后去壳，绿豆仁露出了嫩黄色，用水泡上一段时间，然后磨成绿豆浆，滤渣后用电热锅煎熟，放在竹篙上晾干，后折成一条条的，卖给顾客和粉、面店。

在铜仁中南门古街上，有对来自思南的小两口，经营绿豆粉生意已六年，每天做 200 千克绿豆粉。以前都用石磨去壳、磨浆，现在为了提高效率，改用电了，儿时记忆中的情景变得越来越模糊。

每天早上铜仁市街头小巷的粉、面店的老板们将切好的绿豆粉放在盘里，佐料有炖好的猪脚、牛腩、鸡、大排。配上猪脚卤汁、香菜、葱段，让人忍不住垂涎欲滴。然后端上桌子，看着还冒着热气的绿豆粉，美美地吃上一口，绿豆的清香和猪脚卤汁的香味在嘴里瞬间相遇，令人眼前一亮，精神大振，食欲大开，回味无穷。

漂泊在外的游子，匆匆的脚步不管走多远，路再长、山再高，顽强的味蕾记忆总是唤醒着人们心灵深处浓浓的乡情，只要吃上一碗家乡的小吃，喝上一口家乡的甜米酒，家乡的味道瞬间充满心房，儿时的美好时光与丝丝记忆，历历在目，挥之不去！

绿豆仁
Mung bean

绿豆浆
Mung bean milk

绿豆磨浆
Mung bean pulp

铜仁绿豆粉
Tongren mung bean noodles

刚出锅的绿豆锅贴

Fresh mung bean pot-stickers

铜仁锅巴粉——家乡的味道

梵净山地区的游子，不管身处何方，总是挂念着心中的灵山，难以忘怀。只要有机会和时间都会回到灵山的怀抱，吸一口神山的灵气，喝一口灵山的泉水，追寻童年的记忆。

回家，一个让人激动的字眼，一种让人温暖的梦想，牵动着无数游子的心魂。

人生，其实一直都在路上，每次跨越千山万水，风尘仆仆，只为回家和亲人团聚，吃一口家乡的老腊肉，品一碗家乡的锅巴粉，喝一杯家乡的茶水……那熟悉的味道，充满着整个心房。看看爸爸妈妈脸上挂着满足的笑容，眼睛瞬间湿润了，老家是游子永远的牵挂。

古语曰："未老莫还乡，还乡须断肠。"正是这种剪不断、理还乱的情感深深烙进了每位游子的心灵深处，汇聚成浓浓的乡愁——乡关万里载乡愁，最是思念老父母！

记住乡愁，只要一缕清风；记住乡愁，只要尝一碗锅巴粉。看见那一泓翠绿的锦江水，仿佛是那桃源深处的清泉，滋润着每个游子的心田；那门前的杨柳树，枯了，又绿了；那江边的小渔船，摇过来又摇过去……剪不断、理还乱的乡愁锁在每个游子的心中。

夕阳下，小河边，熟悉的乡音传入耳中，是那样的亲切、那样的温馨。

铜仁锅巴粉
Tongren rice crust powder

谭栽毛制作锅巴粉
Tan Zaimao makes rice crust powder

50 多岁的谭栽毛，铜仁本地人，住在铜仁市碧江区鱼梁滩，对面是锦江水晶阁，风光秀丽。一栋老式黑瓦白墙的平房是他做锅巴粉的作坊，门前一棵老树平添几分别致的风景。在谭栽毛 20 岁左右的时候，为了学门手艺养家糊口，在父亲的指导下学习锅巴粉的制作工艺，就这样一干就 20 多年了。因为他坚持用铁锅烙锅巴粉，坚持用传统的工艺，保证了原汁原味的锅巴粉味道，成了远近闻名的锅巴粉大王，每天供不应求，但他依然坚持沿用传统手工制作，不为赢利而放弃传统。而今儿子和儿媳也跟着一起学习制作锅巴粉，可谓后继有人。

谭栽毛儿子
Son of Tan Zaimao

武陵山区海拔较低，山高水远，夏天的气温较高，瘴气横行，于是当地人民从生活实践中总结出来，发现绿豆不但可以解暑，还可以减除瘴气带来的危害，为了让绿豆更加美味，人们用各种方式加工绿豆、做成美食，这就是现在铜仁市常见又好吃的锅巴粉、绿豆粉，它们已成为人们日常中不可缺的食物。尤其是在炎热的夏天，吃上一碗解暑又美味的锅巴粉、绿豆粉是多么惬意的享受。

梵净山地处武陵山脉深处，人多地少，古时候人们为了谋生，纷纷走出大山，闯荡世界与谋求发展，各自打拼出一片天地。独在异乡为异客，月是故乡明的思乡情结，始终萦绕在每位游子的心中，他们从小就喜欢吃的锅巴粉，一直是心中最值得怀念和留恋的味道。在那个物质贫乏的年代，每天早上能吃上一碗锅巴粉，已经是一种奢侈，那泛着辣椒油的红汤、冒着热气的锅巴粉，总是最大限度地勾起人们的食欲，呼啦呼啦，眨眼工夫，一碗锅巴粉已经下肚，连碗底的汤汁也喝个干干净净，还意犹未尽擦擦嘴巴、拍拍肚皮，脸上洋溢着满足的笑容，然后幸福地消失在巷子的尽头。这样的日子在童年时日复一日、月复一月、年复一年地重复，快乐、幸福的童年就在不知不觉中过去。长大后离开家乡，在异乡里总是怀念故乡，怀念童年的快乐，怀念那伴随着自己成长的锅巴粉，那绿豆的清香，与红油、猪脚、牛肉融在一起的美味，就是天下最美味的食物，那是永远也不会忘记的家乡味道。

谭栽毛儿媳
Daughter in law of Tan Zaimao

舌尖上的诱惑——松桃大湾村苗族酸汤鱼

苗家酸汤也叫“务叽笑”（苗语），是苗族先民早期在生活实践中发明的菜肴，也是保健饮料，已有2000多年的历史，是苗族先民的智慧结晶。

制作酸汤时，先用生玉米（俗称苞谷）磨粉，放在煮开的米汤中拌成浆，把嫩萝卜切成小块，约2厘米长，放入锅中与玉米浆搅拌后取出贮坛，坛口以桐叶密封，石板压盖，置于火炕或灶边，保持微热，便于发酵，两日后即可取出用做酸菜，生食或做酸汤鱼火锅。做酸汤鱼火锅时当选用原生态的河鱼或稻田鱼，再配上苗家糯米酒用来招待贵客亲朋，滋味绝美。

大湾河属于锦江上游，河水完全没有污染，此河出产的鱼，个头不大，但味道极鲜。在寨子旁的大湾河把河鱼抓回来去鳞洗净后，用菜籽油、姜片、花椒、红辣椒、大蒜等配料放入酸汤煮八成熟，即可食用，火锅配菜有鸭脚板、笋子、土豆、菌子、生菜、剪刀菜等。

随着火力的增大，锅里的热气开始往上冒，鱼也慢慢熟了，酸汤的味道弥漫着整个屋子，飘向了村子的上空。鲜鱼与酸汤有机结合，散发出诱人的香味，独特的味道带给舌尖上的超级享受，再喝上一碗苗家糯米酒，那种爽爽的感觉不言而喻。接着宾主之间你来我往、互相敬酒祝福，幸福洋溢在每个人的脸上……

苗族的酸汤制作代代口述相传，古老而神秘。他们的祖先敬畏自然、崇拜自然，非常珍惜大自然的食物，做到了物尽其用。这也是苗族文化其中的重要符号，同时也创造了舌尖上的非凡史诗！

稻田鱼是在稻田插完秧后，放养于田里的。它靠吃害虫成长，和野生鱼差不多，所以肉质非常鲜美。因为苗族生活在崇山峻岭之中，他们开创了独特的梯田农耕文化，发现了“稻田鱼”这种养殖方法科学实惠，在稻谷熟的时候，鱼也长得非常肥美。这时，苗族人会举行“吃新节”或“烤鱼节”等庆祝活动，家家户户都会去田里捉鱼回来宴请来宾，这时也是整个寨子是最热闹的一天。

大湾村
Dawan village

制作酸汤鱼
Making sour soup fish

天赐美食——江口萝卜猪

江口萝卜猪又叫“钻子头”，产于梵净山山脚江口县桃映乡、坝盘乡、民和乡和怒溪乡，尤以桃映乡产出的为佳，是梵净山地区又一独特的地方风物。

江口县萝卜猪形状像萝卜，长不大，故称萝卜猪。因皮薄、肉嫩、味美而远近闻名，于 1983 年被列入《贵州省品种志》《贵州省畜禽品种资源保护名录》，2003 年列入《中国家畜禽地方品种资源图谱》。堪称贵州省优质地方肉猪，深受消费者青睐，于 2015 年获得“国家地理标志保护产品”称号。

萝卜猪全身皮毛黑色，头大小适中，嘴较长而尖，额部有两三条横行皱纹，耳大小适中且下垂，背腰较平直而稍窄。臀部倾斜，大腿瘦削，腹部肥但不过于下垂。四肢短而纤细、结实良好，后肢略高于前肢。

成年公猪体重为 57 千克左右，母猪体重 72 千克左右。生产母猪平均窝产仔约 9 头，肥育期日增重为 440.6 克左右，屠宰率为 71.3%，膘厚 5 厘米，眼肌面积 21.8 平方厘米，瘦肉率为 35.3%。

江口萝卜猪对生长环境的要求极高，大多数在无污染的郊区放养，饲料以当地产出的米糠、大米、玉米、红薯、红薯叶、洋芋叶、大耙麦、油麻菜等为主，生长周期一般为 10 个月（多则一年），才能上市。

萝卜猪肉可蒸、炒、焖、炖、腊等，做成各式美食，色香味俱全。肉质细嫩，口感清爽，肥而不腻，美食家对此赞不绝口。尤其用萝卜猪做成的刨汤饭，冒着热气的火锅，十分诱人，味道极佳，香气四溢。

萝卜猪生长环境
Growing environment of radish pigs

萝卜猪
Radish-shaped pig

萝卜猪美食包汤火锅是梵净山羌族独有的美食
Radish-shaped pig hot pot is a unique food of the Qiang people in Fanjing Mountain.

长寿之果——铜仁珍珠花生

花生在全国各地皆有生产，但铜仁梵净山地区所产之花生却以其特殊品质而独具魅力、远近闻名，是皇家贡品。铜仁梵净山花生外观呈“珍珠豆型”，故名“珍珠花生”，具有壳薄、空夹少、果仁饱满、表面光洁等特点，颗粒均匀，果仁极像珍珠，饱满、润泽，略带淡淡粉红色，含羞待放，极像待字闺中的少女。

每年九月是铜仁梵净山珍珠花生收获季节，住在梵净山山脚下江口县双江镇花桥村三岔窿组年近九旬高龄的老婆婆田钗妹，从山上的自留地采挖已经成熟的花生，一颗颗洗好晾干，婆孙两人分工合作，把不好的花生挑出来，一部分留下自用，一部分在赶场时拿出去卖后换成生活用品。因田钗妹婆婆的花生外观比别人的好，颗粒更饱满，所以价格也比别家高一点，几十年如一日，田婆婆始终在种植珍珠花生，附近的小商贩都慕名前来收购她的花生。

铜仁梵净山珍珠花生质地细腻，香味浓郁，营养价值高。它富含氨基酸，蛋白质含量达46%，出油率高，含维生素E、锌，对增强记忆、抗老化、延缓脑功能衰退、滋润肌肤、止血等作用明显，尤以红衣为最，是普通花生米的50倍。因此，田婆婆如此高龄还能行走自如、耳目聪敏，得益于长期食用梵净山的珍珠花生，得益于梵净山的山与水……

铜仁梵净山珍珠花生在国内外享有较高声誉。逢年过节，外地人会来铜仁梵净山一带购买珍珠花生作为馈赠礼品，当地人也将其作为礼尚往来的上佳选择。

珍珠花生
Pearl peanuts

筛选
Filtering

玉皇之李——沿河沙子空心李

顾名思义，空心李因果肉与核分离而得名。据《沿河土家族自治县志》载，从清朝起，沙子镇坎村一带栽种空心李，至今有近 150 年的历史，又因地理环境独特，使之独产于沿河土家族自治县沙子镇南庄、永江及毗邻中界乡部分村庄，而被外界称为“沙子空心李”。于 2006 年被列为“国家地理标志保护产品”，这是继“茅台酒”后贵州省第五个获准保护的地理标志产品，也是梵净山地区目前唯一获此殊荣的水果，正是物华天宝的最好诠译。

沙子空心李的成熟果实呈扁圆形，每年 7 月中下旬成熟，成熟的空心李外表披上银灰色的白蜡保护层。别小看这层白蜡保护层，它代表沙子空心李独一无二的身份。其一，这层白蜡保护层只在沙子镇核心产区的果实上才有，别无分号，被称作“标志”，其他产区则无，冒充不来。其二，所有果树杀虫都采用科学原始的方法，杜绝残留农药破坏沙子空心李的口感和外观，让其呈原生态生长成熟，只有无任何污染的沙子空心李才会结上一层白蜡。其三，只有结上白蜡保护层的空心李才会果肉与果核自然分离，食之脆嫩，清香浓甜，汁多爽口，具有清热解毒、健脾开胃、养颜益寿之功效，被誉为“李王之王”。

目前，沿河土家族自治县在沙子镇核心区共种植了 4 万余亩，带动了沙子镇一带农民的经济收入，产品销往贵州、重庆、湖北、湖南等 100 多个城市。据种植户张家强介绍，现在空心李种植区形成了循环经济，即在园区开办农家乐供游客观光休闲，真正为农户带来经济腾飞，形成了春观花、夏采果、闲时休闲的经营模式，让农民足不出户就可以发展经济，勤劳致富，过上了小康生活。

李花开
Plum blossoms

丰收
Harvest

满载而归
Return fulling coaded

天材地宝——德江天麻

在梵净山地区的德江县，有种名贵的中药材——天麻。天麻是一种具有菌根的兰科植物，地下茎呈肉质，地上茎呈杏红色，叶子呈鳞片状，花黄红色，无绿叶，块茎入药，性味平。李时珍《本草纲目》里称为“定风草”，后来人们传说这是天神赐给人间的仙品，故称“天麻”。德江自古就盛产野天麻，明朝时被皇帝定为贡品，称为“明麻”。由于德江一带属于中亚热带季风湿润气候，大部分土壤呈酸性，适合天麻生长，以高山、沙溪两镇产出的天麻为最佳。1993 年经贵州省中医研究所鉴定、检验，德江天麻的天麻素含量为 0.23%，比中国药典规定含量高 0.13%，14 种游离氨基酸含量为 3%，维生素 C 含量为 4.4 毫克 / 克，所含成分与野生天麻相等，具有较高的镇静安神、健脑益智的药用价值和保健价值。2007 年，贵州德江天麻通过国家质量技术监督局评审，获准实施地理标志产品保护，成为梵净山地区又一宝贝。

天麻的神奇之处在于它的生长环境周围始终有云雾缭绕，而德江县的高山镇、沙溪镇一带位于海拔 1200 米左右的大山里，奇山秀水，山沟纵横，终年云蒸雾蔚，气候湿润，十分适合天麻生长。

天麻
Rhizoma gastrodiae

从海拔 1200 米左右的高山灌木林中挖出的仿野生天麻

Cultivated wild rhizoma gastrodiae, dug from the alpine shrubbery with an altitude of 1200 meters

天麻产品加工

Processing of Rhizoma Gastrodiae products

禅茶一味——印江团龙贡茶

团龙村是印江土家族苗族自治县紫薇镇的一个土家村，位于梵净山西面半山腰，海拔约 1200 米。整个寨子依山而建，一条小溪从寨子中间缓缓流过，小溪两边的吊脚楼不时传出欢声笑语，小桥、流水、人家，是国家民族事务委员会首批命名的中国少数民族特色村寨之一。

寨子的周围栽满了茶树，50 多岁的村民柴恩雄，在村里从事制茶行业 20 多年，很多村民现在为了提高效率，都用半自动机器制茶；而他为了保持茶叶的纯正味道和品质，至今还采用纯手工制茶。为了扩大产量，增加收入，他种了 30 多亩茶园，每年都在清明前后开始采茶，每年的产量约 300 千克，目前市场价 1000 多元一斤，远近客商争相采购，一叶难求。

团龙村山后面有株古茶树，当地人称“茶树王”，茶树王有 600 多年树龄，树高 10 米左右，是柴泽华先祖留下来的珍贵遗产，而今作为珍稀树王保护起来。村民在每年采茶前都会来祭拜茶树王，祈求茶树王保佑风调雨顺、茶叶丰收。据老人介绍，老茶树王的叶子有安神消炎止咳之功效，村里有小孩或老人有小病之类，只要喝上一碗茶王树的茶叶泡的茶就好了，常饮此茶可延年益寿。当年明朝土司用此树之茶进贡朝廷，被皇帝册封为“贡茶”。

闲时，三五知己，坐在庭院中，或在山中茅屋前，茶馆里，泡上一杯团龙贡茶，美美地品一口，乃是人生一大享受。

我国自古以来就十分讲究茶的冲泡（沏茶）技术。早在唐朝，茶圣陆羽在《茶经》“王之煮”中就总结了煮茶用水的经验：“其水，用山上，江水中，井水下。”即泡茶用水以“山泉水为上品，江水中的水为次品，井水的水为下品”。

明朝许次纾在《茶疏》中说：“精茗蕴香，借水而发，无水不可与论茶也。”明朝张大复在《梅花草堂笔谈》中也谈到：“茶性必发于水，八分之茶，遇十分之水，茶也亦十分矣；八分之水，试十分之茶，茶之八分耳。”可见水质能直接影响茶汤品质。因此，用梵净山的山泉水来冲泡团龙贡茶，堪称绝配，梵净山的“团龙贡茶”和梵净山的“妙泉”被称为“双绝”，遂有“弥勒妙泉水，梵天净土茶”的说法，闻名遐迩，名泉配名茶，真是美上加美，相得益彰。

倘若在大雪过后，取梵净山山上的瑞雪烧开泡茶，茶味更绝、更佳；因雨水和雪水，古人称“天泉”。唐朝大诗人白居易《晚茶》诗中的“融雪煎香茗”，便是最佳写照。茶的最高境界——天人合一，禅茶一味。禅味茶味，味味一味，诗心佛心，心心相印……

团龙贡茶园
Tuanlonggong tea plantation

明前独芽
Solitary buds before the pure brightness

采荼
Picking tea-leaves

翠峰芽叶
Cuifeng bud tea

团龙贡茶园
Tuanlonggong tea plantation

茶之六度

明海和尚

遇水舍己，而成茶饮，是为布施；
叶蕴茶香，犹如戒香，是为持戒；
忍蒸炒酵，受挤压揉，是为忍辱；
除懒去惰，醒神益思，是为精进；
和敬清寂，茶味一如，是为禅定；
行方便法，济人无数，是为智慧。
佛法在茶汤中，茶心与佛心，何异又何殊？

茶遇水而绽放，水因茶而芳香；茶和水，互相包容，互相谦让，互相激励，然后产生不可名状的情愫，让人们去体会一种味道、一种感觉，去感悟生活的恬静，享受怡然和自得的乐趣。

茶一生为水而绽放，水一生因茶而芳香。

女人如水，男人如茶，茶与水相遇，便是人间醉人的相知。

炒茶
Stir frying tea-leaves

紫气东来——梵净山紫袍玉

梵净山紫袍玉只产于江口县德旺乡金盏坪、大火焰一带，紫袍玉石走向数千米，上下是碳石，花岗岩依附夹层，平均厚度为8—15厘米，开采难度大，产出较少。该石中有多种层次清晰的颜色，平行延伸，分布均匀，似条条玉带，其表层的精美图案，形如紫袍，故称“紫袍玉带石”。

明万历二十八年（1600），朝廷派遣大将刘帅率十万大军平定播州杨应龙叛乱，获胜凯旋，路过梵净山时，看见紫袍玉带石做成的文房四宝及各种小饰物，甚为喜爱，遂将这些石雕带回北京，进贡皇帝。皇帝龙颜大悦，刘帅官升三级，获赏赐无数，从此，紫袍玉带石有了“紫气东来，玉带横腰，如意吉祥”的美好寓意。紫袍玉带石已成为铜仁旅游首选特色礼品，也是馈赠亲友的最佳礼物。

其制作工艺流程：

1. 选料：用铁锤敲打石头（料），然后听声音清脆的程度，从声音判断石料是否有裂痕，用水清洗查看，仔细斟酌确保石料的完整度。

2. 下胚：把选好的石料，根据要做工艺的大小、图案进行切割、造型。

3. 绘图：在胚料上绘图，便于雕刻。

4. 雕刻：根据图形进行精心雕刻，一件作品少则十几天，多则几月到几年不等，确保工艺的细腻。

5. 精加工：雕刻成品后对作品进行抛光、打磨、细加工，对作品的完整度做最后的修改。

6. 上蜡：清洗干净后上蜡，这样一件完整的紫袍玉雕刻作品就完美呈现在面前。

7. 包装：用木盒或装饰盒进行包装，方便运输、装饰点缀和作礼品馈赠。

紫袍玉分双带和单带以及多带，以双带最为珍贵。双带的用途比较广泛，能雕刻各种作品；单带适合雕刻茶盆、砚台、烟灰缸；多带是屏风雕刻最适合的原料，能表现多层次的颜色，充满层次感和极富立体感。紫袍玉料分大中小料，小料可雕刻价值一般的小作品，适合一般人群消费；中料适合雕刻屏风、摆件、砚台，适合中档消费人群；大料可雕刻大型茶盆、屏风、大型摆件，适合高端消费人群。

紫袍玉成品保养方法：在成品光泽度发暗时，用毛刷适当用一点液态石蜡进行护理，茶盆类成品不要用沸水烫和清洗，正确方法是用温水预热20分钟，然后可清洗干净后，就可进行泡茶。

选料
Material selection

裁料
Cutting

雕刻紫袍玉工艺品
Carving purple robe jade crafts

紫袍玉开采
Mining of purple robe jades

梵净山紫袍玉雕刻成的工艺精品
Fine handicrafts made of purple robe jade

梵净山紫袍玉雕刻成的工艺精品
Fine handicrafts made of purple robe jade

江南韵味——印江油纸伞

印江油纸伞历史悠久，始于16世纪初，盛于清朝、民国时期。前国务委员戴秉国年轻时翻山越岭、艰辛跋涉赴松桃求学，路上遮风挡雨时用的就是印江油纸伞。

印江人张朝全，从事手工制作油纸伞40多年，一直恪守传统制作工艺，每把伞都精心制作，所制纸伞颜色鲜艳，美观大方，质地坚韧，抗水性强。

油纸伞的原料包括竹子、白皮纸、柿油、桐子油等19种原材料，工艺精妙，“有工序七十二道半，搬进搬出不消算”之说。

油纸伞是土家族和苗族姑娘出嫁时的必备品，因为油纸寓意“有子”，寓意深刻，而文人墨客更是赋予油纸伞江南韵味和爱情的象征。

油纸伞，自古以来便是江南女子的专利，一位身穿旗袍的妙龄女子，拈起纤纤玉指，挑起层层涟漪，撑一把油纸伞，行走于烟雨细碎的江南，漫步在小桥、流水、人家、细雨朦胧的古镇中，青石板路上，回眸一笑，一醉千年。

下雨了，油纸伞便是春天江南里的常客，让人平添了一份淡淡的思念与哀愁，流露出浓浓的江南韵味，像是一幅绽开的水墨画。

有位诗人曾说：“雨是水拆解的思念，江汇河流，奔向大海，可以温柔如水，也可以惊涛拍岸、怒海狂潮。”

印江油纸伞
Yinjiang oilpaper umbrella

印江油纸伞传承人张朝全
Zhang Chaoquan,inheritor of Yinjiang oilpaper umbrella

道家圣物——万山朱砂

朱砂石，亦称汞砂、丹砂、丹栗、赤丹，主要产于铜仁万山。朱砂石原名辰砂，因最早发现于湖南辰州（今沅陵）而得名，系炼汞的主要原料。万山的朱砂石，藏量丰富，品质特佳，颜色鲜红，颗粒硕大并伴有围岩，光彩照人，观赏价值极佳，自唐朝起被列为贡品，千百年来，名驰天下。此石质地温润、形态奇巧，色泽红白辉映、艳丽夺目，银浪似的围岩晶簇中点缀着红色晶体，构成玉树琼花、晚霞雪照、晶宫藏宝、东海旭日等画景。

朱砂石颜色常呈鲜红、朱红、浅红、暗红色，条痕红色，晶体属三方晶系，呈板状或菱柱状，集合体呈粒状或块状等，晶簇常见菱形双晶体、大颗粒单晶体；表面具有金刚光泽、玻璃光泽或金属光泽，半透明或不透明；折射率高，性脆；其粉末呈红色，经久不褪，作颜料用已有悠久的历史。

万山朱砂
Wanshan cinnabars

万山朱砂矿洞
Mining cave of cinnabars in Wanshan

朱砂研磨加工
Cinnabar grinding

朱砂石
Cinnabars

朱砂研磨加工
Cinnabar grinding

制作朱砂画
Making cinnabar painting

朱砂画成品
Cinnabar paintings

万山朱砂矿洞

Mining cave of cinnabars in Wanshan

巧夺天工——松桃苗绣

苗族是松桃苗族自治县主要的少数民族之一，人口众多，分布较广。据载，其先祖起源于黄河流域及长江中下游的远古部落氏族—“三苗”的后裔，从沅江支流五溪一带，沿湘境西部迁入松桃，古代也称为“五溪蛮”，以神犬盘瓠为图腾。

苗族人民勤劳勇敢，善于开拓环境、创造生活，并拥有该民族独特的文化艺术和民族风情。其苗绣技艺更是被专家学者誉为“巧夺天工”“穿在身上的史书”。而松桃的苗绣技艺更在 2015 年 7 月获国际级地理标志证明商标。

《松桃厅志》载：“民风古朴，家常食惟谷蔬，衣鲜纨绔。”说的就是当年松桃的苗绣工艺品。时至今日，松桃苗绣已成为扬名中外的民族工艺品。2013 年，苗绣工艺作品“鸽子花及旋极图”被联合国作为礼品使用。它的工艺特点又与黔东南一带有明显的区别，“鲜亮明快，原始古朴，淡雅情趣，怡情养性”便是其特点。

纺线
Spinning

织布
Weaving

刺绣
Embroidery

花鸟绣品
Embroidery of flowers and birds

松桃苗绣的表现手法有18种之多，可谓是巧夺天工、匠心独具。主要是：

1. 平绣　　2. 垫绣
3. 数纱绣　　4. 格绣
5. 盘绣　　6. 网绣
7. 瓦片绣　　8. 衔绣
9. 切绣　　10. 打籽绣
11. 碟片绣　　12. 压瓣绣
13. 剪贴绣　　14. 堆
15. 盘茎绣　　16. 编筋绣
17. 蓬毛绣　　18. 辫绣

松桃苗绣的针法很多，据民间传说多达百种，由于历史原因，大多数已失传，目前常用的针法有十几种，包括接掺针、隐针、游针、扎针、刻针等。

松桃苗绣纹样所用的题材十分广泛，包括花鸟鱼虫、日月山川、英雄故事、飞禽走兽等，其中使用最多的是梵净山的题材，如珙桐、蘑菇石、金顶等，体现了苗族人民向往自由与和平的精神世界。

鸽子花绣品
Embroidery of Davidia Involucrata Baill

松桃苗绣
Scngtao Miao embroidery

花好月圆——思南花烛

“花烛”主要用于结婚、庆寿，正如古代“洞房花烛”，表达了人们对美好生活的向往。宋朝诗人洪迈《容斋四笔·得意失意诗》：

久旱逢甘雨，他乡遇故知。
洞房花烛夜，金榜题名时。

“洞房花烛夜，金榜题名时”乃人生大事、喜事也。

燕王朱棣发动“靖难之役”夺取皇位，登基时用花烛在天坛来祭天，之后这一习俗延伸到了民间，用花烛来庆祝人生大喜事。

居住在思南县城安化老街的刘贵贤是思南花烛的第三代传人，从其祖父传到刘仕贵手上已历三代，而今他又把这一国家级非物质文化遗产传给了儿子。据刘贵贤介绍，做一对普通的花烛要花一天的工夫，如果做龙凤烛、大牡丹花烛需要三五天才能完成，都是纯手工制作，现在是用石蜡做原材料，以前是用植物油、菌子油、蜂蜡，后来由于原材料收集过于艰难才改用石蜡。每对龙凤烛的造型工艺都十分考究技术工艺，因此刘贵贤从小就向父亲刘金贵学习这门手艺，而今两个儿子尽得父亲真传，并将这一非物质文化遗产传承下去。

花烛的制作流程：

1. 烛芯用竹子或木料做成芯。

2. 用灯草裹烛心，然后上蜡。

3. 上蜡后盖红。

4. 最后做花，这道工艺十分考究，要使造型、大小、颜色和寓意吻合。结婚用的花烛，花的头和尾都是白色，寓意白头到老，然后是红色，代表红红火火，黄色代表富贵，凤烛以牡丹为主，代表富贵吉祥。龙烛以龙为主，代表飞黄腾达，步步高升。祝寿花烛一般加“寿”字。丧事全部做成白花。新中国成立前，以菜油、木油做主要原料，一般在春天或冬天制作，因为这两季温度适合，夏天温度太高难以成型。

古代只有大户人家才用得起昂贵的花烛，当时是以一石（沈括《梦溪笔谈》称：“凡石者以九十二斤半为法，乃汉秤三百四十一斤也”。宋朝的一市斤为640克，一石合92.5斤，约为今天的118.4斤）米换，普通人家难以承担。新中国成立后，刘贵贤重新改进工艺，使得花烛质量更好，花式更漂亮。随着人们生活水平的提高，铜仁的年轻人结婚都要定做一对龙凤花烛作送聘礼、接亲、洞房的必用之物，尤其是思南一带的村民更是在办各种喜事都用花烛来作庆贺。

思南龙凤花烛
Flower Candle of the Dragon and Phoenix who wanted to go South

花烛制作
Flower candle making

成品花烛
Finished flower candles

花烛是思南人办喜事的必备品
Fancy candles are an essential of Sinan people’s weddings.

思南花烛传承人刘贵贤
Liu Guixian,the inheritor of candle carving in Sinan County

深情厚谊——思南花甜粑

花甜粑是贵州思南人必备的年货，是一种可以吃的艺术品，而且是贵州思南唯一能够在内部进行艺术创作、体现文化内涵的食品，全国也很少见。它的神奇之处在于不管粑体有多长，把它横向依次切成薄片，每片上都有一模一样的“花”图案，山水、文字、花鸟鱼虫等都能在花甜粑里生动呈现，堪称一绝。

思南花甜粑的由来，与明永乐十一年（1413）震惊朝野且直接导致贵州建省的“花田事件”有直接关系。据《明史·列传第二百四·贵州土司》载：“永乐八年，（思南宣慰使田）大雅死，子宗鼎袭。初，宗鼎凶暴，与其副使黄禧构怨，奏讦累年。朝廷以田氏世守其土，又先归诚，由与保全，改禧为辰州知府。未几，思州宣慰田琛与宗鼎争沙坑地有怨。禧遂与琛结，图宗鼎，构兵……”事觉，后朝廷实行“改土归流”国策，至此，以思南、思州（岑巩）二田地盘为基础，设置明朝第十三个行省，贵州省从此进入中国政治大家庭。因此，思南花甜（田）粑是贵州建省的胎记，是一段历史的印记，更是各个家族的背影。

45 岁的李文仪，土生土长的思南人，从小就跟着母亲学做花甜粑。长大成家后则以此为生，刚开始不满足在花甜粑里只能做虫鸟花鱼的图案，经过十多年的探索与实践，终于能在花甜粑里做出各种文字，满足不同客户的需求，而且是越做越好，成为目前思南县唯一能够在花甜粑里面做文字的工匠，远近闻名。李氏花甜粑于 2014 年获得贵州省著名小吃称号。由于是独门绝活，李文仪的花甜粑供不应求，经常有客户提前预订，尤其是春节前后或其他节日，更是加班加点赶做花甜粑。多年来，夫妻两人齐心协力，将花甜粑经营得有声有色，也将这一独特的文化传承下去。

花甜粑，不同的图案文字有不同的含义，花寓意“花开富贵”，鱼寓意“年年有余”等，文字多以吉祥祝福语为主，如双喜临门、寿比南山、福禄寿喜、恭喜发财等，表达了人们美好的愿望与祝福；因此，思南人逢年过节都要馈赠花甜粑给亲朋好友，它已经成为思南文化的重要符号与年俗。

根据李文仪介绍，花甜粑的工艺流程主要有：

1. 材料为黏米占三分之一，糯米占三分之二，一定是当地产出的黏米、糯米，以保证口感与质量。

2. 用来自乌江的纯净水把两种米按比例放在一起浸泡 12 个小时，捞起来晾干后打成米粉，从米粉当中取四分之一打成米糊，然后将米粉与米糊揉成面团；一部分面团搓成面皮（长条形），之后上颜色，把上色的面皮卷成圆形，再压花，再裹一层没上色的面团在外面，搓成长圆条待用。

3. 把长条形的花甜粑（未蒸熟）上蒸笼，每个蒸笼能蒸 20—25 千克，每笼蒸熟时间为两三个小时，然后取出来摊凉，待花甜粑凉透后两天左右，再放到清水泡浸待用。

4. 食用时，从清水或真空包装中取出来，用刀根据需求切成各种形状：若做甜酒粑，则切成方形或长方形不等，与甜酒、鸡蛋一起煮；若烧烤，则切成薄片，彩色的字、花在花甜粑中间，煞是好看，拿在手中，就像一件艺术品；还可以油炸着吃，味道又不一样；亦可用白糖蘸着吃，别有一番风味。

思南花甜粑
Rice cake-Huatianba

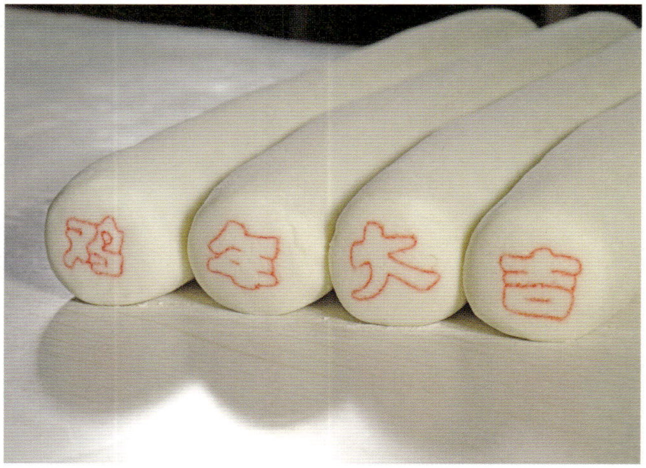

花甜粑原料
Raw material of the Huatianba snack

花甜粑上色
Huatianba coloring

做好图案的花甜粑
Patterned Huatianbas

在花甜粑上做文字是一绝
Making characters on designed rice cake-Huatianba,is a special skill

花甜粑传承人李文仪
L Wenyi,inheritor of Huatianba

伟人风采
德高望重扶四
雄才大略振天
比南山不老松
迎新春展望夕阳

土家糍粑香

Aromatic Glutinous rice cake of Tujia nationality

梵净山（西线）碑林

梵净山另一处碑林位于从印江西线上山的必经之处，护国禅寺左侧，进山大门牌坊的左侧。碑林共有书法碑文60通，据寺里的居士介绍，碑林建于2003年，即护国禅寺重修落成之时。穿过小树丛，来到碑林前，由于疏于管理，已杂草丛生，有些荒凉，反而平添几分韵味。首先映入眼帘的是中国书法家协会原主席沈鹏题的“梵净山碑林”。其次有书法名家白允林题诗一首。还有“梵峰盖五岳，净土显灵仙”“神州仙境，武陵奇峰”“宇内壮观”“雄峙云天”“梵净名胜”“天然祖龙”“天下为公，世界大同”“山晖水媚、鱼跃鸢飞”等书法名家手迹，为梵净山西线留下了珍贵的文化瑰宝。

梵净山西线碑林
West Stone Pillar forest of Fanjing Mountain

梵净山西线碑林

West Stone Pillar forest of Fanjing Mountain

参考文献

[1] 瞿政平 . 铜仁史话集 [M]. 北京：中国文史出版社，2013.
[2] 江口县政协 . 江口旅游文化 [M]. 北京：中国文联出版社，2012 .
[3] 政协铜仁地区工作委员会 . 中国梵净山佛教文化文物研究 [M]. 贵阳：贵州人民出版社，2011.
[4] 政协铜仁地区工作委员会 . 铜仁旅游文化集萃 [M]. 贵阳：贵州人民出版社，2010.
[5] 贵州省政协文史与学习委员会 . 贵州旅游文史精编・东部卷 [M]. 贵阳：贵州人民出版社，2010.
[6] 李金顺 . 贵州风景名胜故事 [M]. 贵阳：贵州人民出版社，2007.
[7] 杨业勤，雷孝平，杨传东 . 梵净山研究：黔金丝猴的野外生态 [M]. 贵阳 : 贵州科技出版社，2002.
[8] 贵州省林业厅，梵净山国家级自然保护区管理处 . 梵净山研究 [M]. 贵阳：贵州人民出版社，1990.
[9] 贵州梵净山科学考察集编辑委员会 . 贵州梵净山科学考察集 [M]. 北京：中国环境科学出版社，1987.

印章注解

佛山行者

梵天净土

弥勒道场

佛像

周家盐号

太子石

佛像

后记 Postscript

儿时随同母亲去烧香拜佛，走进寺庙第一道门时都会看到一尊袒胸露乳、大腹便便、笑容可掬的佛像，像在迎接众生，当时只觉得这尊菩萨平易近人。随着年龄的增长，对佛教有一定的认识和了解，知道这一尊菩萨叫“弥勒佛”。弥勒在佛教里意为“慈氏”，亦称“慈氏菩萨”，是释迦牟尼的弟子。由于他将来必定成佛，因此被众生称为“弥勒佛”。

2006年5月是我与贵州铜仁梵净山结缘的日子。那年，我陪同广东顺德的挚友前往梵净山采风，当我们历尽艰辛来到梵净山之巅，看到了令我震撼的佛光、云海奇景和蘑菇石、金顶、月镜山，一下子让我对梵净山充满好奇，觉得梵净山非常神秘、神奇。

下山后我查阅了相关资料，佛教产生于古代印度，但传入中国后，经长期演化，同儒家文化和道家文化融合发展，最终形成了具有中国特色的佛教文化，梵净山佛教开创于唐朝，历经宋朝、元朝，于明朝时期最为鼎盛。梵净山自古以来就有“山即是佛，佛即是山”的说法，横卧在凤凰山和金顶一带自然形成的万米睡佛，就是最好的佐证。梵净山从明朝开始作为中国佛教五大名山之一的弥勒道场，名扬海内外。中华人民共和国国务院于1978年将其确定为国家级自然保护区。联合国教科文组织于1986年将梵净山接纳为全球“人与生物圈”保护区网的成员单位（中国仅有5个成员单位）。2018年7月2日，在巴林麦纳麦举行的世界遗产大会上，梵净山以展现和保存了中亚热带孤岛山岳生态系统和显著的生物多样性成为中国第53处世界自然遗产。

了解过程中发现关于梵净山，前人留下的记录太少，让世人难以全面了解梵净山，于是我萌生了自己拍摄、撰写、出版一本有关梵净山文化的画册，把梵净山的地貌地理、佛教文化以及独有的动植物、人文、风俗、风貌全面梳理出来介绍给世人，让大家系统地了解梵净山地区，更好地保护梵净山生态、文化，让梵净山文化走向全国乃至全世界。

于是就有了《梵天净土——神奇的梵净山》一书的诞生！

怀着对梵净山地区历史文化和佛教文化的执着和向往，我在10余年间走遍了梵净山地区的每一个角落，行程近20万千米，拍摄了大量的图片来编撰此书，尽可能用丰富的图文信息、用写实的方式来体现整个梵净山地区的风貌和文化。

说心里话，这套图书只能算是一部以摄影为主的记录本，还谈不上文化读本，相比深厚、博大的梵净山文化，这只是冰山一角而已。

与梵净山的偶然邂逅，让我用10余年的时间走遍梵净山地区，其实，我心目中的走遍并非指梵净山地区1.8万平方千米的每寸土地，而是广义上的梵净山地区——八县两区。10多年来，背着几十斤沉重的摄影器材，不辞劳苦地奔走在黔东大地。前年7月，当我踏进沿河土家族自治县拍完特产空心李丰收景象的那一刻，我知道10多年的梦想终于实现了。

“十年磨一剑”，这是我人生中的一次心灵之旅，其中酸、甜、苦、辣各种磨难都是不可回避的，只有勇敢面对，才能克服困难。5年前，我开始策划出版反映梵净山文化的图书，这既是对自己多年摄影之路的总结和回顾，也为自己对第二故乡——贵州梵净山留下一份礼物。

我认为：坚持，在于一份执着；坚持，在于一份热爱；坚持，在于一份激情；坚持，在于一个梦想。这当中走过来的路，有着倾注了我无数心血、汗水和对艺术与文化追求的无比向往。我忘不了2010年12月18日，在梵净山山上冒着零下10度，从凌晨五点到晚上七点14个小时的疯狂拍摄，不停地按下快门，只为在雪融化前记录这仙境般的美景。2014年3月，为了近距离拍摄太子石，早上九点钟从拜佛台出发，来回走了8个小时，不断翻越悬崖，回到拜佛台时，已近虚脱。2014年4月，为了拍摄野外的黔金丝猴而被山蚂蟥咬得鲜血淋漓，路遇五步蛇而惊出一身冷汗。还有在梵净山上鲤鱼坳雪中给车上防滑链的惊险情景。2015年1月12日，为了拍摄白云寺遗址，足足徒步了9个小时，翻越了几十座山头，又累又饿，走到腿脚抽筋，仍咬紧牙关，坚持拍摄完走回万宝岩。也许，其中的艰辛、困难、苦乐只有自己才能体会，才能真正感受这份滋味。

在梵净山这片广袤神奇的土地上，风光旖旎、如诗如画，正如陶渊明的《桃花源记》一样，这里成为千百年来人们苦苦追寻的理想境界！孔子、老子、释迦牟尼三位“仁”者之尊元朝年间出现于这片土地上，其深厚的思想文化已完全渗透和濡染这方净土，为梵净山增加了厚重的人文情怀。

诚然，以我个人之力去完成一部反映梵净山文化的图书，几乎是不可能完成的任务，从这10多年来拍摄的10多万张图片中挑选出近千张代表性的图片，编辑成这本图书，通过不同的年份，不同的季节，不同的角度，不同的视野，全方位来展现梵净山的神奇、秀美和厚重的人文景观。10余年间，无数次往返铜仁梵净山地区拍摄、收集素材，采访有关人员，编撰文字，在图书即将付梓之时，我更加坚定了信心，义无反顾地继续宣传、拍摄，记录梵净山地区的一草一木，用脚步去丈量梵净山地区的每一寸土地，倡导人人都要爱护梵净山，爱护地球，爱护我们的绿色家园，不断探索人与自然的和谐相处之道。

感谢摄影，它已经成为我生命中不可分割的一部分，既是我毕生追求的事业，又为我生活中带来了乐趣和朋友。感谢一路上对我支持的同事与好友，有了你们的支持和理解，才让我心无旁骛、专注创作。

感谢家人，特别是我的夫人陈雪芳一起进行艰辛的拍摄，做我坚强的后盾，还有可爱的儿女对我的关心与支持，才让我坚持下来，专注对梵净山文化的研究、梳理、拍摄以及撰文记录。

特别感谢在本书出版工作中始终支持我的挚友和老师：

中国摄影家姜军利先生、著名学者毛继新先生，正因为有他们的大力支持，得以顺利完成《梵天净土——神奇的梵净山》这本书。还要感谢武汉三特索道集团股份有限公司全资子公司贵州三特旅业发展有限公司的韦保华先生、黄拓先生、杨帆先生、邢卫红女士、何斌先生，铜仁市的赵幼立先生、田琼先生、旷永新先生、杨会敏先生，贵州社会科学院王路平教授，贵州黔中王门文化产业公司张鹏总经理，贵州印江张祥先生，贵州大学张明教授，印江县文化广播电视局原党组书记甘述华先生，贵阳乌当区政协原主席、《梵净魂》作者欧阳俊先生，梵净山承恩寺方丈灵普法师、释廓毅法师，天庆寺住持释果智法师，太平寺住持释照齐、释腾光法师，正因为有他们的大力支持，《梵天净土——神奇的梵净山》这本书才得以顺利完成出版。

还要感谢的是中国野生动物保护协会的于凤琴女士，贵州著名摄影家何朝清先生，中国著名书法家一海法师，中国著名画家韩德雅为本书题字、题画。有了许许多多为梵净山文化发扬和传承而不计得失的朋友们，才重新让世界认识梵净山，让梵净山文化走向世界！

何雄周

2019年10月